2026 행정사 2차 시험대비

이패스
행정사실무법

/ 소나리 편저 /

ADMINISTRATIVE
ATTORNEYS

2026 행정사 2차 합격을 위한 필수 기본서

● 초시생도 쉽게 접근할 수 있는 단계별 구성
● 출제 포인트 중심의 빠르게 완성하는 행정사실무법
● 2026년 시험대비 최신 개정 법령 완벽 반영

epasskorea

머리말

안녕하세요. 소나리 행정사입니다.

현대 사회가 점점 복잡해지고 전문화됨에 따라 국민의 다양한 권익 실현을 위한 구체적이고 전문화된 행정 서비스 처리를 위해, 행정 서비스 전문가인 행정사의 수요와 인지도가 나날이 향상되고 있음을 몸소 느끼는 요즘입니다. 이에 따라, 행정사 자격시험에 도전하는 수험생의 수 또한 해가 다르게 증가하고 있습니다. 이 교재는 2025년 대비 국가공인 행정사 자격시험 2차 과목 중, 행정사실무법 준비를 위한 기본서입니다. 행정사 자격시험 2차 시험은 논술형으로 출제되며, 50분 간 100점 만점으로 주관식 답안을 작성해야 합니다. 2013년 행정사 자격시험 시행 이후로, 시험의 출제 난이도 및 수험생의 시험 준비도가 매년 상승하여, 보다 철저하고 전략적인 수험 준비가 요구되고 있습니다.

본 교재의 특징은 아래와 같습니다.

1. 출간일 현재(25년 10월) 시행 중인 최신 법률을 반영하였습니다.
   수험 기간 중에도 법령은 개정되거나 폐지될 수 있으며, 수행생은 응시 시점을 기준으로 시행 중인 법령을 기준으로 시험 준비를 해야 합니다. 수험 기간 중 법령의 변경이 있을 시, 학원 또는 동영상 강의 등을 통해 변경된 사항에 대해 숙지하고 대응하시기를 권해드립니다.

2. 실제 출제된 기출문제를 수록하였습니다.
   수험가에는 '1~2년 내 출제된 문제는 다시 출제되지 않는다.', '10년에 한번씩 출제된 문제가 다시 출제된다' 등의 속설이 존재합니다. 하지만, 이전 행정사 시험을 살펴보면 전회차에서 출제된 문제가 다시 출제된 적이 있어, 속설을 무작정 믿었다가는 크게 낭패를 보기 십상입니다. 기출문제는 출제기관이 어느 수준의 답변을 수험생에게 요구하는지 이해하는데 아주 중요한 기준을 제시합니다. 똑같은 문제가 출제될 가능성은 다소 떨어질 수 있으나, 유사한 문제나 확장/변형된 형태의 문제의 출제 가능성을 배제할 수 없습니다. 무엇보다 시험장에서 무자하게 될 문제의 형태를 익히고 미리 연습해보는 것은 수험생활의 기본이자 핵심 전략입니다.

3. 목차를 세분화하여 구조적 암기 및 답안 작성이 가능하도록 수록하였습니다.

   행정사 2차 논술형 시험은 1문제당 10~12분 내에 2 페이지 전후의 답안을 수기로 작성해야하는 시험입니다. 문제에 제시된 키워드 및 논점을 파악하여 구조적인 답안 작성을 위해 '목차'를 짜는 과정이 동반되며, 이는 마치 답안의 설계도를 작성하는 것과 같습니다. 본 교재는 특정 키워드를 설명하기 위한 세분화된 목차를 통해, 제시된 문제에 따라 '블록을 교체하듯' 답안을 조정 가능하도록 작성되었으며, 해당 목차 구성을 통해 암기 과정에서도 보다 수월해짐을 느낄 수 있도록 작성되었습니다.

마지막으로 이 책을 출간할 수 있도록 도움을 주신 가족과 출판사 분들에게 감사한 마음을 전하며, 이 글을 읽고 계신 수험생 여러분의 노력이 행정사 합격으로 열매 맺을 수 있기를 바랍니다.

2025년 10월
저자 소 나 리

출제경향분석

2026 epass 행정사실무법

출제연도	행정사법	행정심판법	비송사건절차법
2018	1	2	2
2019	1	2	2
2020	1	2	2
2021	1	2	2
2022	1	2	2
2023	1	2	2
2024	1	2	2
2025	1	2	3

위 최신출제 경향을 살펴보면 매년 행정사법에서 1문제, 행정심판법과 비송사건절차법에서 각 2문제씩 반복되어 출제가 되고 있습니다.

특히 행정사법과 비송사건절차법에서는 단문 및 약술 형태의 문제들이 출제되어 해당 법규정에 대한 정확한 암기가 요구됩니다.

행정심판법은 계속해서 사례형의 논술시험 형태로 출제가 되고 있습니다. 매년 1번 문항은 행정심판법에서 출제가 되고 있기 때문에 사례형 시험을 꼼꼼히 대비할 필요가 있다고 판단됩니다.

좀 더 자세한 내용 및 수험정보 등은 당사 홈페이지(www.epass-adm.com) 참조

학습전략

행정사 자격시험 2차 과목 중 행정사실무법은 일반행정사 수험생을 대상으로 시행되는 과목이며, 해당 과목에 응시하시는 수험생 분들은 다른 2차 과목들과 비교하여 아래와 같은 학습 전략이 필요합니다.

(1) 행정심판사례, 행정사법, 비송절차와 같이 다소 단절된 3 부분에 대한 암기와 숙지, 적용이 필요합니다.

(2) 행정심판사례는 사례형 문제에 대비하여 준비가 필요하며, 다른 2차 과목인 행정절차론과의 연관성이 높습니다.

(3) 행정사법은 1문제씩은 출제되는 경향이 있는 부분이며, 요령있는 암기와 답안을 풍성하게 하는 스킬을 준비할 필요가 있습니다.

(4) 비송절차는 절차법 특유의 학습의 벽이 느껴질 수 있는 부분입니다. 시험 직전까지 잦은 반복을 통해 암기 상태 유지가 중요합니다.

이 책을 마주한 여러분의 수험생활 선배로서, 또한 앞으로 더 많은 우수한 인재들이 행정사로 활약하시길 기대하는 행정사 선배로서, 조금이나마 본 교재가 수험생들에게 도움되고자 하는 마음으로 수험서를 출간합니다.

좀 더 자세한 내용 및 수험정보 등은 당사 홈페이지(www.epass-adm.com) 참조

Contents

제1편　행정사법

제1장	총칙	12
제2장	행정사 자격과 행정사 시험	14
제3장	업무신고 및 수리, 폐업 및 휴업	22
제4장	행정사의 권리와 의무	27
제5장	행정사법인	31
제6장	대한행정사회	37
제7장	지도감독과 벌칙	39

제2편 행정심판제도

- 제1장 행정심판 일반 ··· 44
- 제2장 행정심판의 종류 ··· 48
- 제3장 행정심판기관 ·· 53
- 제4장 심판청구의 대상적격 ··· 60
- 제5장 청구인 적격 ·· 69
- 제6장 피청구인적격 ·· 74
- 제7장 심판청구 기간 ·· 76
- 제8장 권리보호의 필요성 : 협의의 청구이익 ···································· 82
- 제9장 대리인 및 참가인 등 ·· 84
- 제10장 행정심판의 청구 ·· 89
- 제11장 심판청구의 변경과 취하 ·· 95
- 제12장 심판청구의 효과 ·· 98
- 제13장 심리 ·· 104
- 제14장 재결 ·· 113
- 제15장 조정 ·· 126

차례

제3편 비송사건절차법

- 제1장 비송사건 ········ 130
- 제2장 민사비송사건 ········ 180
- 제3장 상사비송사건 ········ 216

제4편 관련 법률

- 제1장 행정사법 ········ 256
- 제2장 행정사법 시행령 ········ 267
- 제3장 행정사법 시행규칙 ········ 275
- 제4장 행정심판법 ········ 280
- 제5장 비송사건절차법 ········ 295

memo.

행정사 2차 행정사실무법

제1편

행정사법

제1장 **총칙**
제2장 **행정사 자격과 행정사시험**
제3장 **업무신고 및 수리, 폐업 및 휴업**
제4장 **행정사의 권리와 의무**
제5장 **행정사법인**
제6장 **대한행정사회**
제7장 **지도감독과 벌칙**

제1장 총칙

01 행정사의 정의

행정사란 다른 사람의 위임을 받아 행정기관에 제출하는 서류의 작성, 번역, 제출 대행, 신청·청구 및 신고 등의 대리 등의 업무를 수행하는 국가 전문자격사이다.

02 행정사법의 목적

이 법은 행정사 제도를 확립하여 행정과 관련한 국민의 편익을 도모하고 행정제도의 건전한 발전에 이바지 함을 목적으로 한다(법 제1조).

03 행정사의 종류

(1) 일반 행정사
(2) 해사 행정사
(3) 외국어 번역행정사

04 행정사의 업무

(1) 행정기관에 제출하는 서류의 작성

    가. 진정·건의·질의·청원 및 이의신청에 관한 서류

    나. 출생·혼인·사망 등 가족관계의 발생 및 변동 사항에 관한 신고 등의 각종 서류

(2) 권리·의무나 사실증명에 관한 서류의 작성

    가. 각종 계약·협약·확약 및 청구 등 거래에 관한 서류

    나. 그 밖에 권리관계에 관한 각종 서류 또는 일정한 사실관계가 존재함을 증명하는 각종 서류

(3) 행정기관의 업무에 관련된 서류의 번역

(4) 제1호부터 제3호까지의 규정에 따라 작성된 서류의 제출 대행

(5) 인가·허가 및 면허 등을 받기 위하여 행정기관에 하는 신청·청구 및 신고 등의 대리

　다른 사람의 위임을 받아 인가·허가·면허 및 승인의 신청·청구 등 행정기관에 일정한 행위를 요구하거나 신고하는 일을 대리하는 일

(6) 행정 관계 법령 및 행정에 대한 상담 또는 자문에 대한 응답

　행정 관계 법령 및 제도·절차 등 행정업무에 대하여 설명하거나 자료를 제공하는 일

(7) 법령에 따라 위탁받은 사무의 사실 조사 및 확인

　법령에 따라 위탁받은 사무의 사실을 조사하거나 확인하고 그 결과를 서면으로 작성하여 위탁한 사람에게 제출하는 일

05 행정사의 종류별 업무 범위

(1) 일반행정사

　행정사 업무 중 서류의 번역과 해운/해양안전심판 외의 업무

(2) 해사행정사

　행정사 업무 중 해운 또는 해양안전심판에 관한 업무에서 서류의 번역 제외 업무

(3) 외국어번역행정사

　행정사의 업무 중 행정기관의 업무에 관련된 서류의 번역과 번역한 서류의 제출 대행 업무

06 행정사가 아닌 사람에 대한 금지사항

(1) 행정사가 아닌 사람은 다른 법률에 따라 허용되는 경우를 제외하고는 행정사의 업무를 업으로 하지 못한다(법 제3조 제1항).

(2) 행정사가 아닌 사람은 행정사 또는 이와 비슷한 명칭을 사용하지 못한다(법 제3조 제2항).

행정사 자격과 행정사시험

01 행정사의 자격과 결격사유

(1) 행정사의 자격
1) 행정사 자격시험에 합격한 사람은 행정사 자격이 있다(법 제5조).

(2) 자격증의 발급
1) 행정안전부장관은 행정사의 자격이 있는 사람에게 행정사 자격증을 발급하여야 한다.
2) 행정사 자격증을 발급받은 사람은 행정사 자격증을 잃어버리거나 못쓰게 된 경우에는 행정 안전부 장관에게 재발급을 신청할 수 있다.
3) 행정안전부장관은 자격증을 발급하였을 때에는 행정사 자격증 발급 대장에 해당 사실을 기록하여야 한다.

행정사법 시행규칙

제6조(자격증의 발급 및 재발급) ① 영 제18조제1항에 따라 행정사 자격증을 발급받으려는 사람은 별지 제4호서식의 신청서에 다음 각 호의 서류를 첨부하여 행정안전부장관에게 제출하여야 한다.
  1. 신분증(주민등록증, 여권, 운전면허증, 장애인등록증만 해당한다) 사본 1부
  2. 사진(신청일 전 6개월 이내에 모자를 쓰지 않은 상태에서 배경 없이 찍은 상반신 사진으로서 가로 3센티미터, 세로 4센티미터인 것을 말한다. 이하 같다) 2장

② 행정안전부장관은 제1항에 따른 신청인이 시험 합격자로서 법 제6조에 따른 결격사유에 해당되지 아니한 것이 확인되면 별지 제5호서식의 행정사 자격증을 신청인에게 발급하여야 한다.

③ 영 제18조제2항에 따라 자격증을 재발급받으려는 사람은 별지 제6호서식의 신청서(전자문서로 된 신청서를 포함한다)에 다음 각 호의 서류(전자문서를 포함한다)를 첨부하여 행정안전부장관에게 제출[「전자정부법」 제9조제3항에 따른 통합전자민원창구(이하 "통합전자민원창구"라 한다)를 이용한 제출을 포함한다]해야 한다.
  1. 신분증(주민등록증, 여권, 운전면허증, 장애인등록증만 해당한다) 사본 1부(통합전자민원창구를 이용하여 제출하는 경우는 제외한다)
  2. 행정사 자격증(잃어버린 경우는 제외한다)
  3. 사진 1장

④ 행정안전부장관은 제2항 및 제3항에 따라 자격증을 발급하였을 때에는 별지 제7호서식의 행정사 자격증 발급 대장에 해당 사실을 기록하여야 한다.

(3) 행정사의 결격사유

다음에 해당하는 사람은 행정사가 될 수 없다(법 제6조).

1) 피성년후견인 또는 피한정후견인
2) 파산선고를 받고 복권되지 아니한 사람
3) 금고 이상의 실형을 선고받고 그 집행이 끝나거나(집행이 끝난 것으로 보는 경우를 포함한다) 집행이 면제된 날부터 3년이 지나지 아니한 사람
4) 금고 이상의 형의 집행유예를 선고받고 그 유예기간이 끝난 날부터 2년이 지나지 아니한 사람
5) 금고 이상의 형의 선고유예를 받고 그 유예기간에 있는 사람
6) 공무원으로서 징계처분에 따라 파면되거나 해임된 후 3년이 지나지 아니한 사람
7) 행정사 자격이 취소된 후 3년이 지나지 아니한 사람

02 행정사의 자격시험

(1) 시험의 실시(법 제8조 및 령 제8조)

1) 행정사 자격시험은 행정안전부장관이 실시한다.
2) 행정사 자격시험은 제1차 시험과 제2차 시험으로 구분하여 실시한다.
3) 행정사 자격시험은 매년 한 번 실시한다.
4) 행정안전부장관은 행정사의 수급 상황 등을 고려하여 행정사자격심의위원회의 심의를 거쳐 행정사의 종류별로 최소선발인원을 정할 수 있다. 이 경우 외국어번역 행정사에 대해서는 외국어별로 최소선발인원을 정할 수 있다.
5) 제1차 시험은 선택형 필기시험으로 실시하고, 제2차 시험은 논술형 필기시험으로 실시한다. 다만, 제2차 시험의 경우에는 선택형·기입형 또는 단답형을 포함할 수 있다.
6) 외국어번역행정사의 제2차 시험 중 영어, 일본어, 중국어, 스페인어, 프랑스어, 독일어 및 러시아어 시험은 원서접수 마감일 전 2년 이내에 실시된 외국어능력검정시험으로 대체한다.

(2) 시험의 공고와 시험 관리 업무의 위탁

1) 행정안전부장관은 다음의 사항을 시험 시행일 90일 전까지 일간신문·관보 및 인터넷 홈페이지 등에 공고하여야 한다.
   - 시험의 방법 및 일시
   - 시험과목
   - 합격자 발표의 일시 및 방법
   - 응시원서의 교부 및 접수 방법과 기간
   - 응시수수료의 납입 및 반환에 관한 사항
   - 최소선발인원(최소선발인원을 정한 경우만 해당한다)
   - 그 밖에 시험의 시행에 필요한 사항

2) 행정안전부장관은 다음의 시험 관리 업무를 「한국산업인력공단법」에 따른 한국산업인력공단에 위탁한다.
   - 시험의 실시 및 공고
   - 시험위원의 위촉
   - 수당과 여비의 지급
   - 응시원서의 접수
   - 합격자 결정 및 공고
   - 부정행위자에 대한 조치

(3) 시험위원

1) 행정안전부장관은 다음 각 호의 사람 중에서 시험문제의 출제·선정·검토 및 채점을 담당할 사람(이하 "시험위원"이라 한다)을 시험과목별로 2명 이상 임명하거나 위촉하여야 한다.

   ① 4급 이상 공무원
   ② 「고등교육법」 제2조제1호부터 제6호까지의 규정에 따른 학교에서 조교수 이상의 직에 재직하고 있는 사람
   ③ 판사, 변호사 등 분야별 전문가

2) 시험위원으로 임명되거나 위촉된 사람은 행정안전부장관이 요구하는 시험문제의 출제·선정·검토 또는 채점상의 유의사항과 서약서 등의 준수사항을 성실히 지켜야 한다.

3) 행정안전부장관은 시험의 신뢰도를 크게 떨어뜨리는 행위를 한 시험위원이 있을 때에는 그 명단을 해당 시험위원의 소속 기관·단체의 장에게 통보하여야 한다.

4) 행정안전부장관이 그 명단을 통보한 시험위원은 통보한 날부터 5년간 시험위원으로 임명되거나 위촉될 수 없다.

(4) 시험과목

1) 제1차 시험

민법(총칙), 행정법, 행정학개론(지방자치행정 포함)

> 가. 민법(총칙 관련 내용으로 한정한다)
> 나. 행정법
> 다. 행정학개론(지방자치행정을 포함한다)

2) 제2차 시험

- 일반행정사
  민법(계약), 행정절차론(「행정절차법」 포함), 사무관리론(「민원 처리에 관한 법률」 및 「행정효율과 협업 촉진에 관한 규정」 포함), 행정사실무법(행정심판사례, 「비송사건절차법」)
- 해사행정사
  민법(계약), 행정절차론(「행정절차법」 포함), 사무관리론(「민원 처리에 관한 법률」 및 「행정 효율과 협업 촉진에 관한 규정」포함), 해사실무법(「선박안전법」, 「해운법」, 「해사안전법」, 「해양사고의 조사 및 심판에 관한 법률」)
- 외국어번역행정사
  민법(계약), 행정절차론(「행정절차법」 포함), 사무관리론(「민원 처리에 관한 법률」 및 「행정효율과 협업 촉진에 관한 규정」포함), 해당 외국어

일반행정사	가. 민법(계약 관련 내용으로 한정한다) 나. 행정절차론(「행정절차법」을 포함한다) 다. 사무관리론(「민원 처리에 관한 법률」 및 「행정업무의 운영 및 혁신에 관한 규정」을 포함한다) 라. 행정사실무법(행정심판사례 및 「비송사건절차법」을 말한다)
해사행정사	가. 민법(계약 관련 내용으로 한정한다) 나. 행정절차론(「행정절차법」을 포함한다) 다. 사무관리론(「민원 처리에 관한 법률」 및 「행정업무의 운영 및 혁신에 관한 규정」을 포함한다) 라. 해사실무법(「선박안전법」, 「해운법」, 「해사안전법」 및 「해양사고의 조사 및 심판에 관한 법률」을 말한다)
외국어번역 행정사	가. 민법(계약 관련 내용으로 한정한다) 나. 행정절차론(「행정절차법」을 포함한다) 다. 사무관리론(「민원 처리에 관한 법률」 및 「행정업무의 운영 및 혁신에 관한 규정」을 포함한다) 라. 해당 외국어

(5) 합격자 결정

1) 제1차 시험 및 제2차 시험 합격자는 과목(제2차 시험의 외국어시험은 외국어능력검정시험으로 대체)당

100점을 만점으로 하여 모든 과목의 점수가 40점 이상이고, 전 과목의 평균 점수가 60점 이상인 사람으로 한다.

2) 단, 제2차 시험 합격자가 최소선발인원보다 적은 경우에는 최소선발인원이 될 때까지 모든 과목의 점수가 40점 이상인 사람 중에서 전 과목 평균점수가 높은 순으로 합격자를 추가로 결정하고, 이 경우 동점자가 있어 최소선발인원을 초과하는 경우에는 그 동점자 모두를 합격자로 한다.

(6) 응시자격 및 결격사유

1) 응시자격

제한 없음 (부정행위자로 처리되어, 그 처분이 있은 날부터 5년이 지나지 않은 자는 제외)

2) 결격사유

① 피성년후견인 또는 피한정후견인

② 파산선고를 받고 복권되지 아니한 사람

③ 금고 이상의 실형을 선고받고 그 집행이 끝나거나(집행이 끝난 것으로 보는 경우 포함) 집행이 면제된 날부터 3년이 지나지 아니한 사람

④ 금고 이상의 형의 집행유예를 선고받고 그 유예기간이 끝난 날부터 2년이 지나지 아니한 사람

⑤ 금고 이상의 형의 선고유예를 받고 그 유예기간에 있는 사람

⑥ 공무원으로서 징계처분에 따라 파면되거나 해임된 후 3년이 지나지 아니한 사람

⑦ 행정사법 제30조(자격의 취소)에 따라 행정사 자격이 취소된 후 3년이 지나지 아니한 사람

(7) 합격증의 교부

시험실시기관의 장은 시험의 최종합격자가 결정된 때에는 그 명단을 공고하고 합격자에게 합격증을 교부하여야 한다.

(8) 시험 면제 및 부정행위자

1) 다음 회 제1차 시험 면제

제1차 시험에 합격한 사람에 대하여는 다음 회의 시험에서만 제1차 시험을 면제한다.

2) 시험부정행위자에 대한 조치

① 행정안전부장관은 행정사 자격시험에서 부정행위를 한 사람에 대하여는 그 시험을 정지시키거나 무효로 처리한다.

② 시험이 정지되거나 무효로 처리된 사람은 그 처분이 있은 날부터 5년간 행정사 자격시험에 응시하지 못한다.

행정사법

제9조(시험의 일부 면제) ① 다음 각 호의 어느 하나에 해당하는 사람은 제1차시험을 면제한다.
1. 공무원으로 재직한 사람 중 다음 각 목의 어느 하나에 해당하는 사람
   가. 경력직공무원(특정직공무원 중 대통령령으로 정하는 공무원은 제외한다. 이하 같다)으로 10년 이상 근무한 사람 중 7급(이에 상당하는 계급을 포함한다) 이상의 직에 5년 이상 근무한 사람
   나. 대통령령으로 정하는 특수경력직공무원으로 10년 이상 근무한 사람 중 7급 이상에 상당하는 직에 5년 이상 근무한 사람
2. 「고등교육법」에 따른 대학에서 외국어 전공 학사학위를 받은 후 그 외국어 번역 업무에 5년 이상 종사한 경력이 있는 사람
3. 「고등교육법」에 따른 대학원에서 외국어 전공 석사학위 또는 박사학위를 받은 후 그 외국어 번역 업무에 3년 이상 종사한 경력이 있는 사람
4. 행정사 자격이 있는 사람으로서 다른 종류의 행정사 자격시험에 응시하는 사람

② 다음 각 호의 어느 하나에 해당하는 사람은 제1차시험의 전과목과 제2차시험의 과목 중 2분의 1을 넘지 아니하는 범위에서 대통령령으로 정하는 과목을 면제한다.
1. 경력직공무원으로서 다음 각 목의 어느 하나에 해당하는 사람
   가. 15년 이상 근무한 사람 중 6급(이에 상당하는 계급을 포함한다) 이상의 직에 8년 이상 근무한 사람
   나. 10년 이상 근무한 사람 중 5급(이에 상당하는 계급을 포함한다) 이상의 직에 5년 이상 근무한 사람
2. 대통령령으로 정하는 특수경력직공무원으로서 다음 각 목의 어느 하나에 해당하는 사람
   가. 15년 이상 근무한 사람 중 6급 이상에 상당하는 직에 8년 이상 근무한 사람
   나. 10년 이상 근무한 사람 중 5급 이상에 상당하는 직에 5년 이상 근무한 사람
3. 「고등교육법」에 따른 대학에서 외국어 전공 학사학위를 받은 후 그 외국어 번역 업무에 7년 이상 종사한 경력이 있는 사람
4. 「고등교육법」에 따른 대학원에서 외국어 전공 석사학위 또는 박사학위를 받은 후 그 외국어 번역 업무에 5년 이상 종사한 경력이 있는 사람

③ 다음 각 호의 어느 하나에 해당하는 사람에게는 제1항 및 제2항을 적용하지 아니한다.
1. 공무원으로 근무 중 탄핵된 사람 또는 징계처분에 따라 그 직에서 파면되거나 해임된 사람
2. 공무원으로 근무 중 금전, 물품, 부동산, 향응 또는 그 밖에 대통령령으로 정하는 재산상 이익을 취득하거나 제공한 사유로 강등 또는 정직에 해당하는 징계처분을 받은 사람
3. 공무원으로 근무 중 다음 각 목에 해당하는 것을 횡령(橫領), 배임(背任), 절도, 사기 또는 유용(流用)한 사유로 강등 또는 정직에 해당하는 징계처분을 받은 사람
   가. 「국가재정법」에 따른 예산 및 기금
   나. 「지방재정법」에 따른 예산 및 「지방자치단체 기금관리기본법」에 따른 기금

다. 「국고금 관리법」 제2조제1호에 따른 국고금
라. 「보조금 관리에 관한 법률」 제2조제1호에 따른 보조금
마. 「국유재산법」 제2조제1호에 따른 국유재산 및 「물품관리법」 제2조제1항에 따른 물품
바. 「공유재산 및 물품 관리법」 제2조제1호 및 제2호에 따른 공유재산 및 물품
사. 그 밖에 가목부터 바목까지에 준하는 것으로서 대통령령으로 정하는 것
④ 제1항 및 제2항에 따른 외국어 번역 업무에 종사한 경력 등 자격인정에 필요한 사항은 대통령령으로 정한다.
⑤ 제1차시험에 합격한 사람에 대하여는 다음 회의 시험에서만 제1차시험을 면제한다.

(9) 행정사자격심의위원회

1) 행정사자격심의위원회 설치
행정사 자격의 취득과 관련된 사항을 심의하기 위하여 행정안전부에 행정사자격심의위원회를 둘 수 있다.

2) 심의사항
① 행정사 자격시험 과목 등 시험에 관한 사항
② 행정사 자격시험 선발 인원의 결정에 관한 사항
③ 행정사 자격시험의 일부면제 대상자의 요건에 관한 사항
④ 그 밖에 행정사 자격의 취득과 관련한 중요 사항

3) 심의위원회의 구성
① 행정사자격심의위원회는 위원장 1명과 부위원장 1명을 포함한 11명 이내의 위원으로 구성하고, 위촉위원이 전체 위원의 과반수가 되도록 해야 한다.
② 위원장은 행정안전부에서 행정사 관련 업무를 담당하는 실장급 공무원이 되고, 부위원장은 행정안전부에서 행정사 관련 업무를 담당하는 국장급 공무원이 되며, 위원은 다음 각 호의 사람이 된다.
　㉠ 행정안전부 소속 3급 공무원 또는 고위공무원단에 속하는 일반직공무원 중에서 행정안전부장관이 임명하는 사람
　㉡ 다음 각 목의 사람 중에서 행정안전부장관이 성별을 고려하여 위촉하는 사람
　　ⓐ 대한행정사회의 장이 추천하는 행정사
　　ⓑ 「고등교육법」 규정에 따른 학교에서 조교수 이상의 직에 재직하고 있는 사람
　　ⓒ 행정사 제도에 관한 학식과 경험이 풍부한 사람
③ 위촉위원의 임기는 2년으로 하며, 한 번만 연임할 수 있다.
④ 심의위원회에 간사 1명을 두며, 간사는 행정안전부 소속 공무원 중에서 위원장이 임명한다.

4) 위원의 제척 · 기피 · 회피 등

① 심의위원회 위원이 다음에 해당하는 경우에는 심의위원회의 심의·의결에서 제척된다.
- 위원 또는 그 배우자나 배우자였던 사람이 해당 안건의 당사자가 되거나 그 안건의 당사자와 공동권리자 또는 공동의무자인 경우
- 위원이 해당 안건의 당사자와 친족이거나 친족이었던 경우
- 위원이 해당 안건에 대하여 증언, 진술, 자문, 조사, 연구, 용역 또는 감정을 한 경우
- 위원이나 위원이 속한 법인·단체 등이 해당 안건의 당사자의 대리인이거나 대리인이었던 경우
- 위원이 해당 안건의 당사자와 같은 행정사법인 또는 행정사사무소에 소속된 경우

② 당사자는 위원에게 제척사유가 있거나 공정한 심의·의결을 기대하기 어려운 사정이 있는 경우에는 심의위원회에 기피 신청을 할 수 있고, 심의위원회는 의결로 기피 여부를 결정한다. 이 경우 기피 신청의 대상인 위원은 그 의결에 참여할 수 없다.

③ 위원 본인이 제척 사유에 해당하는 경우에는 스스로 해당 안건의 의결에서 회피해야 한다.

5) 위원의 해임 · 해촉 사유

① 장기간의 심신장애로 직무를 수행할 수 없게 된 경우
② 직무와 관련된 비위사실이 있는 경우
③ 직무태만, 품위손상이나 그 밖의 사유로 위원으로 적합하지 않다고 인정되는 경우
④ 위원이 제척 사유에 해당하는 데에도 불구하고 회피하지 않은 경우
⑤ 위원 스스로 직무를 수행하는 것이 곤란하다고 의사를 밝히는 경우

6) 위원장의 직무

① 위원장은 심의위원회를 대표하고, 심의위원회의 업무를 총괄한다.
② 위원장이 직무를 수행할 수 없을 때에는 부위원장이 그 직무를 대행하며, 위원장과 부위원장이 모두 직무를 수행할 수 없을 때에는 위원장이 미리 지명한 위원이 그 직무를 대행한다.

7) 심의위원회의 회의

① 위원장은 심의위원회의 회의를 소집하고, 그 의장이 된다.
② 심의위원회의 회의는 재적위원 과반수의 출석으로 열고, 출석위원 과반수의 찬성으로 의결 한다.

제3장 업무신고 및 수리, 폐업 및 휴업

01 행정사업무신고

행정사 자격이 있는 사람이 행정사로서 업무를 하려면 주된 사무소의 소재지를 관할하는 특별자치시장·특별자치도지사·시장·군수 또는 자치구의 구청장에게 행정사 업무신고 기준을 갖추어 신고하여야 한다(법 제10조 제1항).

(1) 신고기준
- 행정사의 결격사유에 해당하지 않을 것
- 실무교육을 이수했을 것
- 행정사 자격증이 있을 것
- 대한행정사회에 가입했을 것

(2) 첨부서류
- 행정사 자격증 사본 1부
- 실무교육 수료증 사본 1부
- 대한행정사회 회원증 1부

02 수리거부

(1) 수리거부

시장 등은 행정사업무신고를 하려는 사람이 행정사업무신고 기준을 갖추지 아니한 경우에는 그 행정사업무신고의 수리를 거부할 수 있다. 이 경우 지체 없이 행정사업무신고의 수리 거부 사실 및 그 사유를 당사자에게 알려야 한다.

(2) 수리거부 사유
1) 행정사의 결격사유에 해당하는 경우
2) 실무교육을 이수하지 아니한 경우
3) 행정사 자격이 없는 경우
4) 대한행정사회에 가입하지 아니한 경우

(3) 수리 간주

시장등이 업무신고를 받은 날부터 3개월이 지날 때까지 행정사업무신고확인증을 발급하지 아니하거나 행정사업무신고의 수리 거부 통지를 하지 아니하면 3개월이 되는 날의 다음 날에 행정사업무신고가 수리된 것으로 본다.

03 이의신청

(1) 행정사업무신고의 수리가 거부된 사람은 그 통지를 받은 날부터 3개월 이내에 행정사업무신고의 수리 거부에 대한 불복의 이유를 밝혀 시장 등에게 이의신청을 할 수 있다(법 제11조 제3항).
(2) 시장 등은 이의신청이 이유있다고 인정하면 신고확인증을 발급하여야 한다(법 제11조 제4항).

04 신고확인증

(1) 신고확인증의 발급

1) 시장 등은 행정사 업무신고를 받은 때에는 그 내용을 확인한 후 신고확인증을 행정사에게 발급하여야 한다.
2) 신고확인증을 발급받은 사람은 신고확인증을 잃어버리거나 못쓰게 된 경우에는 시장등에게 신청서, 자격증 사본, 신고확인증(잃어버린 경우 제외)을 첨부하여 재발급을 신청할 수 있다.

(2) 신고확인증의 대여 등의 금지

1) 행정사는 다른 사람에게 신고확인증을 대여하여서는 아니 된다.
2) 누구든지 다른 사람의 신고확인증을 대여받아 사용하여서는 아니 된다.
3) 누구든지 신고확인증의 대여를 알선하여서는 아니 된다.

행정사법 시행규칙

제9조(행정사업무신고확인증의 발급) ① 법 제12조제1항에 따른 행정사업무신고확인증(이하 "신고확인증"이라 한다)은 별지 제11호서식 및 별지 제12호서식과 같다.
② 시장등은 법 제12조제1항에 따라 신고확인증을 발급한 경우에는 다음 각 호의 대장에 해당 사항을 기록하여야 한다.
   1. 별지 제13호서식의 행정사 업무 신고대장
   2. 별지 제14호서식의 행정사 관리 대장
③ 법 제12조제2항에 따라 신고확인증을 재발급받으려는 행정사 또는 합동사무소의 대표 행정사는 별지

제15호서식의 신청서에 다음 각 호의 서류를 첨부하여 시장등에게 제출하여야 한다.
1. 행정사 자격증 사본 1부
2. 신고확인증(잃어버린 경우는 제외한다)

05 행정사 폐업 및 휴업

(1) 폐업 신고

행정사가 폐업한 경우에는 본인이, 사망한 경우에는 가족이나 동거인 또는 그 사무직원이 지체 없이 그 사실을 시장등에게 자격증 사본과 신고확인증을 첨부하여 신고하여야 한다.

폐업한 행정사가 업무를 다시 시작할 때에도 또한 같다.

(2) 휴업신고

① 행정사가 3개월이 넘도록 휴업(업무신고를 하고 업무를 시작하지 아니하는 경우를 포함)하거나 휴업한 행정사가 업무를 다시 시작하려면 시장등에게 신고하여야 한다.

② 시장등은 업무재개신고를 받은 날부터 15일 이내에 신고수리 여부를 신고인에게 통지하여야 한다.

③ 시장등은 15일 이내에 신고수리 여부 또는 민원 처리 관련 법령에 따른 처리기간의 연장을 신고인에게 통지하지 아니하면 그 기간이 끝난 날의 다음 날에 신고를 수리한 것으로 본다.

④ 휴업한 행정사가 2년이 지나도 업무를 다시 시작하지 아니하는 경우에는 폐업한 것으로 본다.

주제 01 행정사 사무소

01 행정사 및 행정사 합동사무소

(1) 행정사 및 행정사 합동사무소의 설치

1) 행정사는 행정사 업무를 하기 위한 사무소를 하나만 설치할 수 있다.

2) 행정사는 그 업무를 효율적으로 수행하고 공신력을 높이기 위하여 3명 이상의 행정사로 구성된 합동사무소를 설치할 수 있으며, 행정사합동사무소를 구성하는 행정사의 수를 넘지 아니하는 범위에서 주사무소와 분사무소를 설치할 수 있다. 이 경우 주사무소와 분사무소에는 행정사합동사무소를 구성하는 행정사가 각각 1명 이상 상근하여야 한다.

행정사법 시행규칙

제10조(합동사무소 설치 등) ① 행정사가 법 제14조제2항에 따라 합동사무소 또는 분사무소를 설치하려는 경우에는 별지 제16호서식의 신고서를 주된 사무소 소재지의 시장등에게 제출하여야 한다. 이 경우 합동사무소를 설치하려는 경우에는 다음 각 호의 서류를 첨부해야 한다.〈개정 2016. 12. 30., 2021. 6. 9.〉

  1. 소속 행정사의 행정사 자격증 사본 각 1부
  2. 소속 행정사의 실무교육 수료증 사본 각 1부
  3. 소속 행정사의 사진 각 1장
  3의2. 소속 행정사의 법 제26조제1항에 따른 대한행정사회(이하 "행정사회"라 한다) 회원증 사본 각 1부
  4. 합동사무소 운영규약 1부

② 제1항제4호에 따른 합동사무소 운영규약에는 다음 각 호의 사항이 포함되어야 한다.
  1. 합동사무소 및 분사무소의 명칭
  2. 합동사무소 및 분사무소의 주소
  3. 조직 및 운영에 관한 사항
  4. 구성원의 가입과 탈퇴에 관한 사항

③ 분사무소에는 소속 행정사를 책임자로 두어야 한다.

④ 합동사무소의 대표 행정사는 다음 각 호의 어느 하나에 해당하는 사유가 발생하였을 때에는 30일 이내에 별지 제9호서식의 신고서에 신고확인증과 다음 각 호의 구분에 따른 서류를 첨부하여 주된 사무소 소재지의 시장등에게 제출해야 한다. 이 경우 제9조제2항을 준용한다.〈개정 2016. 12. 30., 2021. 6. 9.〉

  1. 소속 행정사가 변경된 경우
    가. 변경된 행정사의 행정사 자격증 사본 각 1부
    나. 변경된 행정사의 실무교육 수료증 사본 각 1부
    다. 변경된 소속 행정사의 사진 각 1장
    라. 변경된 소속 행정사의 행정사회 회원증 사본 각 1부
  2. 합동사무소 운영규약이 변경된 경우: 변경된 합동사무소 운영규약 1부
  3. 합동사무소나 분사무소의 명칭이 변경된 경우

(2) 사무소의 이전신고

1) 행정사가 사무소를 이전한 때에는 10일 이내에 이전 후의 사무소 소재지를 관할하는 시장등에게 신고하여야 한다.

2) 이전신고를 받은 시장등은 이전 신고한 행정사에게 신고확인증을 발급하여야 하며, 종전의 사무소 소재지를 관할하는 시장등에게 사무소의 이전 사실을 통지하여야 한다.

3) 이전신고 전에 발생한 사유로 인한 행정사에 대한 행정처분은 이전신고를 받은 시장등이 행한다.

(3) 사무소의 명칭 등

1) 행정사는 그 사무소의 종류별로 사무소의 명칭 중에 행정사사무소 또는 행정사 합동사무소 라는 글자를 사용하고, 행정사합동사무소의 분사무소에는 그 분사무소임을 표시하여야 한다.

2) 행정사가 아닌 사람은 행정사사무소 또는 이와 비슷한 명칭을 사용하지 못하며, 행정사 합동사무소나 그 분사무소가 아니면 행정사합동사무소나 그 분사무소 또는 이와 비슷한 명칭을 사용하지 못한다.

제4장 행정사의 권리와 의무

01 행정사의 의무와 책임

(1) 행정사는 품위를 유지하고 신의와 성실로써 공정하게 직무를 수행하여야 한다(법 제21조 제1항).
(2) 행정사가 위임받은 업무를 수행하면서 고의 또는 과실로 위임인에게 재산상의 손해를 입힌 경우에는 그 손해를 배상할 책임이 있다(법 제21조 제2항).

02 보수

(1) 행정사는 업무를 위임한 자로부터 보수를 받는다(법 제19조 제1항).
(2) 행정사와 그 사무직원은 업무에 관하여 보수 외에 어떠한 명목으로도 위임인으로부터 금전 또는 재산상의 이익이나 그 밖의 반대급부를 받지 못한다(법 제19조 제2항).

03 사무직원

(1) 행정사는 사무직원을 둘 수 있으며, 소속 사무직원을 지도·감독할 책임이 있다(법 제18조 제1항).
(2) 사무직원의 직무상 행위는 그를 고용한 행정사의 행위로 본다(법 제18조 제2항).

04 비밀엄수

행정사 또는 행정사이었던 사람(행정사의 사무직원 또는 사무직원이었던 사람을 포함한다)은 정당한 사유 없이 직무상 알게 된 사실을 다른 사람에게 누설하여서는 아니 된다(법 제23조).

05 업무처리부 작성

(1) 행정사는 업무를 위임받으면 업무처리부를 작성하여 보관하여야 한다.
(2) 업무처리부는 전자문서로 작성할 수 있다.
(3) 행정사는 작성한 업무처리부를 1년간 보관하여야 한다.
(4) 업무처리부에는 다음의 사항을 적어야 한다.

① 일련번호
② 위임받은 연월일
③ 위임받은 업무의 개요
④ 보수액
⑤ 위임인의 주소와 성명
⑥ 그 밖에 위임받은 업무의 처리에 필요한 사항

06 증명서의 발급

(1) 행정사는 업무에 관련된 사실의 확인증명서를 발급할 수 있다(법 제20조 제1항).
(2) 외국어번역행정사는 그가 번역한 번역문에 대하여 번역확인증명서를 발급할 수 있다(법 제20조 제2항).
(3) 행정사가 발급할 수 있는 증명서의 범위는 자신이 행한 업무에 관련된 사실과 자신이 번역한 번역문으로 한정한다(영 제21조).

07 수임제한

(1) 공무원직에 있다가 퇴직한 행정사는 퇴직 전 1년부터 퇴직할 때까지 근무한 행정기관에 대한 인가·허가 및 면허 등을 받기 위하여 하는 신청·청구 및 신고 등의 대리업무를 퇴직한 날부터 1년 동안 수임할 수 없다(법 제21조의2 제1항).
(2) 수임제한은 행정사법인의 법인구성원 또는 소속행정사로 지정되는 경우를 포함한다(법 제21조의2 제2항).
(3) 수임제한 대상 행정기관의 범위는 다음과 같다(령 제21조의2).

1) 수임이 제한되는 행정기관

국회·법원·헌법재판소·중앙선거관리위원회의 행정사무를 처리하는 기관, 중앙행정기관(대통령 소속 기관과 국무총리 소속 기관을 포함한다)과 그 소속 기관, 지방자치단체와 그 소속 기관

2) 수임제한 대상 행정기관으로 보지 않는 경우

① 파견, 교육훈련, 휴직, 출산휴가 또는 징계 등으로 인하여 퇴직 전 1년간 실제로 근무하지 아니한 행정기관

② 둘 이상의 기관에 소속되었던 경우에 실제로 근부하지 아니한 행정기관

③ 퇴직 전 1년부터 퇴직한 때까지 일시적 직무대리, 겸임발령 등으로 인하여 소속된 행정기관에서의 근무기간이 1개월 이하인 행정기관

08 행정사의 금지행위

(1) 정당한 사유 없이 업무에 관한 위임을 거부하는 행위

(2) 당사자 중 어느 한 쪽의 위임을 받아 취급하는 업무에 관하여 이해관계를 달리하는 상대방으로부터 같은 업무를 위임받는 행위. 다만, 당사자 양쪽이 동의한 경우는 제외한다.

(3) 행정사의 업무 범위를 벗어나서 타인의 소송이나 그 밖의 권리관계분쟁 또는 민원사무처리 과정에 개입하는 행위

(4) 업무수임 또는 수행 과정에서 관련 공무원과의 연고등 사적인 관계를 드러내며 영향력을 미칠 수 있는 것으로 선전하는 행위

(5) 행정사의 업무에 관하여 거짓된 내용을 표시하거나 객관적 사실을 과장 또는 누락하여 소비자를 오도하거나 오해를 불러일으킬 우려가 있는 내용의 광고행위

(6) 행정사 업무의 알선을 업으로 하는 자를 이용하거나 그 밖의 부당한 방법으로 행정사 업무의 위임을 유치하는 행위

09 행정사의 교육

(1) 실무교육

1) 행정사 자격이 있는 사람이 행정사 업무를 시작하려면 행정안전부장관이 시행하는 실무교육을 받아야 한다(법 제25조 제1항).

2) 실무교육은 기본소양교육과 실무수습교육으로 구분한다(영 제23조 제1항).

3) 기본소양교육은 20시간 실시하며, 실무수습교육은 40시간 동안 행정사 사무소 또는 행정 안전부장관이 지정하는 장소에서 실시한다(영 제23조 제2항).

4) 행정안전부장관은 다음의 사항을 포함한 실무교육계획을 수립하여 교육 실시 30일전까지 인터넷 홈페이지 등에 공고해야 한다(영 제23조 제3항).
   ① 교육시기 및 교육기간
   ② 민원처리 관련 법령·행정절차·기본소양 등 교육과목
   ③ 교육의 이수방법
   ④ 그밖에 필요한 사항

5) 실무교육을 받으려는 사람은 교육 실시 10일 전까지 교육을 신청하여야 한다.

6) 실무교육은 집합교육 또는 온라인 교육으로 실시한다.

7) 행정안전부장관은 실무교육에 관한 권한을 특별시장·광역시장·특별자치시장·도지사·특별자치도지사에게 위임한다.

(2) 연수교육

1) 행정사의 사무소의 소재지를 관할하는 특별시장·광역시장·특별자치시장·도지사·특별자치도지사는 행정사의 자질과 업무수행능력 향상을 위하여 행정사회, 행정학과 또는 법학과가 개설된 대학에 위탁하여 행정사에 대한 연수교육을 실시하여야 한다.

2) 행정사는 연수교육을 받아야 한다.

3) 행정사는 전문성과 윤리의식을 높이기 위하여 다음의 구분에 따른 날부터 2년마다 16시간의 연수교육을 받아야 한다.
   ① 행정사사무소 또는 합동사무소를 설치한 행정사의 경우: 행정사업무신고확인증을 발급 받은 날
   ② 행정사법인을 구성하는 행정사의 경우 : 법인업무신고 확인증을 발급받은 날
   ③ 행정사법인에 고용된 행정사의 경우 : 행정사법인이 해당 소속행정사의 고용을 신고한 날

4) 특별시장·광역시장·특별자치시장·도지사·특별자치도지사는 다음의 사항을 포함한 연수교육계획을 수립하여 교육 실시 30일 전까지 인터넷 홈페이지 등에 공고해야 한다.
   ① 교육시기 및 교육기간
   ② 민원처리와 관련하여 변경된 법령·제도·절차 및 기본소양 과목 등 교육과목
   ③ 교육의 이수방법
   ④ 그 밖에 필요한 사항

5) 연수교육은 집합교육 또는 온라인 교육으로 실시한다.

제5장 행정사법인

01 행정사법인 설립

행정사는 행정사의 업무를 조직적이고 전문적으로 수행하기 위하여 3명 이상의 행정사를 구성원으로 하는 행정사법인을 설립할 수 있다(법 제25조의2).

02 행정사법인 설립 절차

(1) 행정사법인을 설립하려면 행정사법인의 구성원이 될 행정사가 정관을 작성하여 행정안전부장관의 인가를 받아야 한다. 정관을 변경할 때에도 또한 같다(법 제25조의3 제1항).

(2) 행정사법인의 정관에는 다음의 사항을 적어야 한다(법 제25조의3 제2항).
   - 목적, 명칭, 주사무소 및 분사무소의 소재지
   - 행정사법인을 구성하는 행정사(이하 "법인구성원"이라 한다)의 성명과 주소
   - 법인구성원의 출자에 관한 사항
   - 법인구성원 회의에 관한 사항
   - 자산 및 회계에 관한 사항
   - 행정사법인의 대표에 관한 사항
   - 존립시기, 해산사유를 정한 경우에는 그 시기 또는 사유
   - 행정사법인의 업무를 수행하는 행정사의 권리·의무제한에 관한 사항(영 제23조의3)
   - 법인구성원의 가입·탈퇴에 관한 사항(영 제23조의3)

(3) 행정사법인은 등기하여야 한다(법 제25조의3 제3항).

(4) 행정사법인은 그 주사무소의 소재지에서 설립등기를 함으로써 성립한다(법 제25조의3 제4항).

03 행정사법인의 설립인가 신청

(1) 행정사법인의 설립인가를 받으려는 행정사법인의 구성원이 될 행정사는 설립인가신청서에 다음의 서류를 첨부하여 행정안전부장관에게 제출해야 한다.

- 정관
- 업무계획서 및 예산서
- 행정사 자격증 사본
- 자본금 납입을 증명하는 서류
- 주사무소와 분사무소(분사무소를 두는 경우에만 해당한다)의 설치 예정지가 기재된 서류

(2) 행정안전부장관은 행정사법인의 설립을 인가하는 경우 행정사법인 인가대장에 다음의 내용을 적고, 신청인에게 설립인가증을 발급해야 한다.
- 인가 번호 및 인가 연월일
- 행정사법인의 명칭
- 주사무소 및 분사무소의 소재지
- 법인구성원 및 소속행정사의 성명 및 자격증번호
- 그 밖에 행정안전부장관이 필요하다고 인정하는 사항

04 행정사법인의 설립등기

(1) 행정사법인의 설립등기는 설립인가증을 받은 날부터 14일 이내에 하여야 한다.
(2) 설립등기에는 다음의 사항이 포함되어야 한다.
- 목적
- 명칭
- 법인구성원의 성명 및 주소
- 주사무소와 분사무소의 소재지
- 법인구성원의 출자 종류, 재산출자의 경우에는 그 가격과 이행한 부분
- 존립기간, 그 밖에 해산 사유를 정한 경우에는 그 기간 또는 사유
- 행정사법인을 대표하는 행정사를 정한 경우에는 그 성명

(3) 행정사법인의 등기는 법인구성원 전원이 공동으로 신청하여야 하며, 그 신청서에는 다음의 서류를 첨부하여야 한다.
- 정관
- 행정사법인 설립인가증
- 재산출자에 관하여 이행한 부분을 증명하는 서면

(4) 행정안전부장관은 설립등기 내용에 대해서는 「전자정부법」에 따른 행정정보의 공동이용을 통하여 법인 등기사항증명서를 확인하여야 한다.

05 행정사법인의 업무신고

(1) 행정사법인 업무신고

행정사법인이 행정사의 업무를 하려면 주사무소의 소재지를 관할하는 시장등에게 행정사법인 업무신고 기준을 갖추어 신고하여야 한다. 신고한 사항을 변경할 때에도 또한 같다(법 제25조의4 제1항).

(2) 행정사법인 업무신고 기준

1) 법인구성원 및 소속행정사가 결격사유에 해당하지 않을 것
2) 법인구성원 및 소속행정사가 실무교육을 이수했을 것
3) 법인구성원 및 소속행정사가 행정사 자격증을 보유하고 있을 것
4) 법인구성원 및 소속행정사가 대한행정사회에 가입했을 것
5) 행정안전부장관의 인가를 받고 설립등기를 했을 것

(3) 수리거부

1) 시장등은 법인업무신고를 하려는 자가 법인업무신고 기준을 갖추지 아니한 경우에는 그 법인업무신고의 수리를 거부할 수 있다. 이 경우 지체 없이 법인업무신고의 수리 거부 사실 및 그 사유를 당사자에게 알려야 한다(법 제25조의4 제2항).
2) 시장등이 법인업무신고를 받은 날부터 3개월이 지날 때까지 법인업무신고확인증을 발급하지 아니하거나 법인업무신고의 수리 거부 통지를 하지 아니하면 3개월이되는 날의 다음 날에 법인업무신고가 수리된 것으로 본다.

(4) 이의신청

1) 법인업무신고의 수리가 거부된 자는 그 통지를 받은 날부터 3개월 이내에 법인업무신고의 수리 거부에 대한 불복의 이유를 밝혀 시장등에게 이의신청을 할 수 있다.
2) 시장등은 이의신청이 이유 있다고 인정하면 법인업무신고확인증을 발급하여야 한다.

(5) 법인업무신고확인증

1) 시장등은 법인업무신고를 받은 때에는 그 내용을 확인한 후 법인업무신고확인증을 행정사법인에 발급하여야 한다(법 제25조의4 제3항).
2) 법인신고확인증을 발급받은 행정사법인은 법인신고확인증을 잃어버리거나 못쓰게 된 경우 에는 시장등에게 재발급을 신청할 수 있다.

06 행정사법인의 사무소 등

(1) 사무소의 설치

행정사법인은 법인구성원의 수를 넘지 아니하는 범위에서 주사무소와 분사무소를 설치할 수 있다. 이 경우 주사무소와 분사무소에는 각각 1명 이상의 법인구성원이 상근하여야 한다.

(2) 행정사 법인의 사무소의 이전

1) 행정사법인이 사무소를 이전한 때에는 10일 이내에 이전 후의 사무소 소재지를 관할하는 시장등에게 신고하여야 한다.
2) 이전신고를 받은 시장등은 이전신고한 행정사법인에게 신고확인증을 발급하여야 하며, 종전의 사무소 소재지를 관할하는 시장등에게 사무소의 이전 사실을 통지하여야 한다.
3) 이전신고 전에 발생한 사유로 인한 행정사법인에 대한 행정처분은 이전신고를 받은 시장등이 행한다.

(3) 사무소의 명칭 등

1) 행정사법인은 사무소의 명칭 중에 행정사법인이라는 글자를 사용하여야 하고, 행정사법인의 분사무소에는 그 분사무소임을 표시하여야 한다.
2) 행정사법인이 아닌 자는 행정사법인 또는 이와 비슷한 명칭을 사용하지 못하며, 행정사법인의 사무소나 그 분사무소가 아니면 행정사법인이나 그 분사무소 또는 이와 비슷한 명칭을 사용하지 못한다.

(4) 행정사법인의 소속행정사 등

1) 행정사법인은 행정사를 고용할 수 있다.
2) 행정사법인은 행정사를 고용한 경우에는 주사무소 소재지의 시장등에게 신고하여야 하며, 그 변경이 있는 경우에도 또한 같다.
3) 고용된 행정사 및 법인구성원은 업무정지 중이거나 휴업 중인 사람이 아니어야 한다.
4) 소속행정사 및 법인구성원은 그 행정사법인의 사무소 외에 따로 사무소를 둘 수 없다.
5) 법인업무신고를 한 행정사법인은 실무교육을 받지 아니한 사람을 소속행정사로 고용하거나 법인구성원으로 할 수 없다.
6) 행정사법인이 법인구성원에 관한 요건을 갖추지 못하게 된 경우에는 6개월 이내에 이를 보충하여야 한다.

(5) 업무수행 방법

1) 행정사법인은 법인의 명의로 업무를 수행하여야 하며, 수임한 업무마다 그 업무를 담당할 법인 구성원 또는 소속행정사를 지정하여야 한다. 다만, 소속행정사를 담당행정사로 지정할 경우에는 법인구성원과

공동으로 지정하여야 한다.

2) 행정사법인이 수임한 업무에 대하여 담당행정사를 지정하지 아니한 경우에는 법인구성원 모두를 담당행정사로 지정한 것으로 본다.

3) 담당행정사는 지정된 업무에 관하여 그 법인을 대표한다.

4) 행정사법인이 그 업무에 관하여 작성하는 서면에는 행정사법인의 명의를 표시하고 담당행정사가 기명날인하여야 한다.

07 행정사법인의 해산 및 합병

(1) 해산

1) 행정사법인은 해산 사유
   ① 정관에서 정하는 해산 사유의 발생
   ② 법인구성원 전원의 동의
   ③ 합병 또는 파산
   ④ 설립인가의 취소

2) 행정사법인이 해산하면 청산인은 지체 없이 그 사유를 행정안전부장관에게 신고하여야 한다.

(2) 합병

행정사법인은 법인구성원 전원의 동의가 있으면 다른 행정사법인과 합병할 수 있다.

08 행정사법인 설립인가의 취소 등

(1) 설립인가의 취소

1) 행정안전부장관은 행정사법인이 다음의 어느 하나에 해당하는 경우에는 설립인가를 취소할 수 있다. 다만, 거짓이나 그 밖의 부정한 방법으로 설립인가를 받은 경우에는 설립인가를 취소하여야 한다.
   ① 거짓이나 그 밖의 부정한 방법으로 설립인가를 받은 경우
   ② 법인구성원에 관한 요건을 갖추지 못하게 된 경우에 이를 6개월 이내에 보충하지 아니한 경우
   ③ 업무정지처분을 받고 그 업무정지 기간 중에 업무를 수행한 경우
   ④ 법령을 위반하여 업무를 수행한 경우

2) 행정안전부장관은 행정사법인의 설립인가를 취소하려는 경우에는 청문을 하여야 한다.

(2) 경업의 금지

1) 법인구성원 또는 소속행정사는 자기 또는 제3자를 위하여 그 행정사법인의 업무범위에 속하는 업무를 수행하거나 다른 행정사법인의 법인구성원 또는 소속행정사가 되어서는 아니 된다.
2) 행정사법인의 법인구성원 또는 소속 행정사이었던 사람은 그 행정사법인에 소속한 기간 중에 그 행정사법인의 담당행정사로서 수행하고 있었거나 수행을 승낙한 업무에 관하여는 퇴직 후 행정사의 업무를 수행할 수 없다. 다만, 그 행정사법인의 동의가 있는 경우에는 그러하지 아니하다.

(3) 손해배상책임의 보장

1) 행정사법인은 그 직무를 수행하면서 고의나 과실로 의뢰인에게 손해를 입힌 경우 그 손해에 대한 배상책임을 보장하기 위하여 손해배상준비금 적립이나 보험가입 등 필요한 조치를 하여야 한다.
2) 행정사법인은 법인업무신고 후 15일 이내에 다음의 어느 하나에 해당하는 손해배상책임 보장조치를 해야 한다
   - 보험 가입
   - 주사무소 소재지를 관할하는 공탁기관에 현금 또는 국공채의 공탁
3) 행정사법인이 제1항 각 호에 따른 손해배상책임 보장조치를 하는 경우 그 금액은 행정사법인의 법인구성원과 소속행정사의 수에 1천만원을 곱하여 산출한 금액 이상 또는 행정사법인당 1억원 이상으로 한다.

09 기타 사항

행정사법인에 관하여 이 법에서 정한 것 외에는 상법 중 합명회사에 관한 규정을 준용한다.

제6장 대한행정사회

01 대한행정사회의 설립

(1) 행정사의 품위 향상과 직무의 개선·발전을 도모하기 위하여 대한행정사회(이하 "행정사회"라 한다)를 둔다(법 제26조 제1항).
(2) 행정사회는 법인으로 한다(법 제26조 제2항).
(3) 행정사회는 정관을 정하여 행정안전부장관의 인가를 받아 설립등기를 함으로써 성립한다(법제26조 제3항).

02 대한행정사회의 설립인가

(1) 대한행정사회의 설립인가를 받으려는 행정사는 신청서에 다음의 서류를 첨부하여 행정안전부장관에게 제출하여야 한다.
   - 발기인이 서명하거나 날인한 명부 및 이력서 각 1부
   - 정관 1부
   - 해당 사업연도의 사업계획 및 수지예산을 적은 서류 1부
   - 임원 취임예정자의 취임승낙서 1부
   - 창립총회 회의록 1부
(2) 행정사회는 총회를 개최한 때에는 그 결과를 지체없이 행정안전부장관에게 보고하여야 한다.

03 대한행정사회의 가입 의무

행정사(법인구성원 및 소속행정사를 포함한다)로서 개업하려면 행정사회에 가입하여야 한다(법 제26조의2).

04 행정사회의 공익활동 의무

행정사회는 취약계층의 지원 등 공익활동에 적극 참여하여야 한다(법 제26조의3).

05 행정사회의 정관

(1) 행정사회의 정관에는 다음의 사항이 포함되어야 한다(법 제27조 제1항).
- 목적·명칭과 사무소의 소재지
- 대표자와 그 밖의 임원에 관한 사항
- 회의에 관한 사항
- 행정사의 품위유지와 업무 및 교육에 관한 사항
- 회원의 가입·탈퇴 및 지도·감독에 관한 사항
- 회계 및 회비부담에 관한 사항
- 자산에 관한 사항
- 그 밖에 행정사회의 목적을 달성하기 위하여 필요한 사항

(2) 정관을 변경하려면 행정안전부장관의 인가를 받아야 한다(법 제27조 제2항).

06 행정사회에 대한 감독 및 준용규정

(1) 행정사회는 행정안전부장관의 감독을 받는다(법 제29조 제1항).
(2) 행정안전부장관은 감독을 위하여 필요하다고 인정하면 행정사회에 대하여 그 업무에 관한 사항을 보고하게 하거나 자료의 제출 또는 그 밖에 필요한 명령을 할 수 있으며, 소속공무원으로 하여금 행정사회의 사무소에 출입하여 업무상황과 그 밖의 서류 등을 검사하게 할 수 있다(법 제29조 제2항).
(3) 출입·검사 등을 하는 공무원은 증표를 지니고 상대방에게 이를 보여주어야 한다(법 제29조 제3항).
(4) 행정사회에 관하여 이 법에서 규정하지 아니한 사항에 대하여는 「민법」 중 사단법인에 관한 규정을 준용한다(법 제28조).

제7장 지도감독과 벌칙

01 행정사 자격 취소

(1) 행정안전부장관은 행정사가 다음에 해당하는 경우에는 그 자격을 취소하여야 한다.
  1) 거짓이나 그 밖의 부정한 방법으로 행정사 자격을 취득한 경우
  2) 신고확인증을 대여한 경우
  3) 업무정지처분을 받고 그 업무정지 기간에 행정사 업무를 한 경우
  4) 행정사법을 위반하여 징역형이 확정된 경우
(2) 행정안전부장관은 행정사 자격을 취소하려는 경우에는 청문을 하여야 한다.

02 행정사 업무 정지

(1) 행정사 사무소의 소재지를 관할하는 시장등은 행정사 또는 행정사법인이 다음에 해당하는 경우에는 6개월의 범위에서 기간을 정하여 업무의 정지를 명할 수 있다.
  1) 행정사가 두 개 이상의 사무실을 설치한 경우
  2) 행정사합동사무소를 구성하는 행정사 또는 법인구성원이 상근하지 아니한 경우
  3) 행정사 또는 행정사법인이 3개월이 넘도록 휴업하고자 하는 때에 휴업신고를 하지 아니한 경우
  4) 행정사 또는 행정사법인이 위임인으로부터 보수 외에 금전 또는 재산상 이익이나 그 밖의 반대급부를 받은 경우
  5) 행정사법인의 소속 행정사 및 법인구성원이 따로 사무소를 둔 경우
  6) 행정사 또는 행정사법인이 보고 또는 업무처리부 자료 제출 등의 명령에 따르지 아니하거나 검사 또는 질문을 거부방해 또는 기피한 경우
(2) 업무정지처분은 그 사유가 발생한 날부터 3년이 지나면 할 수 없다.

03 감독상 명령

(1) 행정안전부장관 또는 행정사의 사무소의 소재지를 관할하는 시장등은 행정사 또는 행정사법인에 대한 감독을 위하여 필요하다고 인정하면 해당 행정사 또는 행정사법인에 대하여 업무에 관한 사항을 보고하게 하거나 업무처리부 등 자료의 제출 또는 그 밖에 필요한 명령을 할 수 있으며, 소속 공무원으로 하여금 그 사무소에 출입하여 장부·서류 등을 검사하거나 질문하게 할 수 있다.

(2) 출입·검사 등을 하는 공무원은 증표를 지니고 상대방에게 이를 보여주어야 한다.

04 행정제재처분효과의 승계

(1) 폐업신고를 한 후 업무를 다시 시작하는 신고를 한 행정사(행정사법인을 포함)는 폐업신고 전 행정사의 지위를 승계한다.

(2) 폐업신고 전의 행정사에 대하여 업무정지 사유로 한 행정처분의 효과는 그 처분일부터 1년간 업무를 다시 시작하는 신고를 한 행정사에게 승계된다.

(3) 폐업신고를 한 후 업무를 다시 시작하는 신고를 한 행정사에 대하여 폐업신고 전 행정사의 업무정지 사유로 행정처분을 할 수 있다. 다만, 폐업신고를 한 날부터 업무를 다시 시작하는 신고를 한 날까지의 기간이 1년을 넘은 경우는 그러하지 아니하다.

(4) 행정처분을 하는 경우에는 폐업한 기간과 폐업의 사유 등을 고려하여 업무정지의 기간을 정하여야 한다.

05 벌칙 및 과태료

1. 벌칙

   (1) 형벌

   1) 3년 이하의 징역 또는 3천만 원 이하의 벌금
      ① 행정사가 아니면서 행정사의 업무를 업으로 한 자
      ② 신고확인증을 다른 자에게 대여한 행정사, 행정사법인과 이를 대여 받은 자 또는 대여를 알선한 자

   2) 1년 이하의 징역 또는 1천만 원 이하의 벌금
      ① 행정사업무신고 또는 법인업무신고를 하지 아니하고 행정사 업무를 한 자
      ② 수임제한 규정을 위반한 사람
      ③ 사적인 관계를 드러내며 영향력을 미칠 수 있는 것으로 선전한 자

④ 소비자를 오도하거나 오해를 불러일으킬 우려가 있는 내용의 광고행위를 한 자
⑤ 업무상 알게 된 사실을 다른 사람에게 누설한 자
⑥ 업무정지처분을 받고 그 업무정지 기간에 행정사 업무를 한 자

3) 100만 원 이하의 벌금
① 위임인으로부터 보수 외에 금전 또는 재산상 이익이나 그 밖의 반대급부를 받은 자
② 정당한 사유 없이 업무에 관한 위임을 거부한 자
③ 당사자 양쪽으로부터 같은 업무에 관한 위임을 받은 자
④ 타인의 소송이나 그 밖의 권리관계분쟁 또는 민원사무처리과정에 개입한 자
⑤ 행정사 업무의 알선을 업으로 하는 자를 이용하거나 그 밖의 부당한 방법으로 행정사 업무의 위임을 유치한 자
⑥ 경업한 자

(2) 양벌규정

1) 행정사 또는 행정사법인의 사무직원이나 소속행정사가 행정사 또는 행정사법인의 업무와 관련하여 형벌 부과 사유에 해당하면 그 행위자를 벌하는 외에 그 행정사 또는 행정사법인에도 해당 조문의 벌금형을 과한다.

2) 다만, 행정사 또는 행정사법인이 그 위반행위를 방지하기 위하여 해당 업무에 관하여 상당한 주의와 감독을 게을리하지 아니한 경우에는 그러하지 아니하다.

2. 과태료

(1) 500만원 이하의 과태료

1) 행정사가 아니면서 행정사 또는 이와 비슷한 명칭을 사용한 자
2) 행정사, 행정사합동사무소나 그 분사무소, 행정사법인이나 그 분사무소가 아니면서 행정사사무소, 행정사합동사무소 또는 그 분사무소나 행정사법인 또는 그 분사무소와 비슷한 명칭을 사용한자
3) 손해배상책임을 보장하기 위한 조치를 취하지 아니한 행정사법인
4) 정당한 사유 없이 감독상 명령에 따른 보고 또는 자료제출을 하지 아니하거나, 거짓으로 보고·자료제출을 하거나, 출입·검사를 방해거부 또는 기피한 자

(2) 100만원 이하의 과태료

1) 사무소를 이전하고 사무소 이전신고를 하지 아니한 자
2) 행정사 또는 행정사법인이 행정사사무소, 행정사합동사무소 또는 행정사법인이라는 글자를 사용하지 아니하거나 그 분사무소임을 표시하지 아니한 자
3) 업무처리부를 작성하지 아니하거나 거짓으로 작성한 자
4) 행정안전부장관, 시·도지사 또는 시장등이 실시하는 연수교육을 받지 아니하고 행정사 업무를 수행한 사람

행정사 2차 행정사실무법

제2편 행정심판제도

제1장 행정심판 일반
제2장 행정심판의 종류
제3장 행정심판기관
제4장 심판청구의 대상적격
제5장 청구인적격
제6장 피청구인적격
제7장 심판청구 기간
제8장 권리보호의 필요성: 협의의 청구이익
제9장 대리인 및 참가인 등
제10장 행정심판의 청구
제11장 심판청구의 변경과 취하
제12장 심판청구의 효과
제13장 심리
제14장 재결
제15장 조정

제1장 행정심판 일반

01 행정쟁송 개관

(1) 서설

행정쟁송은 행정법관계의 분쟁을 당사자의 청구에 의하여 심판하는 절차이다. 행정쟁송으로는 행정심판과 행정소송이 있다.

(2) 행정쟁송의 종류

1) 심판과 소송

심판기관에 따라 행정심판과 행정소송으로 나뉜다. 행정심판은 행정기관이 심판절차를 담당하고, 행정소송은 법원이 심판을 담당한다.

2) 주관쟁송과 객관쟁송

목적에 따라 주관쟁송과 객관쟁송으로 나뉜다. 주관쟁송은 개인의 권리와 이익 구제를 목적으로 하는 쟁송이고, 객관쟁송은 행정의 적법, 타당성 통제를 목적으로 한다. 기관소송과 민중소송은 객관쟁송이며 나머지는 모두 주관쟁송으로 보는 것이 일반적이다.

3) 항고쟁송의 당사자 쟁송

주관쟁송을 항고쟁송과 당사자 쟁송으로 나눌 수 있다. 항고쟁송은 공권력의 행사 또는 불행사를 다투는 쟁송이고, 당사자 쟁송은 대등한 당사자 상호간 공법상 법률관계를 다투는 쟁송이다.

02 행정심판과 행정소송

(1) 행정심판의 개념

행정심판이란 행정청의 위법·부당한 처분이나 부작위에 대한 불복에 대하여 행정기관이 심판하는 행정쟁송절차를 말한다.

(2) 행정심판과 행정소송(항고소송)의 비교

행정심판은 그 심판기관이 행정청으로서 행정작용에 해당하는 것이며 약식쟁송절차인 반면에 행정소송은 그 심판기관이 법원으로서 사법작용에 해당하는 것이며 정식쟁송절차인 점에서 기본적인 차이가 있다.

가. 같은 점

① 행정의 합법성의 보장을 통하여 위법한 처분에 의하여 침해된 국민의 권익구제를 목적으로 하는 실질적 쟁송에 해당하는 점, ② 심리에 있어 직권심리주의, 불고불리의 원칙 및 불이익변경금지의 원칙이 인정되고, 집행부정지원칙이 적용되는 점, ③ 원칙적으로 대심적 심리구조를 취하는 점, ④ 법률상 이익이 있는 자만이 청구할 수 있는 점, ⑤ 적법한 쟁송의 제기가 있는 한 판단기관은 이를 심리·판단할 의무를 지는 점, ⑥ 사정재결 또는 사정판결이 인정되는 점, ⑦ 행정심판의 재결 또는 행정소송의 판결에 기속력 또는 기판력 등 특별한 법적 효력이 부여되는 점 등이다.

나. 다른 점

① 행정심판은 권익구제기능과 자율적 행정통제기능을 함께 하지만 행정소송은 권익구제기능을 주된 목적으로 하는 점, ② 행정심판은 행정기관이 하며 형식적 의미의 행정작용인 데 반하여 행정소송은 법원이 행하며 사법작용이라는 점, ③ 행정심판은 행정의 적법성에 대한 판단뿐만 아니라 합목적성(당·부당)의 판단도 하는 반면에 행정소송은 행정의 적법성에 대한 판단만을 하는 점, ④ 행정심판은 서면심리와 구술심리를 할 수 있지만 주로 서면심리를 하는 데 반하여 행정소송은 구술심리를 원칙으로 하는 점, ⑤ 행정심판에서는 의무이행심판이 인정되고 있는 데 반하여 행정소송에서는 의무이행소송은 인정되지 않는 점, ⑥ 행정심판은 원처분을 다른 처분으로 변경하는 변경재결이 가능하나 행정소송에서는 원처분을 소극적으로 변경하는 판결만 가능한 점, ⑦ 행정심판에는 임시처분제도(가처분제도)가 도입되어 있으나 행정소송에는 도입되어 있지 않은 점 등에서 차이가 있다.

(3) 행정심판전치주의와 행정심판임의주의

1) 개념

행정심판전치주의는 행정청의 위법한 행정행위로 인하여 권익을 침해당한 자가 권익구제를 받기 위하여 법원에 행정소송을 제기하려면 그 전에 반드시 행정심판을 거치도록 하는 제도를 말한다. 즉, 행정심판을 행정소송을 제기하기 위한 필요적인 전심절차로 하는 제도를 말한다.

행정심판임의주의는 전치주의에 대응하는 개념으로 행정심판 제기 없이 행정소송을 바로 제기할 수 있는 제도를 말한다.

즉, 행정청의 위법한 행정행위로 인하여 권익을 침해당한 자가 권익구제를 받기 위하여 행정심판을 청구할지 또는 행정심판 청구 없이 바로 행정소송을 제기할지를 당사자가 임의대로 선택을 할 수 있는 것이다.

2) 행정심판전치주의 장단점

행정심판전치주의는 행정청의 자성·시정의 기회 부여, 행정청의 전문지식 활용으로 사법기능 보충, 법원의 부담 경감, 분쟁의 신속한 해결로 행정능률의 보장 등을 할 수 있는 제도이다. 그러나 행정심판전치주의는 헌법상 보장된 국민의 재판을 받을 권리의 제한, 행정심판의 공정성과 권익구제수단으로서의 실효성 미확보, 행정심판의 인용률이 낮아 전심절차로서의 실효성 미흡, 행정심판기관의 독립성 미약 등의 비판이 있다.

3) 행정심판임의주의 채택

① 행정소송법 제18조 제2항은 "취소소송은 법령의 규정에 의하여 해당 처분에 대한 행정심판을 제기할 수 있는 경우에도 이를 거치지 아니하고 제기할 수 있다. 다만, 다른 법률에 해당 처분에 대한 행정심판의 재결을 거치지 아니하면 취소소송을 제기할 수 없다는 규정이 있는 때에는 그러하지 아니하다."라고 규정하여 행정심판을 임의적 절차로 변경하면서 예외적으로 개별 법률에서 필수적 절차로 둘 수 있도록 하고 있다. 행정심판이 임의적 절차인 경우에도 행정소송의 전심절차로서의 성격을 갖는다.

② 국가공무원법과 지방공무원법에 따른 소청심사위원회의 심사결정, 국세기본법에 따른 심사청구 또는 심판청구, 관세법에 따른 심사청구 또는 심판청구, 도로교통법에 따른 교통 관련 처분의 불복절차, 토지수용위원회의 재결 등의 경우에는 행정심판전치주의를 채택하고 있다.

③ 다만 행정심판은 항고쟁송이기 때문에 당사자가 항고소송으로 제기하는 경우에만 행정심판전치주의가 적용된다. 공법상의 법률관계에 관한 소송인 당사자소송에는 그 성질상 행정심판전치주의가 적용되지 않고, 무효등 확인소송에 대해서도 행정심판전치주의가 적용되지 않는다. 무효인 행정행위는 외형상으로는 행정행위가 존재하더라도 법적으로는 처음부터 효력이 발생하지 않은 상태에 있는 것이기 때문이다.

03 이의신청과 행정심판

이의신청은 위법·부당한 처분이나 부작위에 대해 그 처분청이나 부작위청에 대하여 제기하는 쟁송절차를 말한다. 종전에는 이의신청은 개별 법률에 근거가 있는 경우에만 제기할 수 있었으나, 행정기본법의 제정으로 행정심판의 대상이 되는 모든 처분에 대하여 30일 이내에 해당 행정청에 이의신청을 할 수 있도록 하고, 이의신청 결과에 불복하는 경우에는 그 결과를 통지받은 날부터 90일 이내에 행정심판이나 행정소송을 제기할 수 있도록 하고 있다.

04 행정심판과 진정

진정이란 법정의 형식과 절차에 얽매이지 아니하고 행정청에 대하여 어떠한 희망을 진술하는 것이며, 이는 권리행사가 아니므로 법적 구속력이나 효과를 발생하지 않는 사실행위에 속한다. 판례도 행정기관이 진정을 거부하는 통지를 하였다고 하더라도 이로써 진정인의 권리·의무 또는 법률관계에 하등의 영향을 미치는 것이 아니라고 하고 있다.

05 행정심판과 청원

청원이란 국가기관에 대하여 권익의 구제 또는 공익을 위한 일정한 권한행사를 요구하는 것이다. 헌법 제26조는 국민의 기본권의 하나로 국가기관에 대하여 청원권을 인정하고 있으며 청원법이 제정되어 있다. 청원과 행정심판은 행정청에 대하여 자기반성을 촉구하고 피해의 구제를 도모하기 위한 행정구제제도의 일종이라는 점이 같다.

다만, 청원이라는 명칭으로 권익구제를 요구하는 경우에도 실질적 내용이 행정심판을 청구하는 경우 행정심판을 제기한 것으로 보고 처리하여야 한다.

청원은 국민의 정치적 의견의 표시를 보장하기 위한 제도이며 대상기관이나 제기권자, 제기기간 등에 제한을 받지 않으며 법적 구속력도 수반되지 않는다.

06 행정심판과 고충민원

고충민원이란 행정기관의 위법·부당하거나 소극적인 행위 및 불합리한 행정제도로 말미암아 불편이나 부담을 지게 된 자가 제기하는 민원이다. 행정심판이 쟁송제도인데 반해, 고충민원은 비구속적인 조정제도로서 보충적인 행정구제제도이다.

누구든지 신청할 수 있고 기간제한이 없으며 처분청에 대한 기속력이 없고 행정기관에 대해 권고적 성질에 그친다는 점이 행정심판과 다르다.

07 행정심판과 행정절차

행정절차는 행정적 결정을 함에 있어서 거치는 일련의 과정으로서 처분이 행하여 지기전에 적법절차의 확보를 통하여 미리 권리구제를 하는 사전적 권리구제제도이다.

행정절차는 적법절차와 같은 절차적 적정성 확보를 통하여 행정의 공정성·투명성·민주성·신뢰성을 보장하려는 것이다.

행정심판은 준사법절차를 통한 쟁송제도이고, 사후적 구제제도라는 점에서 행정절차와 다르다. 또한 행정심판은 청구인의 청구가 있어야 비로소 수동적으로 개시되는 절차임에 반하여 행정절차는 행정작용을 함에 있어 준거할 절차이고, 행정작용을 하려는 행정청에 의하여 능동적으로 준수되는 절차라는 점에서 차이가 있다.

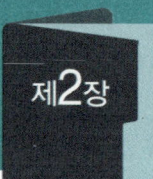

제2장 행정심판의 종류

01 개관

행정심판법은 행정심판의 종류로 취소심판, 무효등확인심판, 의무이행심판 세 가지로 구분하여 규정하고 있으며 당사자심판은 두고 있지 아니하다. 따라서 개별법상 당사자심판을 인정하는 것은 별론으로 행정심판법상으로는 처분 또는 부작위에 대해서만 행정심판을 제기할 수 있다.

> **행정심판법**
> 제5조(행정심판의 종류) 행정심판의 종류는 다음 각 호와 같다.
> 1. 취소심판: 행정청의 위법 또는 부당한 처분을 취소하거나 변경하는 행정심판
> 2. 무효등확인심판: 행정청의 처분의 효력 유무 또는 존재 여부를 확인하는 행정심판
> 3. 의무이행심판: 당사자의 신청에 대한 행정청의 위법 또는 부당한 거부처분이나 부작위에 대하여 일정한 처분을 하도록 하는 행정심판

02 행정심판의 종류

1. 취소심판 의의

취소심판은 행정청의 위법 또는 부당한 처분을 취소하거나 변경하는 행정심판이다.

2. 취소심판의 법적 성질

(1) 형성적 쟁송설(통설)

형성적 쟁송설에 의하면 취소심판은 법률관계를 성립시킨 처분의 효력을 다툼으로써 해당 처분의 취소 또는 변경을 의해 처분으로 형성된 법률관계를 소멸 또는 변경하는 형성적 성질의 것이다.

(2) 확인적 쟁송설

확인적 쟁송설에 따르면 취소심판의 본질을 처분의 위법·부당성을 확인하여 법률관계의 존재 또는 부존재의 확정을 목적으로 하는 확인적 성질의 것이다.

3. 취소심판의 특징

(1) 심판청구 기간의 제한

심판청구 기간은 처분이 있음을 알게 된 날부터 90일, 처분이 있었던 날부터 180일이 지나면 취소나 변경을 청구할 수 없다(법 제27조).

(2) 집행부정지원칙

집행부정지원칙이 적용되어 행정심판을 청구하여도 해당 처분의 효력이나 그 집행 또는 절차의 속행에는 영향을 주지 아니한다(법 제30조 제1항).

다만, 직권 또는 신청에 의해 집행정지를 결정할 수 있다(법 제30조 제2항).

(3) 사정재결

심판청구가 이유 있다고 인정하는 경우에도 이를 인용하는 것이 공공복리에 크게 위배된다고 인정하면 그 심판청구를 기각하는 재결을 할 수 있다(법 제44조제1항).

4. 취소심판의 재결

1) 행정심판위원회는 취소심판의 청구가 심판청구 요건을 갖추지 못하여 적법하지 아니하면 각하재결을 하고, 본안심리를 통해 심판청구가 이유 없다고 인정하면 기각재결을 한다.

2) 취소심판의 경우 청구가 이유 있다고 인정하면 처분을 취소(취소재결) 또는 다른 처분으로 변경(변경재결)하거나 처분을 다른 처분으로 변경할 것을 피청구인에게 명하는 재결(변경명령재결)을 한다(법 제43조제3항). 취소, 변경재결은 형성적 재결, 변경명령재결은 이행재결의 성격을 가진다.

03 무효등확인심판

1. 무효등확인심판의 개념

무효등확인심판은 행정청의 처분의 효력 유무 또는 존재 여부를 확인하는 행정심판을 뜻한다(법 제5조 제2호).

처분이 무효 또는 부존재인 경우에는 처음부터 효력이 없는 것이나, 이해관계인 입장에서는 이에 대한 공식적인 판단을 통해 처분의 무효여부나 존재여부의 확정이 필요한 경우가 있다.

2. 무효등확인심판의 법적 성질

(1) 형성적 쟁송설

형성적 쟁송설에 따르면 무효사유인 하자와 취소사유인 하자가 상대적 성격을 가지고 있음을 전제로 하여, 무효등확인심판도 결국 취소심판처럼 처분의 효력관계를 다투는 것이므로 본질적으로 형성적 쟁송으로 본다.

(2) 확인적 쟁송설

확인적 쟁송설에 따르면 무효등확인심판은 적극적으로 처분의 효력을 소멸하거나 변경시키기 위한 것이 아니라 처분의 효력이나 존재 여부를 확인하는데 그치는 것으로 본다.

(3) 준형성적 쟁송설(통설)

준형성적 쟁송설에 따르면 무효등확인심판은 실질적으로는 처분의 무효 등을 확인하는 확인적 쟁송이지만, 형식적으로는 처분의 효력 유무 등을 다투는 것이므로 형성적 쟁송의 성질도 함께 있다고 본다.

3. 무효등확인심판의 특징

1) 기간에 관계없이 청구할 수 있다(법 제27조 제7항).
2) 사정재결에 관한 규정이 배제되므로 공익상 필요가 인정되어도 인용재결만 가능하다(법 제44조 제3항).
3) 청구인에게 무효인 사유를 입증할 책임이 있다.

4. 무효등확인심판의 재결

무효등확인심판청구가 이유 있다고 인정하면 처분의 효력 유무 또는 처분의 존재 여부를 확인한다(법 제43조 제4항).

무효등확인심판의 재결에는 처분유효확인재결, 처분무효확인재결, 처분실효확인재결, 처분부존재확인재결, 처분존재확인재결 등이 있다.

04 의무이행심판

1. 의무이행심판의 개념

의무이행심판은 당사자의 신청에 대한 행정청의 위법 또는 부당한 거부처분이나 부작위에 대하여 일정한 처분을 하도록 하는 행정심판을 말한다(법 제5조 제3호).

2. 의무이행심판의 법적 성질

1) 의무이행심판은 행정청에 대하여 일정한 처분을 할 것을 명하는 재결을 구하는 행정심판이기 때문에 이행쟁송의 성질을 가진다고 한다.
2) 의무이행심판의 청구가 이유가 있다고 인정하면 지체 없이 신청에 따른 처분을 하거나(처분재결), 일정한 처분을 할 것을 피청구인에게 명하는 재결(처분명령재결)을 할 수 있는데, 처분재결은 행정심판위원회가 스스로 처분을 하는 것이므로 형성재결이 되고, 처분명령재결은 의무이행심판청구에 대하여 피청구인에게 처분을 명하는 재결이므로 이행재결이 된다. 그러므로 이행적 쟁송과 형성적 쟁송의 성격이 둘다 있다고 볼 것이다.

3. 의무이행심판의 특징

(1) 심판청구 기간 제한
부작위에 대한 의무이행심판에는 심판청구 기간의 제한이 없다(법 제27조제7항).

➡ 거부처분에 대한 의무이행심판에는 취소심판과 마찬가지로 기간의 제한이 있음에 유의

(2) 집행정지 규정의 미적용
의무이행심판은 거부처분이나 부작위에 대하여 행하는 것이기 때문에 성질상 집행정지에 관한 규정이 적용되지 아니한다.

(3) 장래에 대한 이행쟁송
의무이행심판은 당사자의 신청에 대하여 피청구인이 일정한 처분을 하여야 할 법률상 의무의 이행기가 도래하여 현실화된 경우에 그 의무의 존재를 확인하는 행정심판만이 가능하고, 장래 도래할 법률상 의무의 존재를 주장하는 이행쟁송은 허용되지 않는다.

4. 의무이행심판의 재결
의무이행심판의 청구가 이유가 있다고 인정하면 지체 없이 신청에 따른 처분을 하거나(처분재결), 처분을 할 것을 명하는 재결(처분명령재결)을 한다.

(1) 처분명령재결
① 처분명령재결이 있으면 해당 행정청은 지체 없이 재결의 취지에 따라 이전의 신청에 대하여 재결의 취지에 따라 처분을 해야 한다(법 제49조제3항).
② 처분명령재결은 그 처분의무의 내용이 기속행위에 대한 것일 경우에는 특정행위의 이행을 명하는 것이 되고, 재량행위에 대한 것일 경우에는 지체 없이 재량을 행사하여 처분을 하도록 명하는 재결, 즉 재량행사의 명령이 될 것이다.
③ 의무이행심판의 인용재결은 행정소송의 부작위위법확인소송의 인용판결보다 권익구제의 효력이 직접적이고 효과적이다.

(2) 처분재결
행정심판위원회가 직접 처분재결을 할 수도 있다. 처분재결은 형성재결로서 피청구인에 의한 불이행의 문제가 생기지 않으므로 국민의 권익구제수단으로서는 가장 효과적인 수단이라고 할 수 있으나, 처분청의 권한을 과도하게 제한하고, 행정심판법 제5조 제3호에서도 의무이행심판을 '일정한 처분을 하도록 하는 행정심판'이라고 정의하고 있으므로 법리상으로 적절치 않은 부분이 있고, 실무적으로도 처분재결을 하지 않는다.

(3) 처분재결과 처분명령재결의 선택

1) 학설

위원회가 처분재결과 처분명령재결의 선택에 있어 전적으로 재량권을 갖는다는 견해 (재량설) 처분청의 처분권이 존중되어야 하므로 원칙적으로 처분명령재결을 하여야 하고, 예외적으로 처분재결을 할 것이라는 견해, 재량설에 입각하되, 재량행위의 경우 처분청이 부관을 붙일 것으로 예상되는 경우에는 처분명령재결을 해서 부관을 붙일 여지를 주자는 견해 등이 대립한다.

2) 검토

처분청의 처분권한을 존중한다는 뜻에서 원칙적으로 처분명령재결을 하고 처분청이 이에 따르지 않는 경우 위원회가 직접처분 제도를 활용하는 것이 타당하다고 본다. 실무상으로도 주로 처분명령재결을 하고 있다.

5. 의무이행재결의 집행력 확보를 위한 직접처분

처분명령재결이 있어도 해당 행정청이 재결의 취지에 따라 이전의 신청에 대한 처분을 하지 않는다면 이행재결을 어떻게 관철시킬 것인가 하는 문제가 있었는데 '당사자가 신청하면 기간을 정하여 서면으로 시정을 명하고 그 기간에 이행하지 아니하면 직접 처분을 할 수 있다'고 규정하여 입법적으로 해결하고(법 제50조 제1항), 그 실효성을 확보하였다.

6. 의무이행심판과 의무이행소송

거부처분과 부작위에 대한 의무이행심판이 기각되어 그 재결에 불복하는 경우에는 행정소송을 제기할 수 있을 것인데, 행정소송법은 의무이행소송을 인정하고 있지 않으므로 의무이행소송은 하지 못하고 부작위위법확인소송이나 취소소송을 제기해야만 한다.

제3장 행정심판기관

01 행정심판기관

1. 행정심판기관의 의의
행정심판기관은 행정심판청구를 심리·재결하는 권한을 가진 행정기관을 말한다.

2. 행정심판위원회

(1) 개념과 법적 성격
1) 행정심판위원회는 심리 재결기관이다. 행정심판청구사건을 심리한 후, 그 심판청구사건에 대하여 각하나 기각 또는 인용을 결정하는 재결을 행하는 권한을 가진 기관이다.
2) 행정심판위원회는 재적위원 과반수의 출석으로 개회하고, 출석위원 과반수의 찬성으로 재결하는 합의제 행정기관이다.
3) 행정심판위원회는 사법적 절차를 준용하고 독립적으로 재결하는 준사법적 행정기관이다.
4) 행정심판위원회는 심판이 청구된 경우 필요한 회의를 개최하는 비상설기관이다.

(2) 설치
1) 해당 행정청 소속의 행정심판위원회(법 제6조 제1항).
   ① 감사원, 국가정보원장, 대통령비서실장, 국가안보실장, 대통령경호처장, 방송통신위원회
   ② 국회사무총장, 법원행정처장, 헌법재판소사무처장, 중앙선거관리위원회 사무총장
   ③ 국가인권위원회, 그 밖에 지위·성격의 독립성과 특수성 등이 인정되어 대통령령으로 정하는 행정청 또는 그 소속 행정청

2) 국민권익위원회 소속의 중앙행정심판위원회(법 제6조 제2항).
   ① 해당 행정청 소속으로 행정심판위원회를 설치하는 경우 외의 국가행정기관의 장 또는 그 소속 행정청
   ② 특별시장·광역시장·특별자치시장·도지사·특별자치도지사 또는 특별시·광역시·특별자치시·도·특별자치도의 의회
   ③ 「지방자치법」에 따른 지방자치단체조합 등 관계 법률에 따라 국가·지방자치단체·공공법인 등이 공동으로 설립한 행정청. 다만, 시·도의 관할구역에 있는 둘 이상의 지방자치단체·공공법인 등이 공동으로 설립한 행정청 제외

3) 시도지사 소속의 행정심판위원회(법 제6조 제3항)
   ① 시·도 소속 행정청

② 시·도의 관할구역에 있는 시·군·자치구의 장, 소속 행정청 또는 시·군·자치구의 의회
③ 시·도의 관할구역에 있는 둘 이상의 지방자치단체·공공법인 등이 공동으로 설립한 행정청

4) 직근 상급행정기관 소속의 행정심판위원회(법 제6조 제4항)
법무부 및 대검찰청 소속 특별지방행정기관의 처분 또는 부작위에 대한 심판청구에 대하여는 해당 행정청의 직근 상급행정기관에 두는 행정심판위원회에서 심리·재결한다.

행정심판법

제6조(행정심판위원회의 설치) ① 다음 각 호의 행정청 또는 그 소속 행정청(행정기관의 계층구조와 관계없이 그 감독을 받거나 위탁을 받은 모든 행정청을 말하되, 위탁을 받은 행정청은 그 위탁받은 사무에 관하여는 위탁한 행정청의 소속 행정청으로 본다. 이하 같다)의 처분 또는 부작위에 대한 행정심판의 청구(이하 "심판청구"라 한다)에 대하여는 다음 각 호의 행정청에 두는 행정심판위원회에서 심리·재결한다.
1. 감사원, 국가정보원장, 그 밖에 대통령령으로 정하는 대통령 소속기관의 장
2. 국회사무총장·법원행정처장·헌법재판소사무처장 및 중앙선거관리위원회사무총장
3. 국가인권위원회, 그 밖에 지위·성격의 독립성과 특수성 등이 인정되어 대통령령으로 정하는 행정청

② 다음 각 호의 행정청의 처분 또는 부작위에 대한 심판청구에 대하여는 「부패방지 및 국민권익위원회의 설치와 운영에 관한 법률」에 따른 국민권익위원회(이하 "국민권익위원회"라 한다)에 두는 중앙행정심판위원회에서 심리·재결한다.
1. 제1항에 따른 행정청 외의 국가행정기관의 장 또는 그 소속 행정청
2. 특별시장·광역시장·특별자치시장·도지사·특별자치도지사(특별시·광역시·특별자치시·도 또는 특별자치도의 교육감을 포함한다. 이하 "시·도지사"라 한다) 또는 특별시·광역시·특별자치시·도·특별자치도(이하 "시·도"라 한다)의 의회(의장, 위원회의 위원장, 사무처장 등 의회 소속 모든 행정청을 포함한다)
3. 「지방자치법」에 따른 지방자치단체조합 등 관계 법률에 따라 국가·지방자치단체·공공법인 등이 공동으로 설립한 행정청. 다만, 제3항제3호에 해당하는 행정청은 제외한다.

③ 다음 각 호의 행정청의 처분 또는 부작위에 대한 심판청구에 대하여는 시·도지사 소속으로 두는 행정심판위원회에서 심리·재결한다.
1. 시·도 소속 행정청
2. 시·도의 관할구역에 있는 시·군·자치구의 장, 소속 행정청 또는 시·군·자치구의 의회(의장, 위원회의 위원장, 사무국장, 사무과장 등 의회 소속 모든 행정청을 포함한다)
3. 시·도의 관할구역에 있는 둘 이상의 지방자치단체(시·군·자치구를 말한다)·공공법인 등이 공동으로 설립한 행정청

④ 제2항제1호에도 불구하고 대통령령으로 정하는 국가행정기관 소속 특별지방행정기관의 장의 처분 또는 부작위에 대한 심판청구에 대하여는 해당 행정청의 직근 상급행정기관에 두는 행정심판위원회에서 심리·재결한다.

(3) 구성

1) 행정심판위원회는 위원장 1명을 포함하여 50명 이내의 위원으로 구성한다(법 제7조 제1항).
2) 행정심판위원회의 위원장은 그 행정심판위원회가 소속된 행정청이 되며, 위원장이 없거나 부득이한 사유로 직무를 수행할 수 없거나 위원장이 필요하다고 인정하는 경우에는 다음 각 호의 순서에 따라 위원이 위원장의 직무를 대행한다(법 제7조 제2항).
   ① 위원장이 사전에 지명한 위원
   ② 지명된 공무원인 위원
3) 시·도지사 소속으로 두는 행정심판위원회의 경우에는 해당 지방자치단체의 조례로 정하는 바에 따라 공무원이 아닌 위원을 위원장으로 정할 수 있다. 이 경우 위원장은 비상임으로 한다(법 제7조 제3항).
4) 행정심판위원회의 위원은 해당 행정심판위원회가 소속된 행정청이 다음 각 호의 어느 하나에 해당하는 사람 중에서 성별을 고려하여 위촉하거나 그 소속 공무원 중에서 지명한다(법 제7조 제4항).
   ① 변호사 자격을 취득한 후 5년 이상의 실무 경험이 있는 사람
   ② 「고등교육법」 제2조제1호부터 제6호까지의 규정에 따른 학교에서 조교수 이상으로 재직하거나 재직하였던 사람
   ③ 행정기관의 4급 이상 공무원이었거나 고위공무원단에 속하는 공무원이었던 사람
   ④ 박사학위를 취득한 후 해당 분야에서 5년 이상 근무한 경험이 있는 사람
   ⑤ 그 밖에 행정심판과 관련된 분야의 지식과 경험이 풍부한 사람
5) 행정심판위원회의 회의는 위원장과 위원장이 회의마다 지정하는 8명의 위원으로 구성한다. 다만, 국회규칙, 대법원규칙, 헌법재판소규칙, 중앙선거관리위원회규칙 또는 대통령령으로 정하는 바에 따라 위원장과 위원장이 회의마다 지정하는 6명의 위원으로 구성할 수 있다(법 제7조 제5항).
6) 행정심판위원회는 구성원 과반수의 출석과 출석위원 과반수의 찬성으로 의결한다(법 제7조 제6항).
7) 행정심판위원회의 조직과 운영, 그 밖에 필요한 사항은 국회규칙, 대법원규칙, 헌법재판소규칙, 중앙선거관리위원회규칙 또는 대통령령으로 정한다(법 제7조 제7항).

3. 중앙행정심판위원회

1) 중앙행정심판위원회는 위원장 1명을 포함하여 70명 이내의 위원으로 구성하되, 위원 중 상임위원은 4명 이내로 한다(법 제8조 제1항).
2) 중앙행정심판위원회의 위원장은 국민권익위원회의 부위원장 중 1명이 되며, 위원장이 없거나 부득이한 사유로 직무를 수행할 수 없거나 위원장이 필요하다고 인정하는 경우에는 상임위원이 위원장의 직무를 대행한다(법 제8조 제2항).
3) 중앙행정심판위원회의 상임위원은 일반직공무원으로서 「국가공무원법」 제26조의5에 따른 임기제공무원으로 임명하되, 3급 이상 공무원 또는 고위공무원단에 속하는 일반직공무원으로 3년 이상 근무한 사람이나 그 밖에 행정심판에 관한 지식과 경험이 풍부한 사람 중에서 중앙행정심판위원회 위원장의 제청으로 국무총리를 거쳐 대통령이 임명한다.(법 제8조 제3항).

4) 중앙행정심판위원회의 비상임위원은 다음 각 호의 어느 하나에 해당하는 사람 중에서 중앙행정심판위원회 위원장의 제청으로 국무총리가 성별을 고려하여 위촉한다(법 제8조 제4항).
   ① 변호사 자격을 취득한 후 5년 이상의 실무 경험이 있는 사람
   ②「고등교육법」규정에 따른 학교에서 조교수 이상으로 재직하거나 재직하였던 사람
   ③ 행정기관의 4급 이상 공무원이었거나 고위공무원단에 속하는 공무원이었던 사람
   ④ 박사학위를 취득한 후 해당 분야에서 5년 이상 근무한 경험이 있는 사람
   ⑤ 그 밖에 행정심판과 관련된 분야의 지식과 경험이 풍부한 사람
5) 중앙행정심판위원회의 회의는 위원장, 상임위원 및 위원장이 회의마다 지정하는 비상임위원을 포함하여 총 9명으로 구성한다(법 제8조 제5항).
6) 중앙행정심판위원회는 심판청구사건 중「도로교통법」에 따른 자동차운전면허 행정처분에 관한 사건을 심리·의결하게 하기 위하여 4명의 위원으로 구성하는 소위원회를 둘 수 있다(법 제8조 제6항).
7) 중앙행정심판위원회 및 소위원회는 각각 구성원 과반수의 출석과 출석위원 과반수의 찬성으로 의결한다(법 제8조 제7항).
8) 중앙행정심판위원회는 위원장이 지정하는 사건을 미리 검토하도록 필요한 경우에는 전문위원회를 둘 수 있다(법 제8조 제8항).
9) 중앙행정심판위원회, 소위원회 및 전문위원회의 조직과 운영 등에 필요한 사항은 대통령령으로 정한다(법 제8조 제9항).

행정심판법

제8조(중앙행정심판위원회의 구성) ① 중앙행정심판위원회는 위원장 1명을 포함하여 70명 이내의 위원으로 구성하되, 위원 중 상임위원은 4명 이내로 한다. 〈개정 2016. 3. 29.〉
② 중앙행정심판위원회의 위원장은 국민권익위원회의 부위원장 중 1명이 되며, 위원장이 없거나 부득이한 사유로 직무를 수행할 수 없거나 위원장이 필요하다고 인정하는 경우에는 상임위원(상임으로 재직한 기간이 긴 위원 순서로, 재직기간이 같은 경우에는 연장자 순서로 한다)이 위원장의 직무를 대행한다.
③ 중앙행정심판위원회의 상임위원은 일반직공무원으로서「국가공무원법」제26조의5에 따른 임기제공무원으로 임명하되, 3급 이상 공무원 또는 고위공무원단에 속하는 일반직공무원으로 3년 이상 근무한 사람이나 그 밖에 행정심판에 관한 지식과 경험이 풍부한 사람 중에서 중앙행정심판위원회 위원장의 제청으로 국무총리를 거쳐 대통령이 임명한다. 〈개정 2014. 5. 28.〉
④ 중앙행정심판위원회의 비상임위원은 제7조제4항 각 호의 어느 하나에 해당하는 사람 중에서 중앙행정심판위원회 위원장의 제청으로 국무총리가 성별을 고려하여 위촉한다. 〈개정 2016. 3. 29.〉
⑤ 중앙행정심판위원회의 회의(제6항에 따른 소위원회 회의는 제외한다)는 위원장, 상임위원 및 위원장이 회의마다 지정하는 비상임위원을 포함하여 총 9명으로 구성한다.
⑥ 중앙행정심판위원회는 심판청구사건(이하 "사건"이라 한다) 중「도로교통법」에 따른 자동차운전면허 행정처분에 관한 사건(소위원회가 중앙행정심판위원회에서 심리·의결하도록 결정한 사건은 제외한다)을

심리·의결하게 하기 위하여 4명의 위원으로 구성하는 소위원회를 둘 수 있다.
⑦ 중앙행정심판위원회 및 소위원회는 각각 제5항 및 제6항에 따른 구성원 과반수의 출석과 출석위원 과반수의 찬성으로 의결한다.
⑧ 중앙행정심판위원회는 위원장이 지정하는 사건을 미리 검토하도록 필요한 경우에는 전문위원회를 둘 수 있다.
⑨ 중앙행정심판위원회, 소위원회 및 전문위원회의 조직과 운영 등에 필요한 사항은 대통령령으로 정한다.

4. 위원의 임기와 신분보장, 회의 통지와 공무원 의제

1) 소속 공무원 중에서 지명된 위원은 그 직에 재직하는 동안 재임한다(법 제9조 제1항).
2) 중앙행정심판위원회 상임위원의 임기는 3년으로 하며, 1차에 한하여 연임할 수 있다(법 제9조 제2항).
3) 위촉된 위원의 임기는 2년으로 하되, 2차에 한하여 연임할 수 있다(법 제9조 제3항 본문).
4) 대한민국 국민이 아니거나 공무원의 결격사유에 해당하는 사람은 행정심판위원회의 위원이 될 수 없으며, 위원이 이에 해당하게 된 때에는 당연히 퇴직한다(법 제9조 제4항).
5) 위촉된 위원은 금고 이상의 형을 선고받거나 부득이한 사유로 장기간 직무를 수행할 수 없게 되는 경우 외에는 임기 중 그의 의사와 다르게 해촉되지 아니한다(법 제9조 제5항).
6) 위원 중 공무원이 아닌 위원은 「형법」과 그 밖의 법률에 따른 벌칙을 적용할 때에는 공무원으로 본다(법 제11조).
7) 위원장은 회의를 소집하려면 회의 개최 5일 전까지 회의의 일시, 장소 및 안건을 각 위원에게 서면으로 알려야 한다. 단, 긴급한 사정이 있을 때에는 그러하지 아니하다(영 제10조).

5. 권한 승계

1) 당사자의 심판청구 후 위원회가 법령의 개정·폐지 또는 피청구인의 경정 결정에 따라 그 심판청구에 대하여 재결할 권한을 잃게 된 경우에는 해당 위원회는 심판청구서와 관계 서류, 그 밖의 자료를 새로 재결할 권한을 갖게 된 위원회에 보내야 한다(법 제12조 제1항).
2) 송부를 받은 위원회는 지체 없이 그 사실을 청구인, 피청구인, 참가인에게 알려야 한다(법 제12조 제2항).

6. 제척, 기피, 회피

(1) 제척

1) 제척은 법정사유에 의해 당연히 그 사건에 대해서 배제되는 것을 말한다.
2) 위원회의 위원은 다음에 해당하는 경우에는 그 사건의 심리·의결에서 제척된다. 이 경우 제척결정은 위원회의 위원장이 직권으로 또는 당사자의 신청에 의하여 한다(법 제10조 제1항).

① 위원 또는 그 배우자나 배우자이었던 사람이 사건의 당사자이거나 사건에 관하여 공동 권리자 또는 의무자인 경우
② 위원이 사건의 당사자와 친족이거나 친족이었던 경우
③ 위원이 사건에 관하여 증언이나 감정을 한 경우
④ 위원이 당사자의 대리인으로서 사건에 관여하거나 관여하였던 경우
⑤ 위원이 사건의 대상이 된 처분 또는 부작위에 관여한 경우

(2) 기피

1) 기피는 제척사유 외에 공정 등이 의심될 때 당사자의 신청에 따라 위원장의 결정으로 배제되는 것을 말한다.
2) 당사자는 위원에게 공정한 심리·의결을 기대하기 어려운 사정이 있으면 위원장에게 기피신청을 할 수 있다(법 제10조 제2항).

(3) 회피

1) 회피는 위원이 스스로 제척 또는 기피의 사유가 있다고 인정하여 자발적으로 피하는 것을 말한다.
2) 위원회의 회의에 참석하는 위원이 제척사유 또는 기피사유에 해당되는 것을 알게 되었을 때에는 스스로 그 사건의 심리·의결에서 회피할 수 있다. 이 경우 회피하고자 하는 위원은 위원장에게 그 사유를 소명하여야 한다(법 제10조 제7항).

(4) 제척, 기피, 회피의 절차

1) 위원에 대한 제척신청이나 기피신청은 그 사유를 소명한 문서로 하여야 한다. 다만, 불가피한 경우에는 신청한 날부터 3일 이내에 신청 사유를 소명할 수 있는 자료를 제출하여야 한다(법 제10조 제3항).
2) 제척신청이나 기피신청이 그 사유를 소명한 문서로 하지 않거나, 신청한 날로부터 3일 이내에 사유를 소명할 수 있는 자료를 제출하지 아니하였을 때는 위원장은 결정으로 이를 각하한다(법 제10조 제4항).
3) 위원장은 제척신청이나 기피신청의 대상이 된 위원에게서 그에 대한 의견을 받을 수 있다(법 제10조 제5항).
4) 위원장은 제척신청이나 기피신청을 받으면 제척 또는 기피 여부에 대한 결정을 하고, 지체 없이 신청인에게 결정서 정본을 송달하여야 한다(법 제10조 제6항).
5) 제척 또는 기피의 신청이 있을 때에는 그에 대한 결정이 있을 때까지 해당 심판청구 사건에 대한 심판절차를 정지한다(영 제13조).
6) 사건의 심리·의결에 관한 사무에 관여하는 위원 아닌 직원에게도 제척, 기피, 회피의 규정을 준용한다(법 제10조 제8항).

행정심판법

제10조(위원의 제척·기피·회피) ① 위원회의 위원은 다음 각 호의 어느 하나에 해당하는 경우에는 그 사건의 심리·의결에서 제척(除斥)된다. 이 경우 제척결정은 위원회의 위원장(이하 "위원장"이라 한다)이 직권으로 또는 당사자의 신청에 의하여 한다.
  1. 위원 또는 그 배우자나 배우자이었던 사람이 사건의 당사자이거나 사건에 관하여 공동 권리자 또는 의무자인 경우
  2. 위원이 사건의 당사자와 친족이거나 친족이었던 경우
  3. 위원이 사건에 관하여 증언이나 감정(鑑定)을 한 경우
  4. 위원이 당사자의 대리인으로서 사건에 관여하거나 관여하였던 경우
  5. 위원이 사건의 대상이 된 처분 또는 부작위에 관여한 경우

② 당사자는 위원에게 공정한 심리·의결을 기대하기 어려운 사정이 있으면 위원장에게 기피신청을 할 수 있다.
③ 위원에 대한 제척신청이나 기피신청은 그 사유를 소명(疎明)한 문서로 하여야 한다. 다만, 불가피한 경우에는 신청한 날부터 3일 이내에 신청 사유를 소명할 수 있는 자료를 제출하여야 한다.
④ 제척신청이나 기피신청이 제3항을 위반하였을 때에는 위원장은 결정으로 이를 각하한다.
⑤ 위원장은 제척신청이나 기피신청의 대상이 된 위원에게서 그에 대한 의견을 받을 수 있다.
⑥ 위원장은 제척신청이나 기피신청을 받으면 제척 또는 기피 여부에 대한 결정을 하고, 지체 없이 신청인에게 결정서 정본(正本)을 송달하여야 한다.
⑦ 위원회의 회의에 참석하는 위원이 제척사유 또는 기피사유에 해당되는 것을 알게 되었을 때에는 스스로 그 사건의 심리·의결에서 회피할 수 있다. 이 경우 회피하고자 하는 위원은 위원장에게 그 사유를 소명하여야 한다.
⑧ 사건의 심리·의결에 관한 사무에 관여하는 위원 아닌 직원에게도 제1항부터 제7항까지의 규정을 준용한다.

제4장 심판청구의 대상적격

01 심판청구의 요건

1. 행정심판의 청구요건

행정심판의 청구요건으로는 (1) 대상적격, (2) 청구인적격, (3) 피청구인적격, (4) 청구기간, (5) 권리보호의 필요성 등이 있다.

청구요건은 행정심판위원회의 직권조사사항이며, 요건의 구비 여부는 변론종결시를 기준으로 판단하며 청구요건을 하나라도 갖추지 못한 심판청구는 부적법한 심판청구로서 본안에 대한 심리를 하지 않고 각하대상이 된다.

02 대상적격 : 처분

행정심판은 행정청의 처분 또는 부작위를 그 청구 대상으로 한다. 행정청의 행위에 대하여 행정심판을 청구하여 본안심리를 진행하기 위해서는 계쟁 행위가 처분으로서의 성질이 있어야 하는 것이다.

1. 처분의 개념

처분의 개념에 대하여 '행정청이 행하는 구체적 사실에 관한 법집행으로서의 공권력의 행사 또는 그 거부, 그 밖에 이에 준하는 행정작용'을 말한다고 규정하고 있다.

행정심판법이 '그 밖에 이에 준하는 행정작용'을 처분에 포함한 것은 처분의 개념을 보다 넓게 규정하려는 의도일 것이고, 현대사회 행정의 광역화, 다양화, 전문화 등에 따라 여러 형태로 나타나는 행정 현실에 맞춰 넓게 해석함이 상당할 것이다.

따라서 공권력 행사나 거부처분으로 보기에는 해석상 다소 논란이 있는 경우라고 하더라도, 현실적으로 행정구제의 필요성이 있는 경우에는 심판대상으로 하려는 취지라 할 수 있으며 공정력 있는 행정행위 외에 권력적 사실행위도 포함된다는 것이 다수설이다.

> **행정심판법**
>
> **제2조(정의)** 이 법에서 사용하는 용어의 뜻은 다음과 같다.
> 1. "처분"이란 행정청이 행하는 구체적 사실에 관한 법집행으로서의 공권력의 행사 또는 그 거부, 그 밖에 이에 준하는 행정작용을 말한다.
> 2. "부작위"란 행정청이 당사자의 신청에 대하여 상당한 기간 내에 일정한 처분을 하여야 할 법률상 의무가 있는데도 처분을 하지 아니하는 것을 말한다.

2. 행정심판법상 처분의 개념요소

(1) 행정청의 행위

처분은 행정청이 행하는 행위이어야 한다. 일반적으로 행정청이란 국가 또는 지방자치단체의 행정에 관한 의사를 결정하고 이를 외부에 표시할 수 있는 권한을 가진 행정기관을 말한다.

또한 기본적인 행정기관뿐만 아니라 국가 또는 지방자치단체로부터 특정 사무를 위임 또는 위탁받아 행정작용을 행하는 공공단체 및 그 기관, 사인인 공무수탁사인까지도 위임·위탁받은 사무를 행하는 범위에서는 행정청에 포함된다고 할 것이다.

(2) 구체적 사실에 관한 법집행으로서의 공권력의 행사

'구체적 사실에 관한 법집행으로서 공권력의 행사'란 행정청이 행하는 권력적 행정작용을 의미한다. 권력적 사실행위도 구체적 사실에 관한 법집행으로서의 공권력의 행사에 해당한다는 것이 통설이다.

(3) 권력적 사실행위

1) 개념

권력적 사실행위란 특정한 행정목적을 위하여 행정청의 일방적 의사결정에 따라 국민의 신체·재산 등에 공권력을 행사함으로써 구체적 사실상태에 변동을 가져오거나 그 밖에 권익침해를 초래하는 사실행위를 말한다.

코로나 환자의 강제격리, 소유자 토지에 출입하여 조사하는 행위, 불법건축물의 철거대집행, 단수처분, 주민등록 직권말소 등이 해당된다.

2) 종류

권력적 사실행위에는 계속적 사실행위와 계속성이 없는 사실행위가 있다. 계속적 사실행위란 행정쟁송절차를 진행할 수 있는 계속적으로 일어나는 사실행위를 뜻한다. 이는 행정청의 공권력 행사인 처분에 해당한다.

계속성이 없는 사실행위는 단시간에 목적을 달성하고 바로 종료되는 것이 보통인 행위로, 일반적으로 행정심판으로 다툴 소의 이익이 없는 경우가 많을 것이다.

그러나 이러한 계속성이 없는 사실행위라도 원상회복이 가능하거나 동일한 위법행위가 반복될 가능성이 있는 때에는 소의 이익을 인정해야 할 것이다.

수형자의 서신을 교도소장이 검열하는 행위는 이른바 권력적 사실행위로서 행정심판이나 행정소송의 대상이 되는 처분으로 볼 수 있다(헌재 1998. 7. 16. 96헌마246)고 한다.

(4) 공권력 행사의 거부(거부처분)

㉠ 행정청의 거부일 것 : 행정심판의 대상이 되는 거부처분은 모든 공권력 행사의 거부를 의미하는 것이 아니라, 행정청이 행하는 구체적 사실에 관한 법집행으로서의 공권력 행사의 거부인 경우만을 말한다. 따라서 사경제적 작용에 있어서의 거부나 공법상의 법률관계에 대한 거부행위 등은 여기서

말하는 거부처분이 아니다.
ⓒ 거부행위가 신청인의 법률관계에 직접 영향을 미치는 거부일 것 : 거부행위는 신청인의 법률관계(권리의무)에 직접 영향을 미치는 것이어야 한다. 따라서 사실행위로서의 거부행위는 거부처분이 아니다.
ⓒ 청구인에게 특정행위를 요구할 수 있는 법규상·조리상의 신청권이 있을 것: 행정청의 거부행위의 처분성이 인정되기 위해서는 신청인에게 법률상 또는 조리상의 신청권이 있어야 한다.

> **판례**
>
> 1) 국토이용계획상의 용도지역을 변경해 달라는 토지소유자의 신청에 대한 행정청의 거부행위(대법원 1995. 4. 28. 선고 95누627 판결) 등에 대하여 신청인에게 법규상이나 조리상 신청권이 없으므로 거부처분에 해당하지 않는다고 한다.
> 2) 국·공립대학의 조교수의 재임용 여부에 관해 공정한 심사를 받을 법규상 또는 조리상 신청권을 인정하였고(대법원 2004. 4. 22. 선고 2000두7735 전원합의체 판결), 인터넷 포털사이트 등의 개인정보 유출사고로 구청장에게 주민등록번호를 변경해 줄 것을 신청하자 행한 거부처분에 대한 조리상 신청권 인정(대법원 2017. 6. 15. 선고 2013두2945 판결)하였다.
> 3) 거부처분의 처분성을 인정하기 위한 전제요건이 되는 신청권의 존부는 구체적 사건에서 신청인이 누구인가를 고려하지 않고 관계 법규의 해석에 의하여 일반 국민에게 그러한 신청권을 인정하고 있는가를 살펴 추상적으로 결정되는 것이고, 신청인이 그 신청에 따른 단순한 응답을 받을 권리를 넘어서 신청의 인용이라는 만족적 결과를 얻을 권리를 의미하는 것은 아니라고 할 것이므로, 국민이 어떤 신청을 한 경우에 그 신청의 근거가 된 조항의 해석상 행정발동에 대한 개인의 신청권을 인정하고 있다고 보이면 그 거부행위는 항고소송의 대상이 되는 처분으로 보아야 할 것이고, 구체적으로 그 신청이 인용될 수 있는가 하는 점은 본안에서 판단하여야 할 사항이다(대법원 1996. 6. 11. 선고 95누12460 판결, 대법원 2009. 9. 10. 선고 2007두20638 판결).

3. 공권력 행사 또는 그 거부에 준하는 행정작용

(1) 규정의 취지

처분의 개념에 '공권력의 행사 또는 그 거부'뿐만 아니라 '그 밖에 이에 준하는 행정작용'을 포함하고 있고, 이는 처분성을 폭넓게 인정할 수 있다는 취지로써 어떤 행정작용이 공권력 행사로서의 실체를 갖추지 아니한 것이라도 다른 실효적 구제수단이 없는 경우에는 해당 행정작용을 공권력 행사에 준하는 작용으로 보아 행정심판의 대상으로 인정할 수 있다고 본다.

(2) 구체적 내용

구체적으로 행정청의 어떠한 행위가 '공권력의 행사 또는 그 거부에 준하는 행정작용'에 해당할 것인지는 견해가 다양하나, 최근 판례는 지적공부의 지목변경이나, 국가인권위원회의 시정조치권고 등을 인정하여 폭넓게 인정하는 경향이 있다.

4. 처분성에 대한 판례 및 재결례 검토

(1) 법령·조례·행정규칙·고시

판례는 법령·조례·행정규칙은 일반적·추상적인 법규 또는 내부규칙으로서 구체적 사실에 관한 법집행 행위가 아니며, 그 자체로서 국민의 구체적 권리·의무에 직접적인 변동을 초래하는 것이 아니므로 원칙적으로 행정심판의 대상이 되는 처분이 아니라고 한다.

의료기관의 명칭표시판에 진료과목을 함께 표시하는 경우 글자 크기를 제한하는 구 의료법 시행규칙에 대하여 무효와 취소를 구한 사건에서 (대법원 2007. 4. 12. 선고 2005두15168 판결) 등에 대하여 항고소송의 대상이 되는 처분이 아니라고 판시하였다.

대통령의 처분 또는 부작위에 대하여는 다른 법률에서 행정심판을 청구할 수 있도록 정한 경우 외에는 행정심판을 청구할 수 없으므로(법 제3조 제2항), 대통령령은 그 내용이 처분적 성격을 가지더라도 행정심판의 대상이 되지 않는다고 보아야 하나, 행정소송은 사법작용으로서 행정심판에서와 같은 제한 규정이 없으므로 대통령의 처분 또는 부작위와 처분적 성격을 가지는 대통령령에 대하여 본안판단을 할 수 있을 것이다.

또한 고시는 행정청이 결정한 사항 등을 불특정 다수인에게 알리는 행위로서, 그로 인하여 원칙적으로 일반국민에게 직접 권리·의무가 발생되거나 변경되는 것은 아니므로 고시 자체는 행정심판의 대상이 되지 않는다는 것이 학설과 판례의 입장이다.

(2) 사실행위

행정청의 사실행위란 일정한 법률효과의 발생을 목적으로 하는 것이 아니라, 직접적으로 사실상의 결과만을 가져오는 행위를 말하는데, 권력적 사실행위와 비권력적 사실행위로 구분한다.

1) 권력적 사실행위

권력적 사실행위란 특정한 행정목적을 위하여 행정청의 일방적 의사결정에 따라 국민의 신체·재산 등에 공권력을 행사함으로써 구체적 사실상태에 변동을 가져오거나 권익침해를 초래하는 사실행위를 뜻한다.

행정청의 사실행위에 대해 행정심판을 인정하는 명문규정은 없으나, 단수조치나 주민등록 직권말소, 수형자의 서신을 교도소장이 검열하는 행위 등 해석상 처분성이 있다고 포함되는 행위에 대해 처분성을 인정하고 있다.

2) 비권력적 사실행위

비권력적 사실행위는 개인의 권리·의무에 직접적인 법적 효과를 발생시키지 않으므로 행정심판의 대상이 되지 않는 것이 원칙이다.

행정조사와 행정지도 등이 대표적이고 공공시설의 설치 및 유지행위가 포함된다.

(3) 민원에 대한 답변

행정청의 단순한 사실이나 질의회신, 진정에 대한 답변 등과 같은 행위는 개인에 대해서 직접적으로 법적 효과를 발생시키지 않으므로, 진정을 수리한 국가기관이 '민원회신'이라는 제목으로 진정을 거부하는 취지의 통지(대법원 1991. 8. 9. 선고 91누4195 판결)에 대해서 처분성이 없다고 한다.

판례는 행정청이 위법 건축물에 대한 시정명령을 하고 나서 위반자가 이를 이행하지 아니하여 전기·전화의 공급자에게 그 위법 건축물에 대한 전기·전화공급을 하지 말아 줄 것을 요청한 행위는 권고적 성격의 행위에 불과한 것으로서 전기·전화공급자나 특정인의 법률상 지위에 직접적인 변동을 가져오는 것은 아니므로 이를 항고소송의 대상이 되는 처분이라고 볼 수 없다(대법원 1996. 3. 22. 선고 96누433 판결)고 한다.

(4) 신고 등의 수리거부

신고란 행정청에 대해 국민이 일정한 사항을 통지하는 행위로, 자기완결적 신고(수리를 요하지 않는 신고)와 수리를 요하는 신고로 구분된다.

1) 자기완결적 신고

자기완결적 신고란 신고요건을 갖추고 신고만 하면 신고의무를 이행한 것이 되고 따로 행정청의 수리행위를 요하지 않는다. 자기완결적 신고에 관하여 '법령 등에서 행정청에 일정한 사항을 통지함으로써 의무가 끝나는 신고'로 규정한다.

자기완결적 신고는 다른 특별한 사정이 없는 한 행정관청에 대한 통고로써 그치는 것이고, 그에 대한 행정관청의 결정을 기다릴 필요가 없는 것이므로 신고에 대한 수리거부행위는 항고소송이나 행정심판의 대상이 되지 않는다고 한다.

2) 수리를 요하는 신고

수리를 요하는 신고는 신고에 대한 행정청의 실질적 심사권을 인정하여 행정청이 신고를 수리해야 법적 효력이 발생하므로, 행정심판의 대상이 되는 처분성이 인정된다.

(5) 행정지도

행정지도는 행정기관이 그 소관 범위에서 일정한 행정목적을 실현하기 위하여 특정인에게 일정한 행위를 하거나 하지 아니하도록 지도, 권고, 조언 등을 하는 행정작용을 말한다.

> 판례는 행정지도는 국민의 임의적 협력을 기대하여 행하는 비권력적 사실행위로서 원칙적으로 처분성이 없다고 한다. 지도한 행위가 위법한 경우에도 또한 같다.

(6) 공시지가의 결정

종전의 판례는 구 기준지가 고시는 그 자체로서는 처분이라 할 수 없다고 하여 처분성을 부정한 바 있으나, 공시지가는 국민의 권리나 의무 또는 법률상 이익에 직접적으로 관계되는 것으로서 항고소송의 대상이 되는 처분에 해당한다(대법원 1993. 6. 11. 선고 92누16706 판결; 대법원 1993. 1. 15. 선고 92누12407 판결)고 한다.

(7) 지목변경

종전 판례는 지적법 상 지목변경행위에 대하여 지목변경신청 거부행위 그 자체로는 해당 토지에 대한 실체상의 권리관계에 어떤 변동도 가져오는 것이 아니므로 국민의 구체적 권리·의무에 직접적인 변동을 초래하는 행위에 해당되지 아니하고 따라서 행정소송의 대상이 되지 아니한다고 하였으나, 헌법재판소가 1999년 지목변경신청 반려처분에 대한 처분성을 인정하였고, 대법원은 2004년 전원합의체판결(대법원 2004. 4. 22. 선고 2003두9015 전합)로 기존 판례를 변경하여 현재는 인정하고 있다.

(8) 사법행위

국가 또는 공공단체의 행위 중 우월한 공권력의 주체로서가 아니라 사법상 권리의 주체로서 상대방과 대등한 지위에서 행하는 행위는 사법행위로서 사법이 적용되므로 기본적으로 처분에 해당하지 않는다고 한다.

> **판례**
>
> 판례는 산림법에 따라 국유임야를 대부하는 등의 행위, 청소 등의 업무의 대행을 위탁하는 용역계약 등은 사법행위로서 거부처분이 아니라고 하고, 재결례 또한 국가를 당사자로 하는 계약이나 국유림 사용허가 취소 등의 행위에 대하여 처분성이 없다고 한다.
> 다만, 국유재산 무단점유에 대한 변상금 부과처분이나 사용료 부과처분, 조달청의 다수공급자계약 관련한 종합쇼핑몰 거래중단행위에 대해 처분성을 인정하고 있다.

(9) 급부행위

재결례는 국가가 사회복지 측면에서 재화나 서비스를 적극적으로 제공하는 급부행정은 기본적으로 비권력적 행위이지만 평등의 원칙에 입각해야 하고, 합리적인 이유 없이 차별해서는 안될 것이므로 처분의 형식을 취하는 급부인 보조금지급청구 등의 거부행위에 대해서는 처분성을 인정하고 있다.

(10) 부관

행정행위의 부관은 행정행위의 일반적인 효력이나 효과를 제한하기 위하여 의사표시의 주된 내용에 부대적 규율로서 부가되는 종된 의사표시로써 그 내용에 따라 조건, 기한, 부담, 법률효과의 일부배제 등으로 구분된다.

부관 그 자체만을 독립된 쟁송의 대상으로 할 수 있는지에 관하여는 견해가 나뉘는데, 부관 중에서 '부담'에 대해서만 독립된 쟁송의 대상으로 할 수 있고, 나머지는 그 부관 자체로는 독립된 처분이 아니므로 행정심판의 대상이 아니라는 것이 다수설과 판례의 입장이다.

행정행위에 부수하여 그 행정행위의 상대방에게 일정한 의무를 부과하는 행정청의 의사표시인 부담의 경우에는 다른 부관과는 달리 행정행위의 불가분적인 요소가 아니고 그 존속이 본체인 행정행위의 존재를 전제로 하는 것일 뿐이므로 부담 그 자체로서 행정쟁송의 대상이 될 수 있다고 하고, 그 외의 부관에 대하여는 부관만 따로 쟁송의 대상으로 할 수 없고 행정행위 전체를 쟁송대상으로 하여야 한다.

예를 들면 도로점용허가에 있어서 점용료 납부명령은 부담에 해당하므로 점용료 납부명령만을 대상으로 쟁송이 가능하지만, 부담이 아닌 부관인 점용허가기간에 이의가 있는 때에는 점용허가기간만 다툴 수 없고 도로점용허가 전체를 대상으로 다투어야 한다.

03 부작위

1. 총론

부작위는 행정청이 당사자의 신청에 대하여 상당한 기간 내에 일정한 처분을 하여야 할 법률상의 의무가 있는데도 처분을 하지 아니하는 것을 말한다(법 제2조 제2호).

이러한 부작위가 위법이 되도록 규정한 것은 행정청이 신속하게 국민의 신청에 적극적으로 응답하게 되고, 무시하거나 아무런 행위도 취하지 않는 소극적인 상태를 해소하도록 하여 국민의 권익이 침해되는 것을 구제할 수 있음은 물론이다.

2. 성립요건

(1) 당사자의 신청

행정청의 부작위가 성립되기 위해서 신청하는 국민이 어떤 행정행위를 요구할 수 있는 법규상 또는 조리상의 권리가 있어야 하는지 여부에 대해서는 학설이 나뉜다.

다수설은 법규상 또는 조리상 신청권이 있어야 한다는 입장이며 판례도 신청권이 없는 자의 신청에 대하여는 행정청이 아무런 처분을 하지 않아도 의무이행심판의 대상이 되는 부작위가 성립하지 않는다고 한다.

또한 법령이 명시적으로 신청권을 인정하고 있는 경우뿐만 아니라 법해석상 신청권이 도출되는 경우, 헌법상 신청권이 인정되는 경우에도 신청권이 인정된다고 보아야 할 것이다.

(2) 행정청의 처분의무

행정심판의 대상인 부작위가 성립되기 위해서는 당사자의 적법한 신청에 대하여 일정한 처분을 해야 할 법률상 의무가 있어야 한다.

기속행위에는 법률상 처분의무가 존재하니 이의가 없고, 전통적으로 재량행위의 경우에는 부작위가 성립되지 않는다는 것이 통설이었으나, 재량행위의 경우에도 처분을 해야 할 법률상 의무가 있다고 보아야 한다는 것이 오늘날 다수설의 입장이다.

행정청은 당사자의 신청이 있으면 그에 대한 처분을 할 것인지의 여부 및 처분을 하는 때에는 어떠한 내용의 처분을 할 것인지에 대한 하자 없는 적정한 재량을 하여야 할 법률상의 의무가 있다고 해야 할 것이다.

(3) 상당한 기간이 경과할 것

부작위가 성립되기 위해서는 국민의 신청이 있은 후 행정청이 상당한 기간이 지나도록 아무런 처분을 하지 아니하여야 한다.

법령에 처리기간이 규정되어 있는 경우에는 그 기간을 말하고, 그렇지 않은 경우에 어느 정도의 기간을 상당한 기간으로 볼 것인지는 사회통념상 개별적, 구체적으로 판단하여 그 신청에 대한 처분을 하는 데에 필요하다고 인정되는 합리적인 기간으로 보아야 할 것이다.

민원처리에 관한 법률에 따라 민원편람 등에 기록된 기간은 기본적인 기준점이 될 수 있다. 다만 그 기간이 경과되었다고 곧바로 상당한 기간이 경과되었다고 볼 수는 없을 것이며, 처리기간 도과는 거부로 본다고 규정한 의제거부, 간주거부의 경우는 부작위가 아닌 거부처분으로 보아야 할 것이다.

(4) 행정청이 아무런 처분도 하지 않을 것

행정청이 어떠한 처분도 하지 아니하여야 한다.

준비에 착수했다는 등의 이유는 처분의 외관이 있었다고 인정되지 않으며 부작위를 이유로 의무이행심판 중에 처분이 있는 경우에는 각하 대상이 된다.

04 심판청구 대상에서 제외되는 사항

1. 대통령의 처분 또는 부작위

대통령의 처분 또는 부작위에 대하여는 다른 법률에 행정심판을 청구할 수 있도록 정한 경우 외에는 행정심판을 청구할 수 없다(법 제3조 제2항).

2. 행정심판의 재결, 재결을 거친 처분 및 부작위

심판청구에 대한 재결이 있으면 그 재결 및 같은 처분 또는 부작위에 대하여 다시 행정심판을 청구할 수 없다(법 제51조).

재결이나 원처분에 대하여 행정심판을 청구하면 부적법한 심판청구이므로 각하해야 할 것이다. 재결 자체의 흠결이나 고유한 위법은 물론, 원처분의 위법을 구하는 것도 모두 소송을 통해 다투어야 한다.

단, 행정청에 대하여 다시 종전과 동일한 내용의 신청을 하고, 그 신청에 대하여 행정청이 거부나 부작위를 한 경우에는 새로운 처분으로 보기 때문에 이에 대하여 다시 행정심판을 청구할 수 있다고 보아야 할 것이다.

행정심판법

제3조(행정심판의 대상) ① 행정청의 처분 또는 부작위에 대하여는 다른 법률에 특별한 규정이 있는 경우 외에는 이 법에 따라 행정심판을 청구할 수 있다.
② 대통령의 처분 또는 부작위에 대하여는 다른 법률에서 행정심판을 청구할 수 있도록 정한 경우 외에는 행정심판을 청구할 수 없다.

제51조(행정심판 재청구의 금지) 심판청구에 대한 재결이 있으면 그 재결 및 같은 처분 또는 부작위에 대하여 다시 행정심판을 청구할 수 없다.

05 특별행정심판

1. 특별행정심판 정의

특정분야의 행정청의 처분 또는 부작위에 대하여 행정심판법에 의한 일반적인 행정심판절차에 따라 심판하지 아니하고 각 개별법에서 따로 정한 특례 절차에 따라 하는 행정심판을 말한다.

2. 특별행정심판의 법적근거

(1) 사안의 전문성과 특수성을 살리기 위하여 특히 필요한 경우 외에는 이 법에 따른 행정심판을 갈음하는 특별한 행정불복절차나 이 법에 따른 행정심판 절차에 대한 특례를 다른 법률로 정할 수 없다.

(2) 다른 법률에서 특별행정심판이나 이 법에 따른 행정심판 절차에 대한 특례를 정한 경우에도 그 법률에서 규정하지 아니한 사항에 관하여는 이 법에서 정하는 바에 따른다.

(3) 관계 행정기관의 장이 특별행정심판 또는 이 법에 따른 행정심판 절차에 대한 특례를 신설하거나 변경하는 법령을 제정·개정할 때에는 미리 중앙행정심판위원회와 협의하여야 한다.

3. 특별행정심판절차 허용의 전제요건

(1) 다른 법률로 특별히 정하고 있을 것

(2) 사안의 전문성 특수성이 있을 것

(3) 사안의 전문성 특수성을 살리기 위하여 특히 필요한 경우일 것

4. 특별행정심판의 종류

특별행정심판의 종류에는 특허관련법에 의한 특허심판, 공익사업을위한토지등의 취득및보상에관한법률에 의한 토지수용, 국가공무원법 및 지방공무원법에 의한 소청, 국세기본법에 의한 조세심판 등이 있다.

행정심판법

제4조(특별행정심판 등) ① 사안(事案)의 전문성과 특수성을 살리기 위하여 특히 필요한 경우 외에는 이 법에 따른 행정심판을 갈음하는 특별한 행정불복절차(이하 "특별행정심판"이라 한다)나 이 법에 따른 행정심판 절차에 대한 특례를 다른 법률로 정할 수 없다.

② 다른 법률에서 특별행정심판이나 이 법에 따른 행정심판 절차에 대한 특례를 정한 경우에도 그 법률에서 규정하지 아니한 사항에 관하여는 이 법에서 정하는 바에 따른다.

③ 관계 행정기관의 장이 특별행정심판 또는 이 법에 따른 행정심판 절차에 대한 특례를 신설하거나 변경하는 법령을 제정·개정할 때에는 미리 중앙행정심판위원회와 협의하여야 한다.

제5장 청구인 적격

1. 당사자 개념

행정심판의 당사자는 청구인과 피청구인이다. 청구인은 행정청의 처분 또는 부작위에 불복하여 자신의 이름으로 취소 또는 변경 등을 구하는 행정심판을 청구한 자를 말하고, 피청구인은 심판청구를 받은 상대방, 즉 해당 심판청구의 대상인 처분을 한 처분청 또는 부작위를 한 부작위청을 뜻한다.

2. 청구인 능력

(1) 개념

청구인 능력은 소송에서의 당사자 개념을 행정심판 개념으로 표현한 것이다.

(2) 청구인이 될 수 있는 자

① 행정심판법상 상세한 규정은 없으나 미성년자는 법정대리인에 의하여서만 행정심판을 제기 할 수 있으나 미성년자가 독립하여 법률행위를 할 수 있도록 허용된 경우는 예외이다.

② 행정심판을 청구하기 전에 사망한 자는 상속인 그 밖의 법령에 의하여 심판청구의 대상인 처분에 관계되는 권리 또는 이익을 승계한 자가 그 청구인의 지위를 승계하며 법인과 사단 또는 재단인 청구인에 관하여 합병이 있은 때에는 합병 후 존속하는 법인 등이나 또는 합병에 의하여 설립된 법인 등은 그 청구인의 지위를 승계한다.

③ 실종된 자는 실종선고 효력이 발생하기 전에는 당사자능력이 상실되지 아니한다.

④ 법인의 지점은 법인격이 없으므로 당사자능력이 없고 당해 법인의 명의로 행정심판을 청구하여야 하며 해산된 법인은 잔존한 법률관계 범위 안에서 당사자능력이 있다.

⑤ 법인격 없는 사단이나 재단으로서 대표자나 관리인이 정하여져 있는 경우에는 심판을 청구할 수 있다(주택조합, 종교단체, 종중 등).

(3) 행정기관의 당사자능력

일반적으로 행정기관은 행정심판의 피청구인이 되는 외에 청구인으로서 당사자능력은 없다고 봐야 할 것이다. 그러나 국가나 지방자치단체가 처분 또는 부작위의 상대방이 되거나 법률상 이익이 침해를 받은 경우에는 예외적으로 당사자능력을 인정받을 수 있을 것이다.

(4) 행정심판의 피청구인이 될 수 있는 자

행정심판의 피청구인이 될 수 있는 자는 행정청이며 행정권한을 위임 또는 위탁 받은 행정기관, 공공단체 및 그 기관과 사인도 포함될 수 있다.

(5) 당사자능력이 없는 자가 제기한 행정심판 청구

당사자능력이 없는 자가 제기한 행정심판 청구나 당사자능력이 없는 자에 대하여 제기된 심판청구는 부적법한 심판청구로서 각하하여야 할 것이며 행정심판절차가 진행 중에 당사자능력이 상실된 경우에도 마찬가지이다.

그러나 행정심판 제기 시에 당사자능력이 없다가 진행 중에 당사자능력을 갖추게 된 경우에는 당사자능력 흠이 치유되었다고 할 것이므로 당사자능력 흠결을 이유로 심판청구를 각하할 수는 없다고 할 것이다. 다만 사소한 문제에 대하여는 행정심판위원회가 석명권을 행사하여 청구인에게 보정을 요구하는 것이 타당할 것이다.

3. 청구인 지위 승계

1) 당연승계

청구인이 사망한 때에는 상속인 그 밖에 법령에 따라 심판청구의 대상에 관계되는 권리나 이익을 승계한 자가 그 청구인의 지위를 승계하며, 법인과 법인 아닌 사단 또는 재단이 합병한 경우에는 합병 후 존속하는 법인 등이나 또는 합병에 의하여 설립된 법인 등이 그 청구인의 지위를 승계한다.

2) 허가승계

심판청구의 대상과 관계되는 권리 또는 익을 양수한 자는 위원회의 허가를 받아 청구인의 지위를 승계할 수 있다. 이 경우 위원회가 지위승계를 허가하지 아니하면 신청인은 결정서 정본을 받은 날부터 7일 이내에 위원회에 이의신청을 할 수 있다.

4. 청구인적격

청구인 적격이란 행정심판을 청구하고 본안재결을 구할 수 있는 자격을 말하여 행정심판의 종류에 따라 아래와 같이 적격을 명문으로 규정하고 있다(법 제13조).

(1) 취소심판은 처분의 취소 또는 변경을 구할 법률상 이익이 있는 자가 청구할 수 있다.
처분의 효과가 기간의 경과, 처분의 집행, 그 밖의 사유로 소멸된 뒤에도 그 처분의 취소로 회복되는 법률상 이익이 있는 자의 경우에도 또한 같다.

(2) 무효등확인심판은 처분의 효력 유무 또는 존재 여부의 확인을 구할 법률상 이익이 있는 자가 청구할 수 있다.

(3) 의무이행심판은 처분을 신청한 자로서 행정청의 거부처분 또는 부작위에 대하여 일정한 처분을 구할 법률상 이익이 있는 자가 청구할 수 있다.
청구인 적격이 없는 자가 청구한 행정심판은 각하대상이 된다.

5. 법률상 이익

법률상 이익에 대한 학설은 다양하나, 통설 및 판례, 재결례에서는 청구인이 주장하는 이익이 해당 법규에 따라 보호되고 있는 것으로 인정되는 경우에 법률상 이익을 인정하고 있다.

(1) 법률의 의미

대법원은 법률상의 이익은 당해 처분의 근거 법규 및 관련 법규에서 보호되는 개별적·직접적·구체적인 이익이 있는 경우를 말한다고 판시하여 법률의 범위를 형식적 의미의 법률로 한정하고 있다.

(2) 법률상 이익

① 취소심판의 청구는 처분의 취소 또는 변경을 구할 법률상 이익이 있는 자가 제기할 수 있다(법 제13조 제1항). 여기에서 말하는 '법률상 이익'에 대한 견해가 나뉜다.

② 법률상 이익 학설

ⓐ 권리구제설

위법한 처분 등으로 인하여 실체적 권리를 침해당한 자만이 법률상 이익이 있는 것으로 보는 견해이며 청구인적격을 지나치게 좁게 보아 국민의 재판청구권을 침해할 수 있다는 비판이 있다.

ⓑ 법률상 이익구제설 (통설, 판례)

침해되고 있는 이익이 권리에 이르지 못해도 그 이익이 관계법에 의해 보호되고 있는 이익인 경우에는 법률상 이익으로 인정하는 견해이며 법률상 이익의 판정을 실정법의 해석에 맡김으로써 새로 등장하는 이익을 인정하기 어렵다는 비판이 있다.

ⓒ 보호가치 있는 이익구제설

당사자가 주장하는 이익이 법률에 의해 보호되는 이익이 아니라 해도 그 내용이 실질적으로 보호할 만한 가치가 있으면 인정하는 견해이며 보호할 만한 가치의 판단은 입법자의 몫인데 그 판단을 위원회에서 하게 되는 것은 타당하지 못하고, 남소의 우려가 있다는 비판이 있다.

ⓓ 적법성 보장설

청구인적격은 법률상 이익의 성질이 아니라 가장 적합한 이해관계를 가지는 자에게 인정되어야 한다는 견해이며 취소심판을 주관적 심판으로 규정하고 있는 것과 조화되기 어렵다는 비판이 있다.

행정처분의 직접 상대방이 아닌 제3자라 하더라도 당해 행정처분으로 인하여 법률상 보호되는 이익을 침해당한 경우에는 그 처분의 무효확인을 구하는 행정소송을 제기하여 그 당부의 판단을 받을 자격이 있다 할 것이며, 여기에서 말하는 법률상 보호되는 이익이라 함은 당해 처분의 근거 법규 및 관련 법규에 의하여 보호되는 개별적·직접적·구체적 이익이 있는 경우를 말하고, 공익 보호의 결과로 국민 일반이 공통적으로 가지는 일반적·간접적·추상적 이익이 생기는 경우에는 법률상 보호되는 이익이 있다고 할 수 없다(대법원 2006.3.16., 2006두330 전원합의체 판결).

6. 청구인적격에 대한 입법상 과오여부

(1) 「행정심판법」상 청구인적격에 대한 입법론

① 문제점 : 「행정심판법」은 취소소송과 달리 위법한 처분뿐만 아니라 부당한 처분도 통제의 대상으로 규정하고 있다. 그러나 취소심판의 청구인적격은 취소소송과 마찬가지로 법률상 이익이 있는 자로 한정하고 있다. 이에 대하여 입법론상 타당한가에 관하여 입법과오설과 입법비과오설의 학설 대립이 있다.

② 입법과오설 : 입법과오설은 그 논거로 법률상 이익의 침해는 위법한 처분에 의해서만 가능하며, 부당한 처분에 의한 권리침해는 사실상 이익의 침해만이 있을 수 있다는 점을 들고 있다.
따라서 입법적으로 부당에 의한 사실상 이익이 침해된 경우에도 심판청구를 할 수 있도록 규정할 것이 요구된다는 입장이다.

③ 입법비과오설 : 입법비과오설은 그 논거로 위법한 처분뿐만 아니라 부당한 처분에 의해서도 법률상 이익의 침해는 가능하며, 입법론상 잘못 없다는 것을 들고 있다. 즉, 심판청구인적격은 심판제기요건의 문제이며 부당의 문제는 본안문제인데, 입법과오론은 이를 혼동하고 있다는 입장이다.

④ 검토 : 행정심판의 청구인적격의 범위의 문제는 처분에 대하여 다툴 수 있는 자를 한정하여 무용한 쟁송의 남용방지라는 목적의 소송법상 입법정책의 문제이다. 따라서 입법비과오설이 타당하다.

7. 제3자의 청구인적격

(1) 문제점

침익적 처분의 상대방이 청구인적격을 가지는 것은 문제가 없다. 그러나 처분의 직접 상대방이 아닌 경우에 청구인적격이 인정되는가에 대하여 살펴본다.

(2) 제3자의 청구인적격

1) 경업자
   ① 개념
      경업자란 행정청이 신규 인·허가를 함으로써 새로운 사업자가 시장에 출현하여 기존의 사업자와 경쟁관계를 가지게 될 때 기존업자를 말한다.
   ② 인정 여부
      가. 특허업자 : 기존의 업자가 특허업자인 경우에는 특허의 독점적인 지위를 법률상의 이익으로 인정하여 청구인적격을 인정함이 학설과 판례의 경향이다.
      나. 허가업자 : 기존업자가 허가를 받은 경우에는 그 허가로 인한 경제적 이익은 반사적 이익에 불과하다고 보아 청구인적격을 인정하지 않는 것이 일반적 경향이다.

2) 경원자
   ① 개념
      경원자 관계란 인·허가의 수익적 처분을 신청한 여러 사람 중 일방에 대한 허가가 타방에 대한 불허가로 귀결될 수밖에 없는 양립 불가능한 관계를 말한다.
   ② 인정 여부 : 학설과 판례는 경쟁업자들의 청구인적격을 일반적으로 인정한다.

③ 청구이익 : 경원자관계에서 허가를 받지 못한 자는 그 처분이 취소된다 하더라도 허가 등의 처분을 받지 못한 불이익이 회복된다고 볼 수 없는 경우에는 당해 처분의 취소를 구할 청구이익이 없다. 예컨대, 여러 명의 경원자 중 2등으로 탈락한 자가 있음에도 3등으로 탈락한 자는 청구이익이 없는 경우에 해당한다.

3) 인근주민

① 개념

특정인에 대한 수익적 처분이 이웃하는 주민에게 불이익한 결과가 발생하는 경우에 침해를 받는 인근주민이 그 침해를 다투는 경우를 말한다. 이는 이웃주민인 제3자에게 청구인적격, 즉 법률상의 이익을 인정할 수 있는가의 문제이다. 주로 「건축법」, 「환경법」에서 문제된다.

② 청구인적격의 인정 여부

인근주민의 청구인적격 여부는 관련 법령이 행정청에게 의무를 부과하는 규정이 공익뿐만 아니라 인근주민의 사익도 보호하는 취지로 해석되는지에 따라 결정하는 입장이다. 최근에는 「국토의 계획 및 이용에 관한 법률」, 「건축법」등의 규제를 통하여 주민이 이익을 받고 있는 경우에 반사적 이익이 아니라 법률상 이익으로 보고 있다.

> **판례**
>
> 대법원은 연탄공장 허가처분취소소송에서 인근주민의 원고적격을 인정한 이후(대법원 1975.5.13., 73누96 판결), LPG자동차 충전소 설치 허가처분취소소송 등에서도 주민들의 원고적격을 인정하였다(대법원 1983.7.12., 83누59 판결).

> **판례**
>
> 환경영향평가대상지역 안과 밖의 주민 : 대법원은 종래 환경영향평가대상지역 안의 주민에게는 원고적격을 인정하고, 밖의 주민에 대해서는 원고적격을 부정하는 입장이었으나, 최근 환경 영향평가대상지역 안의 주민에게는 원고적격을 사실상 추정하고, 밖의 주민에 대해서는 자신의 환경상 이익이 그 처분의 근거 법규 또는 관련 법규에 의하여 개별적·직접적·구체적으로 보호되는 이익, 즉 법률상 보호되는 이익임을 입증하여야, 즉 그 영향권 밖의 주민들은 당해 처분으로 인하여 그 처분 전과 비교하여 수인한도를 넘는 환경피해를 받거나 받을 우려가 있다는 자신의 환경상 이익에 대한 침해 또는 침해 우려가 있음을 증명하여야만 법률상 보호되는 이익으로 인정되어 원고적격을 인정하는 방향으로 판시하고 있다.

(3) 인근주민

1) 특정인에 대한 신규 인·허가로 인해 이웃하는 주민에게 불이익한 결과가 발생되는 경우 그 침해를 받는 인근주민을 말한다.

2) 판례는 환경영향평가대상지역 안의 토지를 이용하는 자의 원고적격과 관련하여 환경상 이익에 대한 침해 또는 침해 우려가 있는 것으로 사실상 추정되어 원고적격이 인정되는 사람에는 환경상 침해를 받으리라고 예상되는 영향권 내의 주민들을 포함하여 그 영향권 내에서 농작물을 경작하는 등 현실적으로 환경상 이익을 향유하는 사람도 포함된다고 할 것이나, 단지 그 영향권 내의 건물토지를 소유하거나 환경상 이익을 일시적으로 향유하는 데 그치는 자는 포함되지 않는다고 판시하였다.

제6장 피청구인적격

1. 피청구인 적격

(1) 피청구인 적격 개념

행정심판의 피청구인은 처분청 등 행정심판은 처분을 한 행정청(의무이행심판의 경우에는 청구인의 신청을 받은 행정청)을 피청구인으로 하여 청구하여야 한다. 다만, 심판청구의 대상과 관계되는 권한이 다른 행정청에 승계된 경우에는 권한을 승계한 행정청을 피청구인으로 하여야 한다(법 제17조 제1항).

(2) 행정청의 정의

행정청이란 행정에 관한 의사를 결정하여 표시하는 국가 또는 지방자치단체의 기관, 그 밖에 법령 또는 자치법규에 따라 행정권한을 가지고 있거나 위탁을 받은 공공단체나 그 기관 또는 사인을 말한다(법 제2조 제4호)고 규정하고 있다.

합의제 행정청이 처분청인 경우에는 법률상 그 합의제 행정청을 대표하는 대표자가 아니라 행정청 자체가 피청구인이 되어야 하고, 처분을 한 행정청과 이를 통지한 행정청이 서로 다른 경우에는 처분을 한 행정청이 피청구인이 되어야 한다.

2. 피청구인 경정제도

(1) 의의

피청구인 적격이 없는 행정청을 상대로 한 심판청구에 대하여는 원칙적으로 이를 부적법한 청구이므로 각하해야 한다. 그러나 행정심판법은 피청구인을 경정할 수 있도록 규정하고 있으므로(법 제17조 제2항) 피청구인 경정을 할 수 있다.

➡ 청구인 변경은 허용되지 않는 것이 원칙으로, 각하재결을 하고 있으며 피청구인 경정에 대해서도 판례는 경정이 의무사항이 아니므로 피청구인을 경정하지 않고 각하한 재결이 적법하다고 한다.

> **행정심판**
>
> **제17조(피청구인의 적격 및 경정)** ① 행정심판은 처분을 한 행정청(의무이행심판의 경우에는 청구인의 신청을 받은 행정청)을 피청구인으로 하여 청구하여야 한다. 다만, 심판청구의 대상과 관계되는 권한이 다른 행정청에 승계된 경우에는 권한을 승계한 행정청을 피청구인으로 하여야 한다.
> ② 청구인이 피청구인을 잘못 지정한 경우에는 위원회는 직권으로 또는 당사자의 신청에 의하여 결정으로써 피청구인을 경정(更正)할 수 있다.
> ③ 위원회는 제2항에 따라 피청구인을 경정하는 결정을 하면 결정서 정본을 당사자(종전의 피청구인과 새로운 피청구인을 포함한다. 이하 제6항에서 같다)에게 송달하여야 한다.

④ 제2항에 따른 결정이 있으면 종전의 피청구인에 대한 심판청구는 취하되고 종전의 피청구인에 대한 행정심판이 청구된 때에 새로운 피청구인에 대한 행정심판이 청구된 것으로 본다.
⑤ 위원회는 행정심판이 청구된 후에 제1항 단서의 사유가 발생하면 직권으로 또는 당사자의 신청에 의하여 결정으로써 피청구인을 경정한다. 이 경우에는 제3항과 제4항을 준용한다.
⑥ 당사자는 제2항 또는 제5항에 따른 위원회의 결정에 대하여 결정서 정본을 받은 날부터 7일 이내에 위원회에 이의신청을 할 수 있다.

(2) 절차

1) 청구인이 피청구인을 잘못 지정한 경우에는 위원회는 직권으로 또는 당사자의 신청에 의하여 결정으로써 피청구인을 경정할 수 있으므로(법 제17조 제2항), '당사자'가 신청할 수 있으므로 청구인은 물론 피청구인도 경정을 신청할 수 있고, 경정을 신청할 때는 그 뜻을 기재한 서면을 행정심판위원회에 제출해야 한다(영 제15조).
2) 위원회는 피청구인을 경정하는 결정을 하면 결정서 정본을 종전의 피청구인과 새로운 피청구인을 포함한 당사자에게 송달하여야 하며(법 제17조 제3항), 위원회의 결정에 대하여 결정서 정본을 받은 날부터 7일 이내에 위원회에 이의신청을 할 수 있다(법 제17조 제6항).

(3) 효과

경정 결정이 있으면 종전의 피청구인에 대한 심판청구는 취하되고 종전의 피청구인에 대한 행정심판이 청구된 때에 새로운 피청구인에 대한 행정심판이 청구된 것으로 본다(법 제17조 제4항).

(4) 정정과 경정

당사자와의 동일성이 인정되는 범위 내에서라면 행정심판이 진행 중이라도 잘못 표시한 부분에 대해 정정을 인정하고 있다. 그러나 동일성 범위를 넘어선다면 경정하여야 할 것이다.

행정심판법 시행령

제15조(피청구인의 경정) ① 당사자가 법 제17조제2항 및 제5항에 따라 행정심판 피청구인(이하 "피청구인"이라 한다)의 경정(更正)을 신청할 때에는 그 뜻을 적은 서면을 위원회에 제출하여야 한다.
② 위원회가 제1항에 따른 신청을 받았을 때에는 지체 없이 이를 심사하여 허가 여부를 결정하여야 한다.
③ 법 제17조제6항에 따른 이의신청의 처리에 관하여는 제14조를 준용한다.

제7장 심판청구 기간

1. 기간의 계산

(1) 기간계산의 원칙

① 행정심판법은 심판청구 기간의 계산에 관하여 따로 규정을 두고 있지 않아 그동안 기간계산에 관해서는 민법을 따랐으나 행정기본법은 행정법관계에 적용되는 기간의 계산방법을 명시하여 명확하게 규정됨으로써 행정의 예측가능성을 증대하게 되었다. 행정심판의 심판청구 기간에도 적용된다.

② 행정기본법은 처분에서 국민의 권익을 제한하거나 의무를 부과하는 경우 권익이 제한되거나 의무가 지속되는 기간의 계산은 초일을 산입하고, 기간말일이 토요일 또는 공휴일인 경우에도 기간은 그날로 만료한다(행정기본법 제6조 제2항 본문)고 규정하고 있다.

> **행정기본법**
>
> **제6조(행정에 관한 기간의 계산)** ① 행정에 관한 기간의 계산에 관하여는 이 법 또는 다른 법령등에 특별한 규정이 있는 경우를 제외하고는 「민법」을 준용한다.
> ② 법령등 또는 처분에서 국민의 권익을 제한하거나 의무를 부과하는 경우 권익이 제한되거나 의무가 지속되는 기간의 계산은 다음 각 호의 기준에 따른다. 다만, 다음 각 호의 기준에 따르는 것이 국민에게 불리한 경우에는 그러하지 아니하다.
>   1. 기간을 일, 주, 월 또는 연으로 정한 경우에는 기간의 첫날을 산입한다.
>   2. 기간의 말일이 토요일 또는 공휴일인 경우에도 기간은 그 날로 만료한다.
> 행정심판 청구기간을 계산할 때에는 민법이 준용되어 초일을 산입하지 않고, 종료일이 토요일 또는 공휴일인 경우에도 그 다음 날로 만료된다고 보아야 하며, 만료 시점은 밤 12시까지로 봄이 타당하다.

(2) 심판청구일의 기준

심판청구일의 기준은 청구기간 도과여부를 판단하는 중요한 기준인데, 피청구인이나 위원회에 심판청구서가 제출된 때 행정심판이 청구된 것으로 본다는 규정에 따라 도달주의를 채택하고 있다(법 제23조 제4항).

(3) 전자정보처리조직을 통한 접수의 특례

행정심판청구서를 우편으로 제출한 경우에는 도달주의원칙에 따라 심판청구 기간 내에 우편이 행정청에 도달해야 할 것이나, 전자정보처리조직을 통하여 접수된 심판청구의 경우 심판청구 기간을 계산할 때에는 전자문서를 제출한 사람이 정보통신망을 통하여 전자정보처리조직에서 제공하는 접수번호를 확인하였을 때 행정심판이 청구된 것으로 본다(법 제52조 제3항 및 제4항).

2. 기간의 특례

(1) 무효등확인심판과 부작위에 대한 의무이행심판

무효등확인심판과 부작위에 대한 의무이행심판을 청구하는 경우에는 기간이 적용되지 않는다(법 제27조 제7항).

(2) 개별 법상 특례

개별 법률에서 심판청구 기간을 달리 정하고 있는 경우 그 심판청구 기간은 개별 법률의 규정에 따르게 된다.

국가공무원법, 군인사법, 공익사업을 위한 토지 등의 취득 및 보상에 관한 법률 등은 30일로 정하고 있어 행정심판법보다 짧게 적용하고 있다.

3. 심판청구 기간

행정청의 처분에 대한 행정심판청구는 처분이 있음을 알게 된 날부터 90일 이내에 청구하여야 하고(주관적 청구기간), 처분이 있었던 날부터 180일을 경과하면 심판청구를 하지 못한다(객관적 청구기간)고 규정하고 있다(법 제27조제1항 및 제3항 본문).

> **행정심판법**
> **제27조(심판청구의 기간)** ① 행정심판은 처분이 있음을 알게 된 날부터 90일 이내에 청구하여야 한다.
> ② 청구인이 천재지변, 전쟁, 사변(事變), 그 밖의 불가항력으로 인하여 제1항에서 정한 기간에 심판청구를 할 수 없었을 때에는 그 사유가 소멸한 날부터 14일 이내에 행정심판을 청구할 수 있다. 다만, 국외에서 행정심판을 청구하는 경우에는 그 기간을 30일로 한다.
> ③ 행정심판은 처분이 있었던 날부터 180일이 지나면 청구하지 못한다. 다만, 정당한 사유가 있는 경우에는 그러하지 아니하다.
> ④ 제1항과 제2항의 기간은 불변기간(不變期間)으로 한다.
> ⑤ 행정청이 심판청구 기간을 제1항에 규정된 기간보다 긴 기간으로 잘못 알린 경우 그 잘못 알린 기간에 심판청구가 있으면 그 행정심판은 제1항에 규정된 기간에 청구된 것으로 본다.
> ⑥ 행정청이 심판청구 기간을 알리지 아니한 경우에는 제3항에 규정된 기간에 심판청구를 할 수 있다.
> ⑦ 제1항부터 제6항까지의 규정은 무효등확인심판청구와 부작위에 대한 의무이행심판청구에는 적용하지 아니한다.

이 기간 중 하나라도 먼저 도과하면 부적법한 청구가 된다.

(1) 처분이 있음을 알게 된 날

1) '처분이 있음을 알게 된 날'의 의미

'처분이 있음을 알게 된 날'이란 현실적으로 처분이 있었음을 알게 된 날을 의미하며, 통지를 요하는 서면처분에서는 그 서면이 상대방에게 도달한 날을 의미한다.

2) 관련 판례
① 판례는 특정인에 대한 처분이 주소불명 등의 이유로 송달할 수 없어 일간신문 등에 공고한 경우에는 상대방이 그 처분이 있었다는 사실을 현실적으로 안 날에 처분이 있음을 알았다고 보아야 한다고 하고, 처분의 내용을 알아야만 처분이 있음을 알게 되었다고 할 수 있는지에 대해서는 판례는 구체적 내용까지 알 필요는 없고 어떠한 종류의 처분이 있었다는 사실만 알면 이로써 족하다고 하고 이를 알게 된 경위는 묻지 않는다.
② 그러나 처분의 상대방이나 제3자가 간접적으로 처분이 있음을 안 것에 불과한 경우에는 처분이 있음을 안 것으로 볼 수 없다고 한다. 예를 들면 회사에 대한 처분에 대하여 그 회사의 이사가 우연히 처분에 관한 사실을 들어서 회사에 알렸다 하더라도 그 사실만으로는 해당 회사가 처분이 있음을 알았다고 할 수는 없다.
③ 아파트 경비원이 부재중인 자에게 배달되는 처분서를 수령하였다가 며칠 후 전달하는 행위에 대해서는 판례가 나뉜다.
등기우편물 등 특수우편물이 배달되는 경우 관례적으로 아파트 경비원이 이를 수령하여 거주자에게 전달하여 왔고, 이에 대하여 납세의무자를 비롯한 아파트 주민들이 평소 이러한 특수우편물 배달방법에 관하여 아무런 이의도 제기한 바 없었다면, 납세의무자가 거주하는 아파트의 주민들은 등기우편물 등의 수령권한을 아파트 경비원에게 묵시적으로 위임한 것으로 본 판례가 있고(대법 2000두1164), 반대로 아파트경비원이 관례에 따라 부재중인 납부의무자에게 배달되는 택지초과소유부담금 납부고지서를 수령한 경우 납부의무자가 아파트경비원에게 단순한 등기우편물 등의 수령권한을 위임한 것으로 볼 수는 있을지언정, 택지초과소유부담금 부과처분의 대상으로 된 사항에 관하여 납부의무자를 대신하여 처리할 권한까지 위임한 것으로 볼 수는 없고, 설사 위 경비원이 위 납부고지서를 수령한 때에 위 부과처분이 있음을 알았다고 하더라도 이로써 납부의무자 자신이 그 부과처분이 있음을 안 것과 동일하게 볼 수는 없다(대법 95누11535)고 한 판례가 있다.

3) '처분이 있음을 알게 된 날'의 추정
'처분이 있음을 알게 된 날'은 현실적으로 처분이 있음을 알게 된 날을 의미하나, 당사자가 현실적으로 이를 알지 못했다 하더라도 사회통념상 처분이 있음을 알 수 있는 상태에 놓여진 때에는 반증이 없는 한 그 처분이 있음을 알았다고 추정된다(대법원 2002. 8. 27. 선고 2002두3850 판결). 또한 본인이 직접 수령하지 않았다 하더라도 본인의 동거가족이나 회사 동료, 사무원, 고용인 등이 수령한 경우에는 특별한 사정이 없는 한 본인이 위 제3자가 수령할 때 처분이 있었음을 알았던 것으로 추정된다. 예를 들어 해당 주소지에 송달되어 아르바이트 직원이 수령하는 등 당사자가 알 수 있는 상태에 놓였을 때는 처분이 있음을 알았다고 추정할 수 있다. 특별한 사정이 있어 처분이 있음을 알 수 없었다는 사실은 청구인이 이를 입증해야 한다.

(2) 처분이 있었던 날

처분이 있었던 것을 알지 못한 경우에도 해당 처분이 있었던 날로부터 180일이 지나면 행정심판을 청구할 수 없도록 한 것은 처분을 신속히 확정시킴으로써 행정법관계의 안정성을 도모하려는 취지로 볼 수 있다. 다만, 제3자의 경우와 같이 정당한 사유가 있는 경우에는 예외가 인정된다.

'처분이 있었던 날'이란 처분이 외부에 표시되어 효력을 발생한 날을 말한다. 처분을 문서로 한 경우에는 문서가 상대방에게 도달한 날이 처분이 있었던 날이 되고, 행정청의 내부적 의사결정만으로는 처분이 있었다고 할 수 없다.

행정청이 처분서를 우편으로 보낸 경우에는 도달주의 원칙상 우편이 상대방에게 도달한 날에 처분의 효력이 발생한다.

일반우편의 경우 상대방의 수령 여부를 입증하는 것이 현실적으로 곤란하므로 이 사실만 가지고는 당사자에게 도달되었다고 추정할 수 없고 상대방이 받지 못하였다고 주장하면 반증이 없는 한 도달하지 않은 것으로 추정될 것이다.

한편, 행정심판법은 송달에 대해서는 민사소송법을 준용하도록 하고 있다(법 제57조). 따라서 행정절차법에서 규정하고 있는 송달에 관한 사항은 준용되지 않는다.

(3) 고시·공고 및 공시송달에 의한 처분의 통지

불특정 다수인에 대한 처분으로서 관보나 신문 등에 고시하거나 공고하는 방법으로 외부에 그 의사를 표시함으로써 그 효력이 발생하는 처분의 경우와 처분서를 송달받을 자의 주소 등을 통상의 방법으로 확인할 수 없거나 송달이 불가능하여 관보, 공보, 게시판, 일간신문 중 하나 이상에 공고하고 인터넷에도 공고하는 방법으로 처분서를 송달하는 경우인 공시송달은 다음의 시기를 효력발생일로 한다.

구분	효력 발생일
법령에서 고시·공고로 인한 처분의 효력 발생일을 명시한 경우	해당 법령에서 정한 때 효력이 발생
법령에는 규정이 없으나, 고시·공고에 효력발생일이 규정되어 있는 경우	그 규정일에 효력이 발생
해당 고시·공고에 효력발생일이 명시되어 있지 않은 경우	행정효율과 협업 촉진에 관한 규정 제6조 제3항에 따라 고시 또는 공고가 있은 후 5일이 경과한 날부터 효력이 발생
법령상 공시송달 요건에 해당하는 경우의 공시송달	공고일부터 14일이 경과한 때에 처분의 효력이 발생

원칙적으로 고시·공고 및 공시송달의 효력이 발생하는 날에 처분이 있은 것이 되나, 처분의 상대방이 고시·공고 및 공시송달을 실제로 본 것을 스스로 인정하거나 객관적으로 인정되는 경우에는 실제로 본 날이 처분이 있음을 알게 된 날이 될 것이다.

반대로 처분의 상대방이 고시·공고를 실제로 보지 못했거나 실제로 보았다는 증거가 없는 경우에 대해 판례는 현실적으로 알았는지 여부를 불문하고 고시·공고의 효력 발생일에 처분이 있음을 안 것으로 보아 심판청구 기간을 기산하여야 한다고 한다(대법원 1995. 8. 22. 선고 94누5694 전합).

(4) 수령거절

상대방이 처분통지서의 수령을 거절한 경우에도 처분통지서가 상대방에게 송부되어 일단 알 수 있는 상태에 놓인 이상 당사자에게 도달된 것으로 인정될 것이다.

(5) 처분의 정정과 기타 사유

1) 처분의 정정

행정청은 처분에 오기·오산 또는 그 밖에 이에 준하는 명백한 잘못이 있을 때에는 직권 또는 신청에 따라 지체 없이 정정하고 그 사실을 당사자에게 통지하여야 하는데, 이미 행한 처분에 대하여 오기·오산 등을 정정한 것은 독립된 처분으로 볼 수 없으므로 최초의 처분일을 기준으로 심판청구 기간을 계산해야 하나, 처분의 동일성이 상실된 경우에는 정정행위는 새로운 처분으로 보아야 하며, 심판청구 기간도 그 새로운 처분을 기준으로 계산하여야 할 것이다.

2) 수감자에 대한 송달

판례는 교도소 등에 수감된 사람에 대한 송달은 특별한 사정이 없으면 처분 대상자의 주소, 거소, 영업소 또는 사무소로 하면 된다고 한다.

3) 사망자에 대한 송달

판례는 사망자를 송달자로 하여 행하여진 송달은 상속인들에 대한 송달로서의 효력이 없다고 한다.

4. 심판청구 기간의 예외

(1) 불가항력

원칙적으로 심판청구 기간인 90일 이내에 행정심판을 청구해야 할 것이나, 그 90일 이내에 발생한 불가항력의 경우에는 그 사유가 소멸한 날로부터 14일(국외는 30일) 이내에 청구할 수 있도록 하고 있다(법 제27조 제2항).

(2) 정당한 사유가 있는 경우

행정심판은 처분이 있었던 날부터 180일이 지나면 청구하지 못한다. 이 규정의 취지는 행정법관계의 조속한 안정을 도모하기 위한 것이므로 처분이 있었다는 것을 알았는지 여부를 불문한다. 그러나 정당한 사유가 있는 경우에는 예외적으로 180일을 지나서도 심판청구를 할 수 있도록 하고 있다(법 제27조 제3항 단서).

정당한 사유는 심판청구 기간이 도과하기 전에 발생된 것이어야 하므로 처분이 있었던 날부터 180일 이내에 정당한 사유가 시작되어야 하고, 객관적으로 그 처분이 있은 것을 알 수 없었기 때문에 심판청구 기간을 지킬 수 없었던 것이 명백한 때에는 정당한 사유가 있는 경우에 해당한다고 볼 수 있을 것이다.

(3) 심판청구 기간의 불고지·오고지의 경우

1) 행정청의 고지의무

행정청이 처분을 하는 경우에는 그 상대방에게 해당 처분에 대하여 심판청구를 할 수 있는지 여부, 청구하는 경우의 심판청구 절차 및 심판청구 기간을 알려야 한다(법 제58조 제1항).

2) 불고지

행정청이 심판청구 기간을 알리지 아니한 경우에는 심판청구 기간은 처분이 있었던 날부터 180일이 된다(법 제27조 제6항). 청구인이 처분이 있음을 알고 있었다 하더라도 알게 된 날부터 90일 이내 심판청구 기간은 적용되지 않고 180일이 적용된다.

3) 오고지

행정청이 심판청구 기간을 처분이 있음을 알게 된 날부터 90일 이내보다 긴 기간으로 잘못 알린 경우 그 잘못 알린 기간 내에 심판청구가 있으면 그 행정심판은 적법한 기간 내에 청구된 것으로 본다(법 제27조 제5항). 청구인이 적법한 심판청구 기간을 알고 있었다 하더라도 잘못 알린 기간이 심판청구 기간이 된다.

4) 불고지·오고지의 경우

행정청이 고지를 하지 아니하거나 잘못 알려서 청구인이 심판청구서를 다른 행정기관에 제출한 경우에는 그 행정기관에 심판청구서가 제출된 때를 심판청구일로 보고(법 제23조 제2항 및 제4항), 피청구인경정을 한 경우에도 처음에 심판청구를 한 때를 심판청구일로 보도록 하고 있다(법 제17조 제4항).

행정심판법

제58조(행정심판의 고지) ① 행정청이 처분을 할 때에는 처분의 상대방에게 다음 각 호의 사항을 알려야 한다.
  1. 해당 처분에 대하여 행정심판을 청구할 수 있는지
  2. 행정심판을 청구하는 경우의 심판청구 절차 및 심판청구 기간

② 행정청은 이해관계인이 요구하면 다음 각 호의 사항을 지체 없이 알려 주어야 한다. 이 경우 서면으로 알려 줄 것을 요구받으면 서면으로 알려 주어야 한다.
  1. 해당 처분이 행정심판의 대상이 되는 처분인지
  2. 행정심판의 대상이 되는 경우 소관 위원회 및 심판청구 기간

---

5. 심판청구 기간 도과의 효과

심판청구 기간이 지나서 심판청구를 하게 되면 해당 청구는 기간의 도과로 인한 부적법한 심판청구로서 각하하게 된다.

제8장 권리보호의 필요성: 협의의 청구이익

1. 의의

협의의 청구이익이란 청구인적격에서 말하는 법률상 이익을 실체적으로 보호할 필요성을 말한다.

2. 처분의 효력이 소멸한 경우

(1) 원칙

처분의 효력이 소멸한 후에는 원칙적으로 협의의 청구이익은 인정되지 않는다. 예컨대, 행정처분에 그 효력기간이 정하여져 있는 경우(1개월의 영업정지), 그 처분의 효력 또는 집행이 정지된 바 없다면 위 기간의 경과로 그 행정처분의 효력은 상실되므로 그 기간 경과 후에는 그 처분이 외형상 잔존함으로 인하여 어떠한 법률상 이익이 침해되고 있다고 볼 만한 별다른 사정이 없는 한 처분의 취소를 구할 법률상의 이익이 없다(대법원 2004.7.8., 2002두1946 판결).

(2) 예외

당해 처분의 존재가 장래의 가중적 처분의 요건으로 되어 있는 경우, 당해 처분이 소급적으로 취소됨으로써 청구인의 이익이 구제될 수 있는 경우, 동일한 사유로 위법한 처분이 반복될 위험성이 있어 행정처분의 위법성 확인 내지 불분명한 법률문제에 대한 해명이 필요하다고 판단되는 경우 등이다.

3. 원상회복이 불가능한 경우

① 처분이 취소되어도 원상회복이 불가능한 경우에는 취소를 구할 청구이익이 없는 것이 원칙이다. 예컨대, 특정 일자에 개최해야 하는 집회 시위에 대한 불허 처분에 대하여 그 행사 일자가 지난 후에는 처분의 취소를 구할 소의 이익이 없는 것이다.

② 원상회복이 불가능한 경우에도 회복되는 부수적 이익이 있는 경우에는 청구이익이 인정된다. 판례에 의하면 징계처분으로서 감봉처분이 있은 후 공무원의 신분이 상실(자진퇴직)된 경우에도 위법한 감봉처분의 취소가 필요한 경우에는 위 감봉처분의 취소를 구할 소의 이익이 있다(대법원 1977.7.12., 74누147 판결). 왜냐하면 이미 공무원의 신분을 상실했기 때문에 감봉처분의 취소로 공무원의 신분이 회복되지는 못하지만 감봉처분이 취소된다면 감봉 처분으로 삭감되었던 급여부분은 법률상 이익에 해당하기 때문이다.

4. 처분 후의 사정변경이 있는 경우

(1) 처분의 직권취소·철회의 경우

처분이 취소된 경우에는 청구이익이 인정되지 아니한다. 또한 처분이 그 후의 사정변화, 준거법령의 개폐 등의 이유로 철회되어 장래에 향하여 효력을 상실한 경우에도 처분이 취소된 경우와 같기 때문에 청구이익은 인정되지 아니한다.

(2) 목적이 실현되거나 소멸한 경우

예컨대, 불합격처분 이후에 실시된 국가시험에 합격한 경우에는 더 이상 불합격처분의 취소를 구할 법률상의 이익이 없다.

제9장 대리인 및 참가인 등

01 대리인

1. 개념

대리인이란 자기의 의사결정에 따라 청구인 또는 피청구인에 갈음하여 그의 명의로 해당 심판청구에 관한 행위를 하는 자를 말하고, 대리인이 그 권한범위 내에서 한 행위의 효과는 당사자 본인에게 귀속되고 대리인에게는 미치지 아니한다.

2. 대리인의 기준

1) 대리인 기준

   ① 청구인의 배우자, 청구인 또는 배우자의 사촌 이내의 혈족
   ② 청구인이 법인이거나 제14조에 따른 청구인 능력이 있는 법인이 아닌 사단 또는 재단인 경우 그 소속 임직원
   ③ 변호사
   ④ 다른 법률에 따라 심판청구를 대리할 수 있는 자
   ⑤ 그 밖에 위원회의 허가를 받은 자

2) 피청구인은 그 소속 직원 또는 변호사, 다른 법률에 따라 심판청구를 대리할 수 있는 자, 그 밖에 위원회의 허가를 받은 자 중 어느 하나에 해당하는 자를 대리인으로 선임할 수 있다

3) 다른 법률에 따라 심판청구를 대리할 수 있는 자는 세무사, 공인노무사, 변리사, 공인회계사, 관세사 등이 있다. 이는 모든 사건에 대하여 대리할 수 있는 것은 아니고, 개별 법률에서 그 업무로 허용된 범위 내에서만 대리할 수 있다.

> **행정심판**
>
> **제18조(대리인의 선임)** ① 청구인은 법정대리인 외에 다음 각 호의 어느 하나에 해당하는 자를 대리인으로 선임할 수 있다.
> 1. 청구인의 배우자, 청구인 또는 배우자의 사촌 이내의 혈족
> 2. 청구인이 법인이거나 제14조에 따른 청구인 능력이 있는 법인이 아닌 사단 또는 재단인 경우 그 소속 임직원
> 3. 변호사
> 4. 다른 법률에 따라 심판청구를 대리할 수 있는 자

5. 그 밖에 위원회의 허가를 받은 자

② 피청구인은 그 소속 직원 또는 제1항제3호부터 제5호까지의 어느 하나에 해당하는 자를 대리인으로 선임할 수 있다.

3. 특별대리인

(1) 특별대리인 제도

특별대리인이란 청구인 또는 피청구인이 여러 가지 사정 때문에 행정심판법에서 규정하고 있는 대리인을 선임하기 어렵거나, 전문적 지식이 있는 사람을 대리인으로 선임할 필요가 있는 경우에 행정심판위원회의 허가를 받아 대리인을 선임하는 것을 말한다.

(2) 절차

1) 청구인 또는 피청구인이 행정심판위원회의 허가를 받아 특별대리인을 선임하고자 하는 경우에는 대리인이 될 자의 인적사항, 대리인을 선임하고자 하는 이유, 청구인 또는 피청구인과 대리인과의 관계를 기재한 서면으로 행정심판위원회에 허가신청을 해야 한다.
2) 행정심판위원회가 대리인 선임허가신청을 받은 때에는 지체 없이 이를 심사하여 허가 여부를 결정하고 그 결과를 신청인에게 알려야 한다.

4. 국선대리인

(1) 국선대리인 신청

청구인이 경제적 능력으로 인해 대리인을 선임할 수 없는 경우에는 위원회에 국선대리인을 선임하여 줄 것을 신청할 수 있다(법 제18조의2 제1항).

> **행정심판법**
>
> **제18조의2(국선대리인)** ① 청구인이 경제적 능력으로 인해 대리인을 선임할 수 없는 경우에는 위원회에 국선대리인을 선임하여 줄 것을 신청할 수 있다.
> ② 위원회는 제1항의 신청에 따른 국선대리인 선정 여부에 대한 결정을 하고, 지체 없이 청구인에게 그 결과를 통지하여야 한다. 이 경우 위원회는 심판청구가 명백히 부적법하거나 이유 없는 경우 또는 권리의 남용이라고 인정되는 경우에는 국선대리인을 선정하지 아니할 수 있다.
> ③ 국선대리인 신청절차, 국선대리인 지원 요건, 국선대리인의 자격·보수 등 국선대리인 운영에 필요한 사항은 국회규칙, 대법원규칙, 헌법재판소규칙, 중앙선거관리위원회규칙 또는 대통령령으로 정한다.

(2) 국선대리인을 청구할 수 있는 자

- 「국민기초생활 보장법」에 따른 수급자
- 「한부모가족지원법」에 따른 지원대상자

- 「기초연금법」에 따른 기초연금 수급자
- 「장애인연금법」에 따른 수급자
- 「북한이탈주민의 보호 및 정착지원에 관한 법률」에 따른 보호대상자
- 그 밖에 위원장이 경제적 능력으로 인하여 대리인을 선임할 수 없다고 인정하는 사람

(3) 국선대리인 절차

1) 위원회는 신청에 따른 국선대리인 선정 여부에 대한 결정을 하고, 지체 없이 청구인에게 그 결과를 통지하여야 한다.
2) 국선대리인의 선임을 신청할 수 있는 청구인은 심리기일 전까지 신청해야 하며, 국선대리인 선임을 신청할 수 있는 사람에 해당한다는 사실을 소명하는 서류를 함께 제출해야 한다.

02 참가인

1. 개념

참가인은 타인 간의 행정심판 결과에 따라 직접 자신의 권리관계가 영향을 받게 되는 자로서 그 심판절차에 참가한 자를 말한다. 참가인제도는 심판청구 대상이 된 처분이나 부작위에 대하여 이해관계가 있는 자에게 심판절차에 참가하여 공격·방어방법을 제출할 수 있는 기회를 줌으로써 이해관계인의 권익을 보호하고 심리절차의 적정을 도모하려는 것이다.

참가인은 자기의 이름으로 재결을 요구하거나 요구받는 자가 아니므로 엄밀한 의미에서 당사자가 아니지만 당사자의 인용재결을 보조하기 위하여 자기의 이름으로 행정심판을 수행하는 점에서 친권자나 대리인과는 다르므로 종된 당사자라고 하기도 한다.

2. 이해관계가 있는 제3자의 의미

'이해관계가 있는 제3자'란 당해 처분 자체에 대하여 이해관계가 있는 자 뿐만 아니라 재결 내용에 따라서 불이익을 받게 될 자도 포함된다. 그리고 '이해관계'라 함은 사실상, 경제상 또는 감정상의 이해관계가 아니라 법률상의 이해관계를 가리키며 심판의 결과에 의해 권리 또는 이익을 박탈당할 우려가 있는 경우를 말한다.

3. 참가인 절차

1) 행정심판의 결과에 이해관계가 있는 제3자나 행정청은 해당 심판청구에 대한 의결이 있기 전까지 그 사건에 대하여 심판참가를 할 수 있다(법 제20조 제1항).
2) 심판참가를 하려는 자는 참가의 취지와 이유를 적은 참가신청서를 위원회에 제출하여야 한다. 이 경우 당사자의 수만큼 참가신청서 부본을 함께 제출하여야 한다(법 제20조 제2항).

3) 위원회는 참가신청서를 받으면 참가신청서 부본을 당사자에게 송달하여야 한다(법 제20조 제3항).

4) 위원회는 기간을 정하여 당사자와 다른 참가인에게 제3자의 참가신청에 대한 의견을 제출하도록 할 수 있으며, 당사자와 다른 참가인이 그 기간에 의견을 제출하지 아니하면 의견이 없는 것으로 본다(법 제20조 제4항).

5) 위원회는 참가신청을 받으면 허가 여부를 결정하고, 지체 없이 신청인에게는 결정서 정본을, 당사자와 다른 참가인에게는 결정서 등본을 송달하여야 한다(법 제20조 제5항).

6) 신청인은 송달을 받은 날부터 7일 이내에 위원회에 이의신청을 할 수 있다(법 제20조 제6항).

4. 심판참가의 요구

위원회는 필요하다고 인정하면 그 행정심판 결과에 이해관계가 있는 제3자나 행정청에 그 사건 심판에 참가할 것을 요구할 수 있으며 요구를 받은 제3자나 행정청은 지체 없이 그 사건 심판에 참가할 것인지 여부를 위원회에 통지하여야 한다.

5. 참가인의 지위

1) 참가인은 행정심판 절차에서 당사자가 할 수 있는 심판절차상의 행위를 할 수 있다(법 제22조 제1항).

2) 당사자가 위원회에 서류를 제출할 때에는 참가인의 수만큼 부본을 제출하여야 하고, 위원회가 당사자에게 통지를 하거나 서류를 송달할 때에는 참가인에게도 통지하거나 송달하여야 한다(법 제22조 제2항).

6. 참가인의 취하

1) 참가인은 심판청구에 대한 재결이 있을 때까지 참가신청을 취하할 수 있다(법 제42조 제2항).

2) 참가취하는 신청의 일부에 대하여도 할 수 있으며, 당사자들의 동의가 없더라도 참가를 취하할 수 있다.

3) 참가취하가 있으면 그 취하된 부분에 대하여는 처음부터 참가하지 아니한 것으로 본다(영 제30조).

03 선정대표자

1. 개념과 절차

(1) 선정대표자 개념

여러 명의 청구인이 공동으로 심판청구를 할 때에는 청구인들 중에서 3명 이하의 선정대표자를 선정할 수 있다.

> **행정심판법**
>
> **제15조(선정대표자)** ① 여러 명의 청구인이 공동으로 심판청구를 할 때에는 청구인들 중에서 3명 이하의 선정대표자를 선정할 수 있다.
> ② 청구인들이 제1항에 따라 선정대표자를 선정하지 아니한 경우에 위원회는 필요하다고 인정하면 청구인들에게 선정대표자를 선정할 것을 권고할 수 있다.

(2) 선정대표자 절차

1) 청구인들이 선정대표자를 선정하지 아니한 경우에 위원회는 필요하다고 인정하면 청구인들에게 선정대표자를 선정할 것을 권고할 수 있다.
2) 선정대표자는 다른 청구인들을 위하여 그 사건에 관한 모든 행위를 할 수 있다. 다만, 심판청구를 취하하려면 다른 청구인들의 동의를 받아야 하며, 이 경우 동의받은 사실을 서면으로 소명하여야 한다.

(3) 선정대표자 지위 및 해임

선정대표자가 선정되면 다른 청구인들은 그 선정대표자를 통해서만 그 사건에 관한 행위를 할 수 있다. 선정대표자를 선정한 청구인들은 필요하다고 인정하면 선정대표자를 해임하거나 변경할 수 있다. 이 경우 청구인들은 그 사실을 지체 없이 위원회에 서면으로 알려야 한다.

2. 자격 확인

1) 대표자·관리인·선정대표자 또는 대리인의 자격은 서면으로 소명하여야 한다(법 제19조 제1항).

> **행정심판법**
>
> **제19조(대표자 등의 자격)** ① 대표자·관리인·선정대표자 또는 대리인의 자격은 서면으로 소명하여야 한다.
> ② 청구인이나 피청구인은 대표자·관리인·선정대표자 또는 대리인이 그 자격을 잃으면 그 사실을 서면으로 위원회에 신고하여야 한다. 이 경우 소명 자료를 함께 제출하여야 한다.

2) 청구인이나 피청구인은 대표자·관리인·선정대표자 또는 대리인이 그 자격을 잃으면 그 사실을 서면으로 위원회에 신고하여야 한다. 이 경우 소명 자료를 함께 제출하여야 한다(법 제19조 제2항).

판례는 행정심판 절차에서 청구인들이 당사자가 아닌 자를 선정대표자로 선정하였더라도 그 선정행위는 그 효력이 없다고 한다.

제10장 행정심판의 청구

01 심판청구의 방식

1. 서면주의

심판청구는 서면으로 하여야 한다(법 제28조 제1항). 심판청구는 일정한 사항을 기재한 심판청구서를 피청구인이나 행정심판위원회에 제출해야 하는 서면주의를 채택하고 있다.

판례는 행정심판청구는 엄격한 형식을 요하지 아니하는 서면행위이므로 행정청의 위법·부당한 처분으로 인하여 권리나 이익을 침해당한 사람이 해당 행정청에 그 처분의 취소나 변경을 구하는 취지의 서면을 제출하였다면 서면의 표제나 형식 여하에 불구하고 행정심판청구로 봄이 옳다고 하고, 제목이 진정서이고 행정심판 형식을 다 갖추고 있지 않더라도 행정심판 청구로 본 판례가 있다.

다만 이메일이나 팩스 제출의 경우에는 인정하지 않는다.

2. 심판청구서의 필요적 기재사항

행정심판의 심리는 원칙적으로 서면심리 방식으로 진행되므로 심판청구서의 기재사항이 부실하거나 부정확한 경우에는 청구인이 불이익을 받게 될 가능성이 있으므로 청구서의 필요적 기재사항에 대해 명문으로 규정하고 있다(법 제28조 제2항~제5항).

(1) 청구인의 이름과 주소 또는 사무소

심판청구서에는 청구인을 식별할 수 있도록 청구인의 이름과 주소 또는 사무소를 기재하여야 한다. 주소나 사무소 외의 장소에서 송달받기 원한다면 송달장소를 추가로 적어야 한다(법 제28조 제2항 제1호).

청구인이 법인이거나, 청구인 능력이 있는 법인이 아닌 사단 또는 재단이거나, 행정심판이 선정대표자나 대리인에 의해 청구되는 경우에는 청구인의 이름과 주소 외에 그 대표자·관리인·선정대표자 또는 대리인의 이름 및 주소를 기재하여야 하고, 서명하거나 날인하여야 한다(법 제28조 제4항 및 제5항).

(2) 피청구인인 행정청

피청구인인 행정청은 심판청구의 대상이 된 처분 또는 부작위를 한 행정청을 말한다. 행정청의 권한이 승계된 경우에는 그 권한을 승계받은 행정청이 피청구인이 된다.

(3) 행정심판위원회

사건을 심리·재결할 행정심판위원회를 말하고, 특별행정심판의 경우에는 그 개별 법률의 규정에 따른다. 피청구인은 행정심판위원회가 표시되지 않거나 잘못 표시된 경우에도 정당한 행정심판위원회로 심판청구서와 답변서를 보내야 한다.

(4) 심판청구의 대상이 되는 처분 또는 부작위의 내용

심판청구는 처분 또는 부작위에 불복하여 그 취소나 변경을 요구하는 것이므로 심판청구의 대상이 되는 처분의 내용을 특정하여야 하고, 그 부작위의 전제가 되는 신청의 내용과 날짜를 적어야 한다.

(5) 처분이 있음을 알게 된 날

처분이 있었음을 청구인이 실제로 알게 된 날을 기재한다.

처분의 사전통지만 했을 뿐 처분이 아직 이루어지지 않았거나, 처분이 당사자에게 도달하기 전이거나 또는 처분의 효력이 발생하기 전에 심판청구서가 제출된 경우에는 처분이 존재하지 않으므로 부적법한 청구이다.

(6) 심판청구의 취지 및 이유

1) 심판청구의 취지

심판청구의 취지는 해당 심판청구를 통하여 구하고자 하는 재결의 내용을 표시하는 것이다.

2) 심판청구의 이유

이유는 청구 이후 심리 중에도 주장을 보충하거나 상대방의 주장을 반박하기 위한 보충서면을 수시로 제출할 수 있도록 하고 있기 때문에 심판청구서의 제출 후에도 이를 보충할 수 있다(법 제33조 제1항).

(7) 피청구인의 고지의 유무 및 그 내용

행정청은 처분을 할 때에는 처분의 상대방에게 해당 처분에 대하여 행정심판을 청구할 수 있는지, 행정심판을 청구하는 경우의 심판청구 절차 및 심판청구 기간을 알려야 하고(법 제58조 제1항), 고지 여부는 심판청구 기간의 기준에서 중요하다.

(8) 청구인 등의 서명 또는 날인

심판청구서에는 청구인·대표자·관리인·선정대표자 또는 대리인이 서명하거나 날인하여야 한다(법 제28조 제5항).

3. 심판청구서의 임의적 기재사항

심판청구서의 임의적 기재사항이란 심판청구서의 법정기재사항에 속하지 아니하는 사항을 말하는 것으로서, 청구의 이유를 뒷받침하기 위한 입증방법의 기재 등이 임의적 기재사항에 속한다. 청구인은 필요적 기재사항 외에 임의적 기재사항을 심판청구서에 기재할 수 있다.

행정심판법

제28조(심판청구의 방식) ① 심판청구는 서면으로 하여야 한다.
② 처분에 대한 심판청구의 경우에는 심판청구서에 다음 각 호의 사항이 포함되어야 한다.
  1. 청구인의 이름과 주소 또는 사무소(주소 또는 사무소 외의 장소에서 송달받기를 원하면 송달장소를 추가로 적어야 한다)

> 2. 피청구인과 위원회
> 3. 심판청구의 대상이 되는 처분의 내용
> 4. 처분이 있음을 알게 된 날
> 5. 심판청구의 취지와 이유
> 6. 피청구인의 행정심판 고지 유무와 그 내용
>
> ③ 부작위에 대한 심판청구의 경우에는 제2항제1호·제2호·제5호의 사항과 그 부작위의 전제가 되는 신청의 내용과 날짜를 적어야 한다.
> ④ 청구인이 법인이거나 제14조에 따른 청구인 능력이 있는 법인이 아닌 사단 또는 재단이거나 행정심판이 선정대표자나 대리인에 의하여 청구되는 것일 때에는 제2항 또는 제3항의 사항과 함께 그 대표자·관리인·선정대표자 또는 대리인의 이름과 주소를 적어야 한다.
> ⑤ 심판청구서에는 청구인·대표자·관리인·선정대표자 또는 대리인이 서명하거나 날인하여야 한다.

4. 심판청구서의 기재사항 흠결과 보정

필요적 기재사항에 흠결이 있는 경우에는 행정심판위원회는 그 흠결이 보정할 수 있는 것인 때에는 기간을 정하여 청구인에게 보정을 요구할 수 있고(법 제32조 제1항 본문), 경미한 사항은 직권으로 보정할 수도 있다(법 제32조 제1항 단서).

청구인이 보정기간 내에 그 흠을 보정하지 아니한 경우에는 그 심판청구를 각하할 수 있으며(법 제32조 제6항, 2023.3.21. 신설), 위원회는 심판청구서에 타인을 비방하거나 모욕하는 내용 등이 기재되어 청구 내용을 특정할 수 없고 그 흠을 보정할 수 없다고 인정되는 경우에는 보정요구 없이 그 심판청구를 각하할 수도 있다(법 제32조의2, 2023.3.21. 신설).

5. 심판청구서의 첨부서류

(1) 심판청구서 부본

행정심판을 청구할 때는 심판청구서를 작성하여 피청구인이나 행정심판위원회에 제출하여야 하고, 피청구인의 수만큼 심판청구서 부본을 함께 제출하여야 한다(법 제23조 제1항).

(2) 소명자료·증거서류 등

심판청구서에는 주장을 뒷받침하는 증거서류 또는 증거물을 제출할 수 있고(영 제20조), 심판청구서에 증거서류를 첨부한 때에는 심판청구서 부본에도 그 증거서류의 부본을 첨부하여야 한다(법 제34조 제2항).

6. 증거서류 등의 반환

행정심판위원회는 재결을 한 후 증거서류 등의 반환 신청을 받으면 신청인이 제출한 문서·장부·물건이나 그 밖의 증거자료의 원본을 지체 없이 제출자에게 반환하여야 한다(법 제55조).

행정심판위원회는 증거서류 등의 원본을 제출자에게 반환하는 경우 필요하다고 인정할 때에는 그 사본을 작성하여 사건기록에 철할 수 있다(영 제41조).

7. 송달장소의 변경신고의무

당사자, 대리인, 참가인 등은 주소나 사무소 또는 송달장소를 바꾸면 그 사실을 바로 행정심판위원회에 서면으로 또는 전자정보처리조직을 통하여 신고하여야 하고(법 제56조 전단), 전자우편주소 등을 변경한 경우에도 그 변경사실을 신고해야 한다(법 제56조 후단).

8. 심판청구비용 부담

행정심판에서는 청구인에게 심판청구비용을 부담시키지 않고 있다.

재결례는 심판비용부담에 대한 심판청구는 행정심판의 대상이 되지 아니하는 사항에 대하여 제기된 부적법한 청구라고 한다.

02 심판청구의 절차

1. 심판청구서의 제출

청구인의 자신의 선택에 따라 심판청구서를 피청구인이나 행정심판위원회에 제출할 수 있다(법 제23조 제1항).

> **행정심판법**
>
> **제23조(심판청구서의 제출)** ① 행정심판을 청구하려는 자는 제28조에 따라 심판청구서를 작성하여 피청구인이나 위원회에 제출하여야 한다. 이 경우 피청구인의 수만큼 심판청구서 부본을 함께 제출하여야 한다.
> ② 행정청이 제58조에 따른 고지를 하지 아니하거나 잘못 고지하여 청구인이 심판청구서를 다른 행정기관에 제출한 경우에는 그 행정기관은 그 심판청구서를 지체 없이 정당한 권한이 있는 피청구인에게 보내야 한다.
> ③ 제2항에 따라 심판청구서를 보낸 행정기관은 지체 없이 그 사실을 청구인에게 알려야 한다.
> ④ 제27조에 따른 심판청구 기간을 계산할 때에는 제1항에 따른 피청구인이나 위원회 또는 제2항에 따른 행정기관에 심판청구서가 제출되었을 때에 행정심판이 청구된 것으로 본다.

2. 심판청구서의 접수

1) 피청구인은 청구인으로부터 심판청구서가 제출되면 이를 접수하여야 한다. 해당 행정청이 피청구인 적격이 없는 경우 또는 심판청구가 부적법한 청구로 판단된다고 하더라도 이를 이유로 심판청구서의 접수를 거부하거나 접수된 심판청구서를 반려할 수 없다.

2) 피청구인이 심판청구서를 접수하거나 송부받으면 10일 이내에 심판청구서와 답변서를 위원회에 보내야 한다. 다만, 청구인이 심판청구를 취하한 경우에는 그러하지 아니하다(법 제24조 제1항).

3) 위 1항에도 불구하고 심판청구가 그 내용이 특정되지 아니하는 등 명백히 부적법하다고 판단되는 경우

에 피청구인은 답변서를 위원회에 보내지 아니할 수 있다. 이 경우 심판청구서를 접수하거나 송부받은 날부터 10일 이내에 그 사유를 위원회에 문서로 통보하여야 한다.

4) 위 2항에도 불구하고 위원장이 심판청구에 대하여 답변서 제출을 요구하면 피청구인은 위원장으로부터 답변서 제출을 요구받은 날부터 10일 이내에 위원회에 답변서를 제출하여야 한다.

5) 피청구인은 처분의 상대방이 아닌 제3자가 심판청구를 한 경우에는 지체 없이 처분의 상대방에게 그 사실을 알려야 한다. 이 경우 심판청구서 사본을 함께 송달하여야 한다.

6) 피청구인이 심판청구서를 보낼 때에는 심판청구서에 위원회가 표시되지 아니하였거나 잘못 표시 된 경우에도 정당한 권한이 있는 위원회에 보내야 한다.

7) 피청구인은 답변서를 보낼 때에는 청구인의 수만큼 답변서 부본을 함께 보내되, 답변서에는 분이나 부작위의 근거와 이유 등의 사항을 명확하게 적어야 한다.

8) 피청구인은 처분의 상대방이 아닌 제3자가 심판청구를 한 경우나 심판청구서에 위원회가 표시되지 아니하였거나 잘못 표시되어 정당한 권한이 있는 위원회에 보내야 하는 경우에는 피청구인은 송부 사실을 지체 없이 청구인에게 알려야 한다.

9) 중앙행정심판위원회에서 심리·재결하는 사건인 경우 피청구인은 위원회에 심판청구서 또는 답변서를 보낼 때에는 소관 중앙행정기관의 장에게도 그 심판청구·답변의 내용을 알려야 한다.

10) 행정심판위원회는 심판청구서를 받으면 지체 없이 피청구인에게 심판청구서 부본을 보내야 한다.

11) 행정심판위원회는 피청구인으로부터 답변서가 제출된 경우 답변서 부본을 청구인에게 송달하여야 한다.

12) 심판청구의 재청구 등 각하 대상(법 제51조)이거나 청구취지가 불분명한 경우 등에도 각하 여부는 행정심판위원회에서 심리·재결해야 하므로 접수단계에서 행정심판 재청구를 이유로 심판청구 서를 반려할 수 없다.

3. 직권취소

1) 심판청구서를 받은 피청구인은 그 심판청구가 이유 있다고 인정하면 심판청구의 취지에 따라 직권으로 처분을 취소·변경하거나 확인을 하거나 신청에 따른 처분을 할 수 있다. 이 경우 서면으로 청구인에게 알려야 한다(법 제25조 제1항).

2) 피청구인은 직권취소 등을 하였을 때에는 청구인이 심판청구를 취하한 경우가 아니면 심판청구서·답변서 등을 보낼 때 직권취소 등의 사실을 증명하는 서류를 행정심판위원회에 함께 제출하여야 한다(법 제25조 제2항, 2023. 3. 21. 개정).

4. 답변서

답변서는 심판청구서에 나타난 청구인의 주장에 대한 피청구인인 행정청의 주장을 기재한 서면이다. 피청구인은 심판청구서를 접수하거나 행정심판위원회로부터 송부받으면 10일 이내에 이에 대한 답변서를 작성하여 심판청구서와 함께 행정심판위원회에 보내야 한다(법 제24조 제1항).

03 전자정보처리조직을 통한 행정심판

1. 온라인 행정심판 개요

온라인행정심판시스템은 행정심판의 청구, 답변서의 제출, 증거자료의 송달, 재결서의 송달 등의 행정심판과 관련된 일련의 절차를 온라인을 통하여 처리하는 업무처리 시스템이다.

2. 전자정보처리조직을 통한 심판청구

1) 개요

행정심판 절차를 밟는 자는 심판청구서와 그 밖의 서류를 전자문서화하고 이를 정보통신망을 이용하여 행정심판위원회에서 지정·운영하는 전자정보처리조직을 통하여 제출할 수 있다(법 제52조 제1항).

2) 접수

전자정보처리조직을 통하여 제출된 전자문서는 그 문서를 제출한 사람이 정보통신망을 통하여 전자정보처리조직에서 제공하는 접수번호를 확인하였을 때에 전자정보처리조직에 기록된 내용으로 접수된 것으로 본다. 따라서 심판청구 기간을 계산할 때에는 이때 행정심판이 청구된 것으로 본다(법 제52조 제3항 및 제4항).

3. 전자서명과 송달

1) 서면의 심판청구서에는 청구인·대표자·관리인·선정대표자 또는 대리인이 서명하거나 날인하여야 하는데(법 제28조 제5항), 전자정보처리조직을 통하여 행정심판 절차를 밟으려는 자에게 서면 심판청구서의 서명이나 날인을 대체할 수 있는 본인 확인 수단으로 행정심판위원회로 하여금 전자서명 등을 요구할 수 있도록 하고 있다(법 제53조 제1항).

2) 전자정보처리조직을 통하여 전자서명 등을 한 자는 행정심판법에 따른 서명 또는 날인을 한 것으로 본다(법 제53조 제2항).

3) 전자문서는 청구인이 등재된 전자문서를 확인한 때 도달한 것으로 본다(법 제54조 제4항 본문).

제11장 심판청구의 변경과 취하

01 심판청구 변경의 의의와 절차

행정심판을 청구한 후 일정한 사유가 발생하여 새로운 행정심판을 청구할 필요가 있는 경우에 새로운 심판을 청구하지 않고 기존의 청구를 변경할 수 있도록 함으로써 당사자 간의 분쟁해결의 편의와 심판절차의 촉진을 도모하고 있다.

심판청구의 변경은 기초에 변경이 없는 범위에서 청구취지나 이유를 변경할 수 있다(법 제29조 제1항).

1. 청구의 기초에 변경이 없을 것

심판청구의 대상인 처분이나 부작위가 달라지면 그 심판청구의 목적물이 달라져서 청구의 기초에 변경이 있는 것으로 본다.

2. 청구취지의 변경

행정심판 종류를 변경하거나 전부취소를 일부취소로 변경하는 등의 내용 변경이 해당될 것이다.

3. 새로운 처분 또는 처분변경으로 인한 심판청구의 변경

피청구인이 심판청구 후에 새로운 처분을 하거나 행정심판의 대상인 처분을 변경한 때에는 청구인은 변경된 처분에 맞추어 청구의 취지 또는 이유를 변경할 수 있다(법 제29조 제2항).

4. 변경 시기

청구의 변경은 명문규정이 없으나 행정심판위원회의 의결이 있기 전까지만 허용될 것이다.
(행정소송법은 소의 종류 변경은 사실심의 변론종결시까지 변경이 가능하고 처분의 변경으로 인한 소의 변경은 변경이 있음을 안 날로부터 60일 이내로 변경이 가능하다.)

5. 심판청구 변경의 신청과 결정 및 효과

1) 청구의 변경은 서면으로 신청하여야 하고, 이 경우 피청구인과 참가인의 수만큼 청구변경신청서 부본을 함께 제출하여야 한다(법 제29조 제3항).
2) 행정심판위원회는 청구변경 신청에 대하여 허가할 것인지 여부를 결정하고, 지체 없이 신청인에게 결정서 정본을, 당사자 및 참가인에게는 결정서 등본을 송달하여야 한다(법 제29조 제6항).
3) 신청인은 결정서의 송달을 받은 날부터 7일 이내에 행정심판위원회에 이의신청을 할 수 있고(법 제29조 제7항), 이의신청은 그 사유를 소명하는 서면으로 하여야 한다(영 제14조 제1항).

4) 행정심판위원회는 이의신청을 받았을 때에는 지체 없이 행정심판위원회의 회의에 부쳐야 하고(영 제14조 제2항), 이의신청에 대한 결정을 한 후 그 결과를 신청인, 당사자, 참가인에게 각각 알려야 한다(영 제14조 제3항).

5) 청구변경의 결정이 있으면 행정심판이 청구되었을 때부터 변경된 청구의 취지나 이유로 행정심판이 청구된 것으로 본다(법 제29조 제8항).

02 처분사유의 추가·변경

1. 개념

처분사유의 추가·변경이란 행정심판의 심리 중에 처분청이 처분 당시 근거로 삼았던 사유와 다른 사유를 추가적으로 주장하거나 처분 근거 사유를 변경하는 것을 말한다.

2. 인정 여부

처분사유의 추가·변경을 전혀 허용하지 않으면 청구인이 행정심판의 인용 결정을 받은 후에 처분청이 다른 사유를 근거로 동일(또는 유사한) 처분을 할 수 있다는 점에서 분쟁의 1회적 해결이 어렵게 된다. 반면에 처분사유의 추가·변경을 허용하면 청구인이 심판준비에 어려움을 겪게 된다. 이에 판례는 당초에 처분의 근거로 삼은 것과 기본적 사실관계의 동일성이 인정되는 범위 내에서 처분사유의 추가·변경을 허용함으로써 제한적으로 긍정하고 있다.

3. 인정요건

(1) 처분의 기본적 사실관계의 동일성이 유지되어야 한다.

이때 기본적 사실관계의 동일성 유무는 처분사유를 법률적으로 평가하기 이전의 구체적인 사실에 착안하여 그 기초가 되는 사회적 사실관계가 기본적인 점에서 동일한지 여부에 따라 결정된다. 구체적 판단은 시간적·장소적 근접성, 행위의 태양, 결과 등의 제반사정을 종합적으로 고려해야 한다.

(2) 처분 시에 존재하였던 사유여야 한다.

추가·변경되는 사유는 처분 당시에 객관적으로 존재하고 있었던 사유여야 하므로 처분 후에 발생한 사실관계나 법률관계는 제외된다.

(3) 처분사유의 추가·변경은 재결 시까지 하여야 한다.

행정처분의 취소를 구하는 항고소송에서 처분청은 당초 처분의 근거로 삼은 사유와 기본적 사실관계가 동일성이 있다고 인정되는 한도 내에서만 다른 사유를 추가 또는 변경할 수 있고, 이러한 기본적 사실관계의 동일성 유무는 처분사유를 법률적으로 평가하기 이전의 구체적 사실에 착안하여 그 기초인 사회적 사실관계가 기본적인 점에서 동일한지에 따라 결정되므로, 추가 또는 변경된 사유가 처분 당시에 이미 존재하고 있었다거나 당사자가 그 사실을 알고 있었다고 하여 당초의 처분사유와 동일성이 있다고 할 수 없다. 그리고 이러한 법리는 행정심판 단계에서도 그대로 적용된다(대법원 2014.5.16., 선고, 2013두26118 판결).

> **판례**
>
> 「산업재해보상보험법」규정의 내용, 형식 및 취지 등에 비추어 보면, 「산업재해보상보험법」상 심사청구에 관한 절차는 보험급여 등에 관한 처분을 한 근로복지공단으로 하여금 스스로의 심사를 통하여 당해 처분의 적법성과 합목적성을 확보하도록 하는 근로복지공단 내부의 시정절차에 해당한다고 보아야 한다. 따라서 처분청이 스스로 당해 처분의 적법성과 합목적성을 확보하고자 행하는 자신의 내부 시정절차에서는 당초 처분의 근거로 삼은 사유와 기본적 사실관계의 동일성이 인정되지 않는 사유라고 하더라도 이를 처분의 적법성과 합목적성을 뒷받침하는 처분사유로 추가·변경할 수 있다고 보는 것이 타당하다(대법원 2012.9.13., 선고, 2012두3859 판결).

03 심판청구의 취하의 의의와 절차

1. 취하의 의의

청구인은 행정심판위원회의 의결이 있을 때까지는 심판청구의 전부 또는 일부에 대하여 서면으로 심판청구를 취하할 수 있다(법 제42조 제1항 및 영 제30조 제1항).

2. 취하절차

1) 심판청구의 취하는 청구인이 행정심판위원회에 대하여 심판청구를 철회하는 일방적인 의사표시이므로 피청구인의 동의 없이도 할 수 있다(영 제30조 제2항).
2) 청구인이 심판청구를 취하하고자 할 때에는 피청구인 또는 행정심판위원회에 취하서를 제출하여야 하고, 취하서에는 청구인이 서명하거나 날인하여야 한다(법 제42조 제1항 및 제3항).
3) 선정대표자가 심판청구를 취하할 때에는 다른 청구인들의 동의를 받아야 한다(법 제15조 제3항 단서). 대리인이 심판청구를 취하할 때에는 이에 대한 권한을 따로 위임받아야 한다. 선정대표자 또는 대리인이 취하서를 제출한 경우에는 다른 청구인의 동의나 당사자의 위임을 받은 사실을 증명하는 서류를 함께 제출하여야 한다(법 제15조 제3항 단서 및 제18조 제3항).

3. 취하 효과

심판청구가 취하되면 심판청구가 소멸되어 처음부터 심판청구가 없었던 것으로 되고, 청구의 일부가 취하된 경우에는 취하된 부분에 대하여만 처음부터 심판청구가 없었던 것으로 된다(영 제30조 제3항).

취하서가 제출되면 별도의 조치가 없더라도 행정심판 절차는 종료되지만 피청구인 또는 행정심판위원회는 다른 관계 기관, 청구인, 참가인에게 취하사실을 알려야 한다(법 제42조 제5항).

제12장 심판청구의 효과

01 집행부정지 원칙

집행부정지원칙이란 처분이 위법·부당하다는 이유로 행정심판이 청구되어도 처분의 효력이나 그 집행 또는 절차의 속행을 정지시키지 않는 것을 말한다.

행정심판법은 심판청구는 처분의 효력이나 그 집행 또는 절차의 속행에 영향을 주지 아니한다(법 제30조 제1항)고 하여 명문으로 집행부정지원칙을 채택하고 있다.

02 집행정지

1. 개요

집행부정지원칙은 심판청구의 남용을 막기 위한 입법정책적 고려에서 채택되었으나 사안에 따라 행정심판에서 인용되더라도 이미 집행이 완료되어 국민의 손해가 돌이킬 수 없게 될 우려가 있다.

이에 집행정지원칙에 예외를 두어 이를 인정하고 있다.

행정심판위원회는 처분, 처분의 집행 또는 절차의 속행 때문에 중대한 손해가 생기는 것을 예방할 필요성이 긴급하다고 인정할 때에는 직권으로 또는 당사자의 신청에 따라 처분의 효력, 처분의 집행 또는 절차의 속행의 전부 또는 일부의 정지를 결정할 수 있다고 규정하고 있다(법 제30조 제2항 본문).

2. 집행정지의 요건

(1) 적극적 요건

1) 대상 처분의 존재

집행정지를 위해서는 먼저 집행정지의 대상인 처분이 존재하여야 한다. 처분이 이미 집행 종료되었거나 그 목적이 달성되는 등으로 소멸하여 집행을 정지할 실체가 없게 된 때에는 집행정지가 불가능하다.

집행정지의 대상이 되는 처분은 침익적 처분이 되는 것이 원칙이며, 수익적 처분은 원칙적으로 집행정지의 대상이 되지 않는다. 다만, 수익적 처분이 복효적 행정행위인 경우에 제3자가 그 처분의 효력을 다투는 경우에는 청구인인 제3자가 그 수익적 처분에 대하여 집행정지를 신청할 수 있을 것이다.

2) 심판청구의 계속

집행정지는 심판청구의 계속을 요건으로 한다. 계속된 심판청구는 인용재결의 가능성을 전제로 한 권리보호수단이므로 심판청구 기간 등의 심판청구 요건을 갖춘 적법한 것이어야 한다.
집행정지 신청은 심판청구와 동시에 또는 심판청구에 대한 행정심판위원회나 소위원회의 의결이 있기 전까지 해야 한다(법 제30조 제5항).

3) 중대한 손해발생의 우려

행정심판법은 2010년 개정을 통해 '회복하기 어려운 손해'에서 '중대한 손해'로 변경하였다.
금전부과 처분도 집행정지 대상에 포함될 수 있다는 점에서 의의가 있으나 실무상으로는 인용 사례가 거의 없으나 코로나 등의 경우 5백만원 이하의 과징금에 대해서도 인용사례가 있다.
(행정소송에서는 집행정지의 요건을 여전히 '회복하기 어려운 손해'로 하여 행정심판보다 집행정지의 요건을 좁게 규정하고 있음)

4) 긴급한 필요의 존재

긴급한 필요란 중대한 손해가 발생될 가능성이 절박하여 재결을 기다릴 수 없다는 것을 의미한다.

(2) 소극적 요건

1) 공공복리에 중대한 영향을 미칠 우려가 없을 것

집행정지는 공공복리에 중대한 영향을 미칠 우려가 있는 때에는 허용되지 아니한다(법 제30조 제3항). 즉, 집행정지는 적극적 요건이 충족되어 집행정지가 필요한 경우에 해당한다고 하더라도 공공복리에 중대한 영향을 미칠 우려가 없는 때에만 허용된다.

2) 본안에서의 이유 없음이 명백하지 않을 것

집행정지의 요건으로서 본안 청구에 대한 인용가능성을 명문으로 규정하고 있지 않으나, 판례는 본안에서 인용가능성이 전혀 없는데도 불구하고 집행정지 신청을 인용하는 것은 제도의 취지에 어긋나므로 본안 청구가 이유 없음이 명백하지 않을 것을 집행정지의 소극적 요건으로 보아야 한다고 한다.

(3) 집행정지로 그 목적을 달성할 수 있지 않을 것

처분의 효력정지는 처분의 집행 또는 절차의 속행을 정지함으로서 그 목적을 달성할 수 있을 때에는 허용되지 아니한다(법 제30조 제2항 단서).

3. 집행정지의 대상

1) 후행처분

직권으로 또는 당사자의 신청에 의하여 처분의 효력, 처분의 집행 또는 절차의 속행의 전부 또는 일부의 정지를 결정할 수 있다(법 제30조 제1항)고 규정하고 있는데 이 중 '절차의 속행'은 후행처분을 의미한다.

2) 부관

판례는 부관의 경우 조건이나 기한은 중요한 요소에 해당하므로 독립해서 행정심판의 대상이나 집행정지의 대상이 되지 않고, 부담은 중요한 요소에 해당하지 않으므로 행정심판이나 집행정지의 대상이 된다고 한다.

3) 처분의 일부

처분이 가분적인 것인 경우에는 처분의 일부에 대하여 집행정지가 가능하다.

4) 행정소송의 집행정지와 행정심판의 영향

집행정지를 행정심판위원회와 법원에 동시에 신청한 청구인이 법원으로부터 집행정지 결정을 받고서도 행정심판위원회에 한 집행정지 신청을 취하하지 않는 경우 행정심판위원회에서는 법원 판결에 구애받지 않고 독립적으로 재결할 수 있다.

4. 집행정지 절차

1) 집행정지 결정은 행정심판위원회 직권으로 또는 당사자의 신청에 의하여 이루어진다(법 제30조 제2항).
2) 집행정지 신청은 심판청구와 동시에 또는 심판청구에 대한 행정심판위원회(법 제8조 제6항에 따른 소위원회 포함)의 의결이 있기 전까지 신청의 취지와 원인을 적은 서면을 행정심판위원회에 제출하여야 한다.
3) 행정심판위원회의 심리·결정을 기다릴 경우 중대한 손해가 생길 우려가 있는 경우에는 위원장은 직권으로 행정심판위원회의 심리·결정을 갈음하는 결정을 할 수 있다.
4) 행정심판위원회는 집행정지에 관하여 심리·결정하면 지체 없이 당사자에게 결정서 정본을 송달하여야 한다(법 제30조 제7항).

5. 집행정지 결정의 내용

집행정지 결정의 내용은 처분의 효력이나 그 집행 또는 절차의 속행의 전부 또는 일부의 정지이다. 다만, 집행정지제도는 신청인의 권리이익의 보전을 위한 최소한도에 그쳐야 하므로 처분의 집행 또는 절차의 속행을 정지함으로써 그 목적을 달성할 수 있을 때에는 처분의 효력 자체의 정지는 할 수 없다(법 제30조 제2항 단서).

6. 집행정지 결정의 효력

(1) 형성력

형성력은 처분의 효력정지, 집행정지 및 절차의 속행정지의 결정에 따라 생기는 효력이다. 형성력은 당사자 및 관계 행정청에도 미친다.

(2) 기속력

집행정지 결정의 효력은 당사자, 즉 신청인과 피신청인 및 관계 행정청에도 미친다.

(3) 시간적 효력

행정심판위원회는 집행정지 기간의 시기와 종기를 재량으로 정할 수 있다. 시기는 별도로 정하지 않는데 이 경우에는 결정서 정본이 도달한 때부터 효력이 발생한다. 집행정지 결정의 효력은 해당 결정의 주문에 정하여진 시기까지 존속한다.

(4) 집행정지 결정의 취소

1) 행정심판위원회는 집행정지를 결정한 후에 집행정지가 공공복리에 중대한 영향을 미치거나 그 정지 사유가 없어진 경우에는 직권으로 또는 당사자의 신청에 의하여 집행정지 결정을 취소할 수 있다(법 제30조 제4항). 공공복리에 중대한 영향을 미치는지의 여부는 이해관계인의 사익과 공익을 비교·형량하여 개별적·구체적으로 판단하여야 한다.

2) 행정심판위원회는 집행정지의 취소에 관하여 심리·결정하면 지체 없이 당사자에게 결정서 정본을 송달하여야 한다(법 제30조 제7항). 집행정지 결정이 취소되면 일단 발생된 집행정지 결정의 효력은 소멸되고, 그때부터 집행정지 결정이 없었던 것과 같은 상태로 돌아간다.

7. 집행정지의 결정 및 취소에 대한 불복

행정심판법은 집행정지의 결정 또는 기각의 결정, 집행정지 결정의 취소 등에 대하여 불복하는 절차를 명시하고 있지 않으나 행정심판으로는 더 이상 다툴 수 없으므로 법원에 소를 제기하여 법원으로부터 집행정지의 결정을 받아야 할 것이다.

> ※ 청구인의 지위 승계 신청 거부결정(법 제16조 제8항), 피청구인 경정 결정(법 제17조 제6항), 심판참가 허가 여부 결정(법 제20조 제6항) 등의 경우에는 이의신청을 할 수 있도록 규정을 두고 있다.

03 임시처분제도

1. 개요

거부처분에 대한 취소심판과 의무이행심판의 경우 집행정지가 그 기능을 발휘할 수 없어 청구인의 권익을 구제하는 데 한계가 있다.

임시처분 제도는 청구인에게 생길지도 모르는 급박한 위험을 방지하고 임시로 법적 지위를 부여하여 청구인의 권리보호를 강화하기 위한 가구제 제도다.

행정심판에 집행정지 외에 임시처분제도가 도입됨으로써 가구제 제도로 집행정지만을 인정하고 있는 행정소송과 차이가 있다.

2. 임시처분의 요건

(1) 처분 또는 부작위의 존재

임시처분의 대상은 처분 또는 부작위이다. 처분에는 침익적 처분과 수익적 처분의 거부가 있는데, 임시처분은 집행정지로 목적을 달성할 수 있는 경우에는 허용되지 아니한다고 규정(법 제31조 제3항)하고 있으므로 임시처분의 대상은 거부처분과 부작위가 될 것이다.

(2) 적법한 심판청구의 계속

처분이나 부작위가 존재해야 하고, 본안 청구가 계속 중이어야 한다. 집행정지와 달리 거부처분이나 부작위의 경우에 있어 임시처분의 실익이 있다고 할 것이다.

임시처분의 신청은 집행정지와 마찬가지로 심판청구와 동시에 또는 심판청구에 대한 행정심판위원회나 소위원회의 의결이 있기 전까지 해야 한다(법 제31조 제2항 및 제30조 제5항).

(3) 처분 또는 부작위가 위법·부당하다고 상당히 의심될 것

임시처분은 집행정지와 달리 명문으로 '처분 또는 부작위가 위법·부당하다고 상당히 의심되는 경우'를 적극적 요건으로 규정하여 본안 청구의 인용에 대한 개연성을 요구하고 있다.

(4) 중대한 불이익 또는 급박한 위험이 생길 우려가 있을 것

임시처분의 요건으로 '중대한 불이익', '급박한 위험'을 규정하고 있는데(법 제31조 제1항), 표현상의 차이는 있으나, 집행정지의 요건인 '중대한 손해', '긴급한 필요'에 대응하는 것이다.

(5) 공공복리에 중대한 영향을 미칠 우려가 없을 것

임시처분이 공공복리에 중대한 영향을 미칠 우려가 있는 경우에는 임시처분을 할 수 없다.

(6) 집행정지로 목적을 달성할 수 있는 경우가 아닐 것

임시처분은 집행정지로 손해의 발생을 막을 수 없는 경우에만 보충적으로 허용되는 수단이므로 처분의 내용 및 성질에 비추어 집행정지로 목적을 달성할 수 있는 경우에는 허용되지 아니한다(법 제30조 제2항).

3. 임시처분 결정의 절차

1) 임시처분 결정은 행정심판위원회 직권으로 또는 당사자의 신청에 의하여 이루어진다(법 제31조 제1항). 임시처분 신청 및 결정의 절차는 집행정지와 같다(법 제31조 제2항).

2) 임시처분의 요건인 중대한 불이익이나 급박한 위험이 발생할 우려가 있다는 점에 대한 소명은 신청인이 하여야 한다.

3) 행정심판위원회의 심리·결정을 기다릴 경우 중대한 불이익이나 급박한 위험이 생길 우려가 있다고 인정되면 위원장은 직권으로 행정심판위원회의 심리·결정을 갈음하는 결정을 할 수 있다. 이 경우 위원장은

지체 없이 행정심판위원회에 그 사실을 보고하고 추인을 받아야 하며, 행정심판위원회의 추인을 받지 못하면 위원장은 임시처분 또는 임시처분 취소에 관한 결정을 취소하여야 한다(법 제31조 제2항 및 제30조 제6항).

4. 임시처분의 내용 및 효력

1) 임시처분 결정의 내용은 임시지위를 설정하는 것으로, 집행정지의 경우와 달리 기존에 없었던 임시지위를 설정하는 것으로 임시처분 결정이 공공복리에 미치는 영향은 집행정지에 비해 더 넓기 때문에 그 인정의 폭이 좁을 수밖에 없다.

2) 임시처분 결정이 가능한 분야는 시험 응시자격, 외국인의 체류자격 연장 등과 같이, 임시지위를 결정한 후에 본안 청구가 기각되는 경우 원상회복이 용이하거나 임시지위의 설정이 공공복리에 미치는 영향이 비교적 적을 것으로 예상되는 분야이다.

5. 임시처분결정의 취소

1) 행정심판위원회는 임시처분을 결정한 후에 임시처분이 공공복리에 중대한 영향을 미치거나 그 임시처분 사유가 없어진 경우에는 직권으로 또는 당사자의 신청에 의하여 임시처분 결정을 취소할 수 있다(법 제31조 제2항 및 제30조 제4항). 공공복리에 중대한 영향을 미치는지의 여부는 이해관계인의 사익과 공익을 비교·형량하여 개별적·구체적으로 판단하여야 한다.

2) 행정심판위원회는 임시처분의 취소에 관하여 심리·결정하면 지체 없이 당사자에게 결정서 정본을 송달하여야 한다(법 제31조 제2항 및 제30조 제7항). 임시처분 결정이 취소되면 일단 발생된 임시처분 결정의 효력은 소멸되고, 그때부터 임시처분 결정이 없었던 것과 같은 상태로 돌아간다.

3) 행정심판위원회의 임시처분에 관한 심리·결정을 기다릴 경우 중대한 불이익이 생길 우려가 있다고 인정되면 위원장은 직권으로 행정심판위원회의 심리·결정을 갈음하는 결정을 할 수 있는데, 이 경우 위원장은 지체 없이 행정심판위원회에 그 사실을 보고하고 추인을 받아야 한다. 행정심판위원회의 추인을 받지 못하면 위원장은 임시처분에 관한 결정을 취소하여야 한다(법 제31조 제2항 및 제30조 제7항, 영 제23조 및 제22조).

6. 임시처분의 결정 및 취소에 대한 불복

임시처분 결정이 공공복리에 중대한 영향을 미치거나 그 임시처분의 사유가 없어진 경우를 제외하고 임시처분 신청에 대한 거부결정, 임시처분 결정, 임시처분 취소신청에 대한 거부결정, 임시처분 취소결정 등에 대해서는 행정심판법에서 불복절차를 명시하고 있지 않으므로 더 이상 다툴 수 없을 것이다.

제13장 심리

01 심리

재결의 기초가 될 여러 가지 사실과 증거 등 자료를 조사·수집·정리하고, 당사자 및 참가인의 대립된 주장을 통하여 해당 사건의 사실관계와 법률관계를 명백히 정리해 나가는 일련의 절차를 말한다.

02 심리절차

1. 심리기일 통지

심리기일은 행정심판위원회가 직권으로 지정한다(법 제38조 제1항). 행정심판위원회는 심리기일이 정해지면 그 기일 7일 전까지 당사자에게 알려야 한다(영 제26조).

2. 심리기일 변경

1) 심리기일의 변경은 직권으로 또는 당사자의 신청에 의하여 한다(법 제38조 제2항).

2) 당사자의 신청이 있더라도 변경 결정은 행정심판위원회가 한다. 심리기일이 변경된 때에는 지체 없이 그 사실과 사유를 당사자에게 알려야 한다(법 제38조 제3항).

3. 증거조사

행정심판위원회는 사건을 심리하기 위하여 필요하면 직권으로 또는 당사자의 신청에 의하여 증거조사를 할 수 있다(법 제36조 제1항).

4. 행정심판위원회의 심리 및 의결

1) 행정심판의 심리는 구술심리 또는 서면심리로 한다. 당사자가 구술심리를 신청한 때에는 서면심리만으로 결정할 수 있다고 인정되는 경우 외에는 구술심리를 하여야 한다(법 제40조 제1항).

2) 행정심판위원회는 구성원 과반수의 출석과 출석위원 과반수의 찬성으로 의결한다(법 제7조 제6항 및 제8조 제7항).

03 심리의 원칙

1. 대심주의

대심주의란 심리에 있어서 서로 대립하는 당사자 쌍방에게 평등하게 공격·방어방법을 제출하고 진술할 수 있는 기회를 주는 제도를 말한다.

대심주의를 취하고 있는 행정심판은 중립적 지위가 보장되어야 하므로 행정심판위원회가 중립적 위치에서 심리를 하도록 하고 있다.

2. 변론주의와 직권심리주의

(1) 변론주의

변론주의란 재판의 기초가 되는 사실 및 증거의 수집과 제출을 당사자의 권능과 책임으로 하는 것을 말한다. 변론주의는 당사자의 공격과 방어방법에만 의존하고 심판기관은 당사자가 제출한 자료에만 근거하여 심리하며, 심판기관의 직권에 의해 사실관계 등을 조사하는 것은 허용되지 않는 원칙을 말한다.

(2) 직권심리주의

직권심리주의란 심판기관이 필요한 경우에는 당사자의 주장에 구속되지 않고 직권으로 당사자가 주장하지 않은 사실을 탐지하거나 증거조사를 할 수 있고 이에 기초하여 결정할 수 있는 원칙을 말한다. 심리기관이 필요하다고 인정할 때 직권으로 증거조사를 할 수 있는 것을 말한다.

(3) 행정소송법의 규정

행정소송법은 법원은 필요하다고 인정할 때에는 직권으로 증거조사를 할 수 있고, 당사자가 주장하지 아니한 사실에 대하여도 판단할 수 있다(행정소송법 제26조)고 규정하여 직권심리주의를 명시하고 있다.

(4) 행정심판법의 규정

행정심판법은 행정심판위원회가 필요하면 당사자가 주장하지 아니한 사실에 대하여도 심리할 수 있다고 규정하고 있고(법 제39조), 행정심판위원회는 사건의 심리를 위하여 필요하면 직권 또는 당사자의 신청에 의하여 증거조사를 할 수 있다고 규정하고 있다(법 제36조).

3. 서면심리주의와 구술심리주의

(1) 개요

심리의 방식에는 구술심리주의와 서면심리주의가 있다. 서면심리주의는 서면상의 진술만을 기초로 하여 의결을 하는 것을 말하고, 구술심리주의는 구술에 의한 진술을 기초로 의결을 하는 것을 말한다.

(2) 특징

1) 서면심리주의

서면심리주의는 심리의 신속을 도모할 수 있고, 절차의 확실성을 기할 수 있으며, 청구인이 원격지에 있는 경우 노력을 절약할 수 있는 장점이 있는 반면에 실체적 진실을 발견하는 데 한계가 있고, 당사자에게 공격·방어기회를 충분히 주지 못하여 공정한 국민의 권익구제에 미흡할 수 있다는 제한점이 있다.

2) 구술심리주의

구술심리주의는 당사자의 주장을 직접 청취함으로써 당사자의 진의를 파악하기 쉽고, 쟁점의 정리가 용이하며, 당사자가 공격·방어를 충분히 함으로써 실체적 진실의 발견이 보다 용이할 것이나, 심리절차가 지연되어 신속하게 구제되기 어렵다는 제한점이 있다.

(3) 행정소송법의 규정

행정소송에서는 구술심리주의가 원칙이고 서면심리주의는 예외적으로 인정되고 있다.

(4) 행정심판법의 규정

행정심판에서는 서면심리주의가 원칙이나 선택할 수 있도록 하고 있다.

행정심판법은 행정심판의 심리는 구술심리나 서면심리로 한다. 다만, 당사자가 구술심리를 신청한 경우에는 서면심리만으로 결정할 수 있다고 인정되는 경우 외에는 구술심리를 하여야 한다(법 제40조 제1항)고 규정하여 행정심판위원회가 두 가지 방법 중 재량으로 심리방식을 선택하도록 하고 있다.

구술심리의 신청은 심리기일 3일 전까지 행정심판위원회에 서면이나 구술로 신청해야 한다(영 제27조).

4. 비공개심리주의

(1) 개요

비공개심리주의란 심판청구의 심리·의결은 일반인에게 공개하지 않는 원칙을 말한다.

(2) 행정소송법의 규정

행정소송에 있어서는 재판의 객관적인 공정을 확보하고 심판기관과 절차에 대한 신뢰를 높이기 위하여 공개주의를 원칙으로 한다.

(3) 행정심판법의 규정

행정심판에 있어서는 비공개주의에 의하는 것이 원칙이다.

위원회에서 위원이 발언한 내용이나 그 밖에 공개되면 위원회의 심리·재결의 공정성을 해할 우려가 있는 사항으로서 위원회의 회의에서 위원이 발언한 내용이 적힌 문서와 재결에 참여할 위원의 명단 등은 이를 공개하지 아니한다고 규정하고 있다(법 제41조 및 영 제29조).

5. 행정심판기록의 법원제출

행정소송법은 법원은 당사자의 신청이 있는 때에는 결정으로써 재결을 행한 행정청에 대하여 행정심판에 관한 기록의 제출을 명할 수 있고, 제출명령을 받은 행정청은 지체 없이 그 행정심판에 관한 기록을 법원에 제출하도록 하고 있다(행정소송법 제25조).

단, 행정심판위원회의 회의록은 공개하지 않도록 규정하고 있으므로 제출대상에서 제외된다.

04 심리의 내용

1. 요건심리

(1) 개요

요건심리란 행정심판청구에 필요한 형식적 요건인 심판청구 요건을 갖춘 적법한 청구인지의 여부를 심리하는 것을 말한다. (본안 전 심리 또는 형식적 심리)

심판청구 요건은 본안심리의 전제가 된다.

(2) 심판청구 요건의 조사

심판청구 요건은 행정심판위원회의 직권조사사항이다. 행정심판위원회는 당사자의 주장이 없더라도 직권으로 조사할 수 있다. 심판청구 요건을 갖추었는지는 행정심판위원회의 재결 시를 기준으로 하여야 한다.

요건심리 결과 이러한 심판청구 요건 중 하나라도 갖추지 못한 심판청구는 부적법한 심판청구로서 각하해야 한다(법 제43조 제1항).

(3) 보정

1) 요건심리 결과 심판청구 요건을 갖추지 못한 것이라고 인정되면 각하하는 것이 원칙이나, 곧바로 본안심리를 하지 않고 각하재결을 한다면 입법 취지에 맞지 않을 것이므로 보정제도를 두어 기회를 주고 있다.

2) 행정심판위원회는 심판청구가 부적법하나 보정할 수 있다고 인정하면 기간을 정하여 청구인에게 보정을 요구할 수 있다. 다만, 경미한 사항은 직권으로 보정할 수 있고(법 제32조 제1항), 보정기간 내에 그 흠을 보정하지 아니한 경우에는 그 심판청구를 각하할 수 있다(법 제32조 제6항).

3) 보정은 서면으로 하여야 하며, 보정서에는 당사자의 수에 따른 부본을 제출하여야 한다(법 제32조 제2항).

4) 보정요구에 따라 지정기간 내에 보정된 심판청구는 처음부터 적법한 행정심판이 청구된 것으로 보며, 보정기간은 재결 기간에 산입하지 아니한다(법 제32조 제4항 및 제5항).

2. 본안심리

1) 본안심리란 요건심리 결과 해당 심판청구가 심판청구 요건을 갖춘 적법한 것이라고 판단한 경우에 그 심판청구가 이유 있는지에 대하여 실체적으로 심리하는 것을 말한다. 본안심리의 결과 해당 심판청구가 이유 있다고 인정하면 인용재결을 하게 되고, 이유 없다고 인정하면 기각재결을 한다.

2) 본안심리는 요건심리의 결과 해당 심판청구가 형식적 요건을 갖추었음을 전제로 하는 것이 원칙이다. 그러나 요건심리가 항상 본안심리보다 시간적으로 선행하여야 하는 것은 아니므로 본안심리 도중에도 형식적 요건을 갖추지 못한 것이 발견되면 각하할 수 있다.

05 심리의 범위

1. 불고불리의 원칙

(1) 개요

불고불리의 원칙이란, 법원은 소송의 제기가 없으면 재판할 수 없고 소송의 제기가 있더라도 당사자가 청구한 사항에 대하여 청구의 범위 내에서 심리·판단하여야 한다는 소송법상의 원칙이다.

(2) 행정소송법의 규정

민사소송법은 법원은 당사자가 신청하지 아니한 사항에 대하여는 판결하지 못한다(민사소송법 제203조)고 하여 불고불리의 원칙을 명시하고 있다.

행정소송법은 명문규정이 없으나 동일하게 불고불리의 원칙이 적용된다는 것이 통설 및 판례이다.

(3) 행정심판법의 규정

행정심판법은 행정심판위원회는 심판청구의 대상이 되는 처분 또는 부작위 외의 사항에 대하여는 재결하지 못한다(법 제47조 제1항)고 하여 행정심판에서 불고불리의 원칙이 적용됨을 명시하고 있다. 행정심판위원회는 청구인이 심판청구를 하지 않은 사항에 대하여 심리할 수 없다.

행정심판위원회는 필요하다고 인정하는 때에는 예외적으로 당사자가 주장하지 않은 사실에 대하여도 심리할 수 있으나, 그 경우에도 청구인의 청구범위를 유지하면서 청구에 대한 판단에 필요한 범위 안에서 당사자의 주장 외의 사실을 심리할 수 있을 뿐이다.

2. 불이익변경금지의 원칙

(1) 개요

불이익변경금지의 원칙이란, 상소심에서 원심판결보다 상소인에게 불이익하게 변경하지 아니하는 소송법상의 원칙이다(형사소송법 제439조).

이 원칙에 의해 당사자는 불복신청을 하더라도 원심판결 이상으로 불이익한 판결을 받을 염려가 없게 됨으로써 상소권을 보장받을 수 있다.

(2) 행정심판법의 규정

행정심판법은 행정심판위원회는 심판청구의 대상이 되는 처분보다 청구인에게 불리한 재결을 하지 못한다(법 제47조 제2항)고 하여 불이익변경금지의 원칙을 명문으로 규정하고 있다.

따라서 심판청구의 취지에 반하여 원처분보다 불이익한 내용으로 심리·재결을 할 수 없다.

불이익변경금지의 원칙은 청구인이 청구한 행정심판사항에 대하여 적용되는 것이므로 복효적 행정행위에 있어서 제3자가 청구한 심판청구의 결과 처분의 상대방이 불이익을 입어도 이는 불이익변경금지의 원칙 위배가 아니다.

3. 처분의 위법성 및 부당성

(1) 행정심판과 행정소송의 심리범위의 차이

행정소송은 위법한 처분이나 부작위에 대하여만 제기할 수 있다(행정소송법 제1조 및 제4조). 그러나 행정심판은 위법한 처분이나 부작위는 물론 부당한 처분이나 부작위에 대하여서도 청구할 수 있다(법 제1조 및 제4조). 그러므로 행정심판위원회에서는 해당 심판청구의 대상인 처분이나 부작위의 위법성 여부는 물론 당·부당의 재량문제를 포함한 사실문제에 대하여도 심리할 수 있다.

행정심판에서는 행정청의 재량에 속하는 처분에 대하여도 그 적법한 행사 여부뿐만 아니라 재량권 내에서의 재량권 행사의 당·부당의 문제도 심리·재결할 수 있다는 점에서 위법성 여부만을 판단할 수 있는 행정소송과 구별되고 그 범위가 더 넓다.

(2) 위법과 부당의 구별

1) 위법성

처분의 위법성이란 기속행위에 있어 행정권의 행사에 잘못이 있는 경우를 말한다. 기속행위란 행정행위의 요건 및 법적 효과가 일의적으로 명확하게 규정되어 있어서 법을 집행함에 있어 행정청에 어떠한 선택의 자유가 인정되지 않고 적용하는 행정행위를 말한다.

처분의 위법성의 원인이 되는 하자가 중대·명백한 때에는 해당 처분의 무효원인이 되며, 단순위법에 해당하는 때에는 취소사유가 된다. 재량행위에 있어서도 재량권을 일탈·남용한 경우에는 위법성이 인정된다.

2) 부당성

처분의 부당성이란 재량행위에 있어 행정청의 재량권 행사가 그 한계 내에서 행사되었기 때문에 재량권의 일탈·남용으로서 위법의 문제는 없으나, 해당 법규상의 구체적인 공익목적과의 관계에서 합당하지 않은 행위를 말한다.

재량행위란 행정결정에 있어 행정청에 선택의 재량이 인정되는 행위를 말한다. 재량행위는 재량권의 외적·내적인 한계를 넘어 재량권의 일탈·남용이 되지 않는 한 재량권을 그르친 경우에도 위법한 것이 되지 않고 부당한 행위가 되는 데 그치므로 법원에 의한 통제를 받지 않는다.

3) 구별기준

재량행위에 있어서 재량권의 일탈·남용인 경우에는 위법이 되고, 재량권의 일탈·남용이 아니면서 해당 재량행위의 수권 목적에 비추어 합목적적이라고 할 수 없는 경우에는 부당이 될 것이나 현실적으로 위법과 부당의 구별은 쉽지 않다.

4. 증거조사

1. 개요

증거조사란 증인이나 감정인 등 인적 증거를 신문하거나 청취하고, 문서나 검증물 등 물적 증거를 읽고 검사하는 심리상의 절차를 말한다.

2. 증거조사

증거조사는 해당 사건을 심리하는 행정심판위원회가 실시하는 것이 원칙(법 제36조 제1항)이지만, 행정심판위원회는 비상설기관이기 때문에 현실적으로 증거조사를 담당할 인원이 없으므로 행정심판위원회는 필요하다고 인정할 때에는 행정심판위원회가 소속된 행정청의 직원이나 다른 행정기관에 촉탁하여 증거조사를 하게 할 수 있도록 하고 있다(법 제36조 제2항).

행정심판위원회는 사건 심리에 필요하면 관계 행정기관이 보관 중인 관련 문서, 장부, 그 밖에 필요한 자료를 제출할 것을 요구할 수 있다. 또한, 필요하다고 인정하면 사건과 관련된 법령을 주관하는 행정기관이나 그 밖의 관계 행정기관의 장 또는 그 소속 공무원에게 행정심판위원회의 회의에 참석하여 의견을 진술할 것을 요구하거나 의견서를 제출할 것을 요구할 수 있다. 이 경우, 관계 행정기관의 장은 특별한 사정이 없으면 행정심판위원회의 요구에 따라야 한다(법 제35조).

5. 당사자의 절차적 권리

1. 제척 및 기피신청권

① 자신 또는 그 배우자나 배우자이었던 사람이 사건의 당사자이거나 사건에 관하여 공동 권리자 또는 의무자인 경우,

② 사건의 당사자와 친족이거나 친족이었던 경우,

③ 사건에 관하여 증언이나 감정을 한 경우,

④ 당사자의 대리인으로서 사건에 관여하거나 관여하였던 경우,

⑤ 사건의 대상이 된 처분 또는 부작위에 관여한 경우, 심판청구의 당사자는 행정심판위원회의 위원이나 직원이 위 사항 중 어느 하나에 해당하면 해당 위원 또는 직원에 대한 제척신청을 할 수 있고, 이 경우 행정심판위원회의 위원장은 당사자의 신청 또는 직권으로 해당 위원 또는 직원을 그 사건의 심리·의결에서 제척하는 결정을 한다(법 제10조 제1항 및 제8항).

2. 구술심리 신청권

심판청구의 심리는 구술심리 또는 서면심리로 하되, 당사자가 구술심리를 신청한 때에는 서면심리만으로 결정할 수 있다고 인정되는 경우 외에는 구술심리를 하여야 한다(법 제40조).

3. 증거제출권

당사자는 심판청구서·보정서·답변서·참가신청서·보충서면 등에 덧붙여 그 주장을 뒷받침하는 증거서류나 증거물을 제출할 수 있다(법 제34조 제1항).

4. 증거조사신청권

심판청구의 심리에 있어서 직권에 의한 증거조사와 함께 당사자의 신청에 의한 증거조사를 규정하고 있다(법 제36조 제1항).

5. 보충서면 제출권

당사자는 심판청구서·보정서·답변서·참가신청서 등에서 주장한 사실을 보충하고 다른 당사자의 주장을 다시 반박하기 위하여 필요하면 행정심판위원회에 보충서면을 제출할 수 있다. 이 경우 다른 당사자의 수만큼 보충서면 부본을 함께 제출하여야 하고, 행정심판위원회는 보충서면을 받으면 지체 없이 다른 당사자에게 그 부본을 송달하여야 한다(법 제33조).

6. 심판참가

1. 개요

심판참가제도는 심판청구 대상이 된 처분이나 부작위에 대하여 이해관계가 있는 자에게 심판절차에 참가하여 공격·방어를 할 수 있는 기회를 주기 위한 것이다.

제3자의 심판참가는 주로 제3자효 있는 복효적 행정행위에 대한 행정심판에서 문제가 된다.

2. 참가신청에 의한 심판참가

(1) 참가신청권자

행정심판의 결과에 이해관계가 있는 제3자나 행정청은 해당 심판청구에 대한 행정심판위원회나 소위원회의 의결이 있기 전까지 그 사건에 대하여 심판참가를 할 수 있다(법 제20조 제1항).

(2) 참가신청절차

심판참가를 하려는 자는 참가의 취지와 이유를 적은 참가신청서를 행정심판위원회에 제출하여야 하고, 행정심판위원회는 참가신청서를 받으면 그 신청서 부본을 당사자에게 송달하여야 하며, 그 허가 여부를 결정하고, 지체 없이 신청인에게는 결정서 정본을, 당사자와 다른 참가인에게는 결정서 등본을 송달하여야 한다(법 제20조 제5항).

(3) 참가불허가에 대한 불복

참가신청에 대하여 행정심판위원회가 허가를 하지 않는 경우 신청인은 결정서를 송달받은 날부터 7일 이내에 행정심판위원회에 그 사유를 소명하는 서면으로써 이의신청을 할 수 있다(법 제20조 제6항, 영 제14조 제1항). 행정심판위원회가 이의신청을 받았을 때에는 지체 없이 행정심판위원회의 회의에 부쳐야 하고, 이의신청에 대하여 결정을 한 후 그 결과를 신청인, 당사자 및 참가인에게 각각 알려야 한다(영 제14조).

3. 참가요구에 따른 심판참가

(1) 참가요구권자

행정심판위원회는 필요하다고 인정하면 그 행정심판 결과에 이해관계가 있는 제3자나 행정청에 그 사건 심판에 참가할 것을 요구할 수 있다(법 제21조 제1항).

(2) 참가요구 절차

행정심판위원회가 참가의 요구를 하는 때에는 서면으로 하여야 하며, 그 사실을 당사자와 다른 참가인에게 알려야 한다(영 제18조).

(3) 심판참가의무

심판참가의 요구를 받은 자에게 심판참가의무가 있는 것은 아니지만 참가 여부를 지체 없이 행정심판위원회에 통지하여야 한다(법 제21조 제2항).

4. 참가취하

참가인은 심판청구에 대한 의결이 있을 때까지 참가신청을 취하할 수 있다. 이 경우 참가인이 서명 또는 날인한 취하서를 제출하여야 한다. 참가취하는 신청의 일부에 대하여도 할 수 있으며, 상대방의 동의가 없더라도 참가를 취하할 수 있다. 참가취하가 있으면 그 취하된 부분에 대하여는 처음부터 참가신청이 없었던 것으로 본다(법 제42조, 영 제30조). 행정심판위원회는 계속 중인 사건에 대하여 취하서를 받으면 지체 없이 다른 관계기관, 청구인, 참가인에게 취하 사실을 알려야 한다(법 제42조 제5항).

7. 심리의 병합과 분리

1. 제도의 취지

행정심판위원회는 필요하면 관련되는 심판청구를 병합하여 심리하거나 병합된 관련 청구를 분리하여 심리할 수 있다(법 제37조). 심리의 병합과 분리제도는 심판청구사건에 대한 심리의 신속성과 경제성을 도모하기 위하여 규정한 제도이다.

2. 심리의 병합

수 개의 심판청구사건이 같은 사안이나 서로 관련되는 사안에 대하여 청구된 것인 때 또는 동일한 행정청이 행한 유사한 내용의 처분에 관한 것인 때에는 함께 병합하여 심리할 수 있다.

당사자는 행정심판위원회에 대하여 병합심리를 신청할 수 있다.

3. 심리의 분리

행정심판위원회는 필요하다고 인정할 때에는 병합된 관련 청구를 분리하여 심리할 수 있다(법 제37조).

제14장 재결

01 재결의 의의

1. 개요

재결이란 행정심판의 청구에 대하여 행정심판위원회가 행하는 판단을 말한다(법 제2조 제3호). 재결은 심판청구 사건에 대하여 심리한 결과에 따라 공적으로 판단 및 확정을 하는 행위이다.

2. 재결의 성격

재결은 확인적 행정행위인 동시에 준사법작용의 성질을 가진다.

1) 확인행위

재결은 공법관계에 관한 분쟁에 대하여 행정심판위원회가 일정한 절차를 거쳐서 공적으로 판단하여 확정하는 행위이므로 확인행위의 성격을 가진다.

2) 준사법적 행위

재결은 행정법상 법률관계의 분쟁에 대하여 심리절차를 거쳐 해당 분쟁을 해결하는 판단을 하는 행위로, 행정기관이 재결을 하므로 법원의 판결과 유사한 준사법작용적 성질을 가진다.

02 재결의 내용에 따른 종류

재결의 종류는 그 내용에 따라 각하재결, 기각재결, 인용재결로 구분하고, 효력에 따라 형성재결, 이행재결, 확인재결로 나뉜다.

1. 각하재결

1) 개요

각하재결은 심판청구에 대하여 요건심리의 결과 심판청구 요건이 결여되어 적법하지 아니하면 본안에 대한 심리를 거절하는 재결을 말한다(법 제43조 제1항). 각하재결은 심판청구에 대하여 본안심리 없이 요건심리만으로 행하는 재결이므로 요건재결이라고도 한다.

2) 각하사유

가. 대상부적격: 대통령의 처분 또는 부작위, 처분이나 부작위에 해당하지 아니하는 행위, 사경제적

행위 등 심판청구 대상이 아닌 것에 대한 심판청구

나. 청구인 및 피청구인 부적격: 개별적, 직접적, 구체적 법률상 이익이 없는 등 청구인 적격이 없는 자가 제기하거나 부적격한 자를 피청구인으로 한 심판청구

다. 기간도과: 심판청구 기간이 지난 심판청구

라. 경미하지 않은 부적격한 심판청구의 보정에 대해 소정 기간 내 보정하지 않은 심판청구

마. 청구의 이익이 없는 등 대상이 소멸한 심판청구

바. 재심판청구

2. 기각재결

기각재결은 본안심리를 한 결과 원처분이 적법·타당하므로 그 심판청구가 이유 없다고 인정하여 청구를 배척하고 원처분을 지지하는 재결을 말한다(법 제43조 제2항).

기각재결은 원처분이나 부작위를 위법·부당하지 아니하다고 인정하는 데 그치고 원처분의 효력을 강화시킨다고 할 것은 아니므로 처분청을 기속하지 아니한다. 따라서 기각재결이 있은 후 처분청은 직권으로 취소 또는 변경이 가능하다.

3. 인용재결

인용재결은 본안심리의 결과 원처분이나 부작위가 위법 또는 부당하므로 심판청구가 이유 있다고 판단하여 청구의 취지를 받아들이는 내용의 재결이다. 인용재결을 하는 경우에는 재결로써 직접 심판청구의 취지에 따라 해당 처분을 취소·변경하거나 필요한 처분을 하는 재결(형성재결)을 할 수도 있고, 처분청에 대하여 해당 처분의 변경 또는 필요한 처분을 할 것을 명하는 재결(이행재결)을 할 수도 있다.

형성재결의 경우는 별도의 행위를 기다릴 것 없이 해당 재결의 효력(형성력)으로써 당연히 해당 처분이 취소·변경되거나 일정한 처분이 성립·발효하게 되며, 이행재결의 경우에는 처분청 또는 부작위청이 재결의 취지에 따라 별도의 행위를 해야만 비로소 심판청구의 목적을 달성할 수 있다.

1) 취소심판에서의 인용재결

행정심판위원회는 취소심판의 청구가 이유가 있다고 인정하면 처분을 취소하는 재결(취소재결)을 하거나, 다른 처분으로 변경하는 재결(변경재결)을 하거나, 처분을 다른 처분으로 변경할 것을 피청구인에게 명하는 재결(변경명령재결)을 한다(법 제43조 제3항).

취소재결 및 변경재결은 행정심판위원회가 처분을 스스로 취소 또는 변경하는 것이므로 형성재결이고, 변경명령재결은 처분청에 대하여 처분을 변경할 것을 명하는 것이므로 이행재결에 해당한다.

① 취소재결

취소재결은 처분이 위법 또는 부당하다고 인정되는 경우에 그 처분을 취소하는 재결을 말한다. 취소재결이 있으면 처분은 당초에 소급해서 그 효력이 소멸한다. 취소재결에는 해당 처분의 전부취소를 내용으로 하는 전부취소재결과 일부취소를 내용으로 하는 일부취소재결이 있다.

② 변경재결 및 변경명령재결

변경재결은 처분의 내용을 적극적으로 변경하는 재결을 말한다.

변경명령재결은 처분을 다른 처분으로 변경할 것을 피청구인에게 명하는 재결이다. 원처분에 갈음하여 행할 새로운 처분은 여러 가지 방안이 있을 수 있으므로 행정심판위원회가 직접 변경재결을 하는 것보다는 피청구인인 행정청으로 하여금 최선의 방안을 판단하여 처분하도록 하는 것이 합리적일 때에는 변경명령재결을 할 수 있다.

2) 무효등확인심판에서의 인용재결

무효등확인심판의 청구가 이유 있다고 인정할 때 해당 처분의 효력의 유무 또는 존재 여부를 확인하는 재결이다(법 제43조 제4항). 무효등확인심판의 인용재결은 형성적 효력을 수반하지 아니한다.

3) 의무이행심판에서의 인용재결

행정심판위원회는 의무이행심판청구가 이유 있다고 인정하면 처분재결이나 처분명령재결을 한다(법 제43조 제5항).

거부처분에 대해서는 ① 취소심판청구만 하거나, ② 의무이행심판청구만 하거나, ③ 취소심판청구와 의무이행심판청구를 함께 하거나 선택적으로 할 수 있다.

03 재결의 효력에 따른 종류

재결은 그 효력에 따라 형성재결·이행재결·확인재결로 나뉜다.

1. 형성재결

형성재결은 재결로써 처분을 직접 취소 또는 변경하는 재결로서, 해당 처분을 바로 취소하거나 변경하는 형성력이 있으므로 심판청구 대상이 된 처분은 원처분청의 취소절차를 거칠 필요 없이 재결에 따라 바로 취소되거나 변경된다.

2. 이행재결

이행재결은 행정심판위원회가 원처분을 직접 취소 또는 변경하는 것이 아니라 처분청에 대하여 원처분을 취소 또는 변경하도록 명하는 재결이다. 명령재결이라고도 한다.

3. 확인재결

확인재결은 무효등확인심판청구에 대하여 법률관계의 존부 및 효력에 대한 확인을 내용으로 하는 재결이다.

04 사정 재결

1. 개요

사정재결이란 심판청구가 이유 있다고 인정되는 경우에도 이를 인용하는 것이 공공복리에 크게 위배된다고 인정하면 그 심판청구를 기각하는 재결을 말한다. 사정재결은 기각재결의 일종이나, 재결의 주문에서 그 처분 또는 부작위가 위법하거나 부당하다는 것을 구체적으로 밝혀야 한다.

2. 사정재결의 범위, 요건

1) 범위

사정재결은 무효등확인심판에는 적용하지 아니한다(법 제44조 제3항)고 규정하고 있어 취소심판 및 의무이행심판에 대하여만 적용된다.

2) 요건

① 처분 또는 부작위의 취소나 이행을 구하는 청구일 것
사정재결은 처분 또는 부작위가 위법하거나 부당하여 그 취소나 이행을 구하는 청구의 경우만 인정된다.

② 청구가 이유 있다고 인정하는 경우일 것
사정재결은 청구인의 청구가 이유 있는 경우, 즉 심판청구의 대상인 처분 또는 부작위가 위법 또는 부당하여 이를 인용하여야 할 것임에도 불구하고 예외적으로 기각하는 경우를 말한다.

③ 인용재결을 하는 것이 공공복리에 크게 위배될 것
위법한 행정처분을 취소·변경할 필요성과 그로 인하여 발생할 수 있는 공공복리에 반하는 사태 등을 비교하여 위법한 처분을 취소하는 경우보다 이를 취소함으로써 발생하는 공공복리의 침해가 현저하게 큰 경우에 한해 인정된다.
처분 등의 위법·부당 여부는 처분 시의 법령과 사실관계를 기준으로 판단하고, 공공복리를 위한 사정재결의 필요성은 행정심판위원회의 재결 시를 기준으로 판단하여야 한다.

3) 주장·입증책임

사정재결의 필요성은 행정청이 주장·입증해야 한다. 다만 행정심판의 경우 행정청의 주장이 없더라도 행정심판위원회가 직권으로 사정재결을 할 수 있다.

4) 구제조치

사정판결은 원래 인용되어야 할 심판청구임에도 불구하고 공익의 보호를 위하여 이유 있는 심판청구를 기각하는 예외적인 재결이므로, 청구인은 인용재결을 받을 수 있었음에도 불구하고 심판청구가 기각된 바, 그 하자 있는 처분 또는 부작위가 유효하게 존속하게 됨으로 인하여 입게 되는 손해에 대하여 구제받아야 마땅하다.

① 구제조치의무

행정심판위원회는 사정재결을 하는 경우에 그로 인하여 청구인이 받는 손해에 대하여 구제조치를 취하여야 한다. 사정재결을 하는 경우 행정심판위원회는 직접 청구인에 대하여 상당한 구제방법을 취하거나 상당한 구제방법을 취할 것을 피청구인에게 명할 수 있다(법 제44조 제2항)고 규정하고 있다.

② 사정재결 및 사정판결 사례

행정심판에서 사정재결을 한 사례는 거의 없고, 행정소송사건에서 사정판결을 한 사례는 다수 있다.

> **판례** 환지예정지 지정처분 취소 판례
>
> 환지예정지지정처분의 기초가 된 가격평가의 내용이 일응 적정한 것으로 보일 뿐만 아니라 환지계획으로 인한 환지예정지지정처분을 받은 이해관계인들 중 원고를 제외하고는 아무도 위 처분에 관하여 불복하지 않고 있으므로 원고에 대한 환지예정지지정처분을 위법하다 하여 이를 취소하고 새로운 환지예정지를 지정하기 위하여 환지계획을 변경할 경우 위 처분에 불복하지 않고 기왕의 처분에 의하여 이미 사실관계를 형성하여 온 다수의 다른 이해관계인들에 대한 환지예정지지정처분까지도 변경되어 기존의 사실관계가 뒤엎어지고 새로운 사실관계가 형성되어 혼란이 생길 수도 있게 되는 반면 위 처분으로 원고는 이렇다 할 손해를 입었다고 볼 만한 사정도 엿보이지 않고 가사 손해를 입었다 할지라도 청산금보상 등으로 전보될 수 있는 점 등에 비추어 보면 위 처분이 토지평가협의회의 심의를 거치지 아니하고 결정된 토지 등의 가격평가에 터잡은 것으로 그 절차에 하자가 있다는 사유만으로 이를 취소하는 것은 현저히 공공복리에 적합하지 아니하다고 보여 사정판결을 할 사유가 있다(대법원 1992. 2. 14. 선고 90누9032 판결).

> **판례** 주택개량재개발조합설립 및 사업시행인가 처분무효확인 판례
>
> 재개발조합설립 및 사업시행인가처분이 처분 당시 법정요건인 토지 및 건축물 소유자 총수의 각 3분의 2 이상의 동의를 얻지 못하여 위법하나, 그 후 90% 이상의 소유자가 재개발사업의 속행을 바라고 있어 재개발사업의 공익목적에 비추어 그 처분을 취소하는 것은 현저히 공공복리에 적합하지 아니하다고 인정하여 사정판결을 한 사례(대법원 1995. 7. 28. 선고 95누4629 판결)가 있다.

05 재결의 범위

1. 불고불리의 원칙

불고불리의 원칙이란, 심판청구가 없으면 심리 또는 재결할 수 없고 당사자가 청구한 사항에 대하여 청구의 범위 내에서 심리·판단하여야 한다는 원칙이다.

행정심판법 제47조 제1항은 '위원회는 심판청구의 대상이 되는 처분 또는 부작위 외의 사항에 대하여는 재결하지 못한다.'고 하여 행정심판에서 불고불리의 원칙이 적용됨을 명문으로 규정하고 있다.

2. 불이익변경금지의 원칙

불이익변경금지의 원칙이란, 상소심에서 원심판결보다 상소인에게 불이익하게 변경하지 아니하는 원칙이다.

행정심판법 제47조 제2항은 '위원회는 심판청구의 대상이 되는 처분보다 청구인에게 불리한 재결을 하지

못한다.'고 하여 불이익변경금지의 원칙이 적용됨을 명문으로 규정하고 있다.

06 재결 기간

재결은 원칙적으로 심판청구서가 행정심판위원회 또는 피청구인인 행정청에 접수된 날부터 60일 이내에 하여야 한다. 다만, 부득이한 사정이 있는 때에는 행정심판위원회 위원장이 직권으로 30일을 연장할 수 있다(법 제45조 제1항).

07 재결의 방식과 송달

1. 요식행위

재결은 서면으로 하도록 규정하고 있어 요식행위이다(법 제46조 제1항).

2. 재결서 기재사항(법 제46조 제2항)

재결서에는 ① 사건번호와 사건명, ② 당사자·대표자 또는 대리인의 이름·주소, ③ 주문, ④ 청구의 취지, ⑤ 이유(주문 내용이 정당하다는 것을 인정할 수 있는 정도의 판단을 표시(법 제46조 제3항), ⑥ 재결한 날짜가 포함되어야 한다.

3. 송달

효력발생에 대해서는 재결서가 청구인에게 송달되었을 때 효력이 생긴다(법 제48조 제2항).

행정절차법 제14조는 송달에 대해 규정하고 있으나, 행정심판법은 송달에 관해서는 민사소송법은 준용하도록 규정하고 있으므로(법 제57조), 재결서의 정본을 송달받은 날이란 재결서 정본을 본인이 직접 수령한 경우에 한하지 않고, 보충송달, 유치송달, 공시송달 등 민사소송법이 정한 바에 따라 적법하게 송달된 모든 경우를 포함한다(법 제48조·제57조).

08 재결의 효력

1. 기속력

(1) 개요

기속력은 피청구인인 행정청 및 관계 행정청이 재결의 취지에 따르도록 구속하는 효력을 말한다. 행정심판법은 '심판청구를 인용하는 재결은 피청구인과 그 밖의 관계 행정청을 기속한다.'고 하여 재결의 기속력을 명문으로 규정하고 있다(법 제49조 제1항). 재결이 있으면 피청구인인 행정청을 비롯한 관계 행정청은 재결의 취지에 따라 처분을 취소·변경하여야 할 의무를 지게 된다.

(2) 기속력이 인정되는 재결

재결의 기속력은 인용재결에만 인정되는 효력이다. 기각재결이나 각하재결에는 기속력이 인정되지 않는다. 기각재결 또는 각하재결은 관계 행정청에 대하여 원처분을 유지하여야 할 의무를 부과하는 것이 아니라, 청구인의 심판청구를 배척하는 데 그치는 것이기 때문이다. 그러므로 처분청은 기각재결이나 각하재결에 따라 원처분이 유지된 경우에도 정당한 사유가 있으면 직권으로 원처분을 취소·변경 또는 철회할 수 있다.

(3) 기속력의 내용

1) 부작위의무(반복금지, 소극적 의무)

처분의 취소·변경재결과 무효등확인재결이 있는 경우에 관계 행정청은 동일한 사정하에서는 동일한 당사자에 대하여 동일한 내용의 처분을 반복해서는 아니 된다는 것이다. 부작위의무에 위반된 처분은 기속력에 반하는 것으로서 흠이 중대·명백하여 당연무효라는 것이 판례이다.

> 1) 확정판결의 당사자인 처분행정청이 그 행정소송의 사실심 변론종결 이전의 사유를 내세워 다시 확정판결과 저촉되는 행정처분을 하는 것은 허용되지 않는 것으로서 이러한 행정처분은 그 하자가 중대하고도 명백한 것이어서 당연무효라 할 것이다(대법원 1990. 12. 11. 선고 90누3560 판결).
> 2) 당초의 개별공시지가 결정처분을 취소하고 그것을 하향조정하라는 취지의 재결이 있은 후에도 처분청이 다시 당초처분과 동일한 액수로 개별공시지가를 결정한 처분은 재결청의 재결에 위배되는 것으로서 위법하다(대법원 1997. 3. 14. 선고 95누18482 판결).

2) 재처분의무(적극적 의무)

① 거부처분이 취소되는 경우 재처분의무

재결에 따라 취소되거나 무효 또는 부존재로 확인되는 처분이 당사자의 신청을 거부하는 것을 내용으로 하는 경우에는 그 처분을 한 행정청은 재결의 취지에 따라 다시 이전의 신청에 대한 처분을 하여야 한다(법 제49조 제2항).

② 거부처분이 절차상 위법 또는 부당을 이유로 취소재결이 된 경우 피청구인은 적법한 절차와 형식을 갖추어 다시 신청에 대한 처분을 해야 한다. 피청구인은 실체적 요건을 심사하여 신청대로 처분을 할 수도 있고, 다시 거부처분을 할 수도 있을 것이다.

③ 거부처분이 실체적 위법 또는 부당을 이유로 취소재결이 된 경우 피청구인은 원칙적으로 그 신청을 인용하는 처분을 해야 할 것이나, 재처분의 위법 여부는 재처분 당시를 기준으로 하게 되므로 재결 이후 법령이나 사실관계가 변경된 때에는 이를 이유로 다시 거부처분을 하는 것은 재처분의무를 이행한 것에 해당한다.

④ 피청구인이 취소재결에도 불구하고 재처분을 하지 않으면 위법한 부작위가 성립될 것이므로 부작위를 이유로 의무이행심판의 처분명령재결을 받고 그래도 이행하지 않을 때는 직접처분이나 간접강제를 신청할 수 있다.

3) 결과제거의무(원상회복의무)

처분청은 취소재결 또는 무효등확인재결이 있게 되면, 위법·부당하게 판정된 처분에 의해서 초래된

상태를 제거하여 원상으로 회복해야 한다. 행정청이 이러한 결과제거의무를 이행하지 아니할 때에는 공법상 결과제거청구권을 행사하여야 할 것이다.

(4) 기속력의 범위
심판청구를 인용하는 재결은 피청구인인 행정청과 그 밖의 관계 행정청을 기속한다(법 제49조제1항).

(5) 기속력에 위반한 처분의 효력
재결의 기속력에 위반하여 행한 행정청의 행위는 중대하고 명백한 흠이 있는 행위로서 무효라고 할 것이다.

(6) 인용재결에 대한 행정청의 불복 여부
인용재결은 피청구인과 그 밖의 관계 행정청을 기속하므로(법 제49조제1항) 인용재결에 대해서 피청구인과 관계 행정청은 이에 대해 불복하여 소송을 제기하지 못한다고 하는 것이 통설 및 판례의 태도이다.

2. 형성력

(1) 개요
재결의 형성력이란 재결이 있으면 처분청에 의한 별도의 처분을 기다릴 필요 없이 재결의 내용에 따라 행정법관계에 직접적인 변동을 가져오게 되는 효력을 말한다. 즉, 재결 그 자체로써 행정법관계에 있어 새로운 법률관계의 발생이나 종래의 법률관계의 변동 또는 소멸을 직접 가져오는 효력을 말한다. 재결의 형성력은 당사자뿐만 아니라 제3자에게도 미치므로 대세적 효력을 가진다.

(2) 형성력이 인정되는 재결
재결의 형성력은 인용재결 중 형성재결에만 생기는 것이다. 취소·변경재결 중 행정심판위원회가 재결로써 스스로 처분을 취소하거나 변경하는 취소재결 및 변경재결과 의무이행재결 중 행정심판위원회가 처분을 스스로 하는 처분재결에만 인정되는 효력이다. 기각재결이나 각하재결은 원처분을 그대로 유지하는 것이므로 형성력이 인정되지 않는다.

(3) 형성력의 효과
취소심판의 결과 취소재결이 있는 경우 행정심판위원회의 재결에 따라 취소된 원처분은 처분 당시로 소급하여 효력을 상실한다.

재결의 형성력은 당사자에게만 미치는 것이 아니라 제3자에 대하여도 미치는데 이를 형성력의 제3자효 또는 대세효 대세효는 대세적 효력이라고도 한다.

3. 불가쟁력

심판청구에 대하여 일단 재결이 있은 후에는 그 재결에 대하여는 다시 행정심판을 청구하지 못하며, 재결에 불복이 있는 자는 재결에 고유한 위법이 있음을 이유로 하는 경우에 한하여 일정한 기간 내에 법원에 행정소송을 제기할 수 있다.

4. 불가변력

재결은 일정한 쟁송절차에 따라 쟁송을 해결하기 위한 것이므로 일단 재결이 행하여진 이상 그 재결의 내용에 잘못이 있는 경우에도 이를 재결기관이 취소 또는 변경하는 것은 재결의 성질에 반한다. 일단 재결을 한 이상 행정심판위원회 자신도 이에 구속되어 행정소송절차에 따라 취소 또는 변경이 되는 경우를 제외하고는 스스로 재결을 취소 또는 변경할 수 없다. 이와 같이 재결이 재결기관인 행정심판위원회 스스로를 구속하는 효력을 불가변력이라고 한다.

09 재결에 대한 불복

1. 행정심판 재청구의 금지

행정심판법은 '심판청구에 대한 재결이 있으면 그 재결 및 같은 처분 또는 부작위에 대하여 다시 심판청구를 할 수 없다.'고 하여 행정심판 재청구의 금지를 규정하고 있다(법 제51조).

2. 소송에서의 원처분주의와 재결주의

행정심판의 재결에 불복하여 취소소송을 제기하는 경우에 원처분을 대상으로 하는 원처분주의와 행정심판의 재결을 대상으로 하는 재결주의가 있다.

원처분주의는 취소소송의 대상을 원처분으로 하여 취소소송에서는 원처분의 위법만을 다투도록 하는 것이고, 재결주의는 원처분에 대하여는 소송제기를 허용하지 않고 재결에 대하여 취소소송을 제기하도록 하는 것을 말한다. 행정소송법은 원처분주의를 취하여 재결에 대해 불복할 경우에는 원처분을 대상으로 하도록 하고 있다(행정소송법 제19조 본문). 다만 재결 자체에 고유한 위법이 있음을 이유로 하는 경우에는 재결을 대상으로 재결취소소송을 제기할 수 있게 하고 있다(행정소송법 제19조 단서).

10 직접처분

1. 개요

재결은 피청구인인 행정청과 그 밖의 관계 행정청을 기속한다(법 제49조 제1항). 재결이 있으면 피청구인인 행정청을 비롯한 관계 행정청은 재결의 내용에 따라 처분을 취소·변경하여야 하고, 당사자의 신청을 거부하거나 부작위로 방치한 처분의 이행을 명하는 재결이 있는 경우에는 행정청은 지체없이 그 재결의 취지에 따라 다시 이전의 신청에 대한 처분을 하여야 한다(법 제49조 제2항 및 제3항).

그러나 행정청이 재결의 취지에 따라 처분을 하지 않는 경우가 발생할 수 있다. 특히 의무이행심판이 인용되어 이에 대한 이행재결의 경우에는 행정청의 적극적인 처분을 필요로 하는데, 행정청이 이를 이행하지 아니할 경우에 재결의 실효성을 잃게 된다. 이에 대응하기 위한 조치가 직접처분이다.

2. 직접처분의 요건

행정심판위원회가 처분청을 대신하여 직접처분을 하기 위해서는 일정한 요건을 갖추어야 한다.

(1) 의무이행심판의 인용재결을 받았을 것

행정심판위원회의 직접처분은 당사자의 신청을 거부하거나 부작위로 방치한 처분의 이행을 명하는 재결에 대하여 이를 이행하지 않는 경우에 하도록 하고 있다(법 제50조 제1항). '당사자의 신청을 거부하거나 부작위로 방치한 처분의 이행을 명하는 재결'이란 의무이행심판을 청구하여 인용재결, 즉 처분명령재결을 받은 경우를 말한다.

의무이행심판의 인용재결에는 처분재결(행정심판위원회가 직접 신청에 따른 처분을 하는 재결)과 처분명령재결(행정심판위원회가 처분청에 대하여 신청에 따른 처분을 할 것을 명하는 재결)이 있다. 처분재결은 행정심판위원회가 직접 원처분의 이행을 위한 처분을 하는 것이므로 이행의 문제가 발생하지 않으므로 처분명령재결의 경우에만 직접처분의 문제가 생기게 된다.

(2) 행정청이 재결을 이행하지 아니할 것

피청구인인 행정청은 의무이행심판 인용재결의 재결서의 정본을 송달받으면 지체 없이 이전의 신청에 대한 처분을 하여야 한다(법 제49조 제3항). 그럼에도 불구하고 피청구인인 행정청이 청구인에게 재결에 대한 불이행의 의사를 표시한 경우 또는 재결에 대한 이행 여부의 의사표시를 상당한 기간이 지나도록 하지 아니하는 경우에는 피청구인인 행정청이 재결에 대한 불이행을 한 것으로 볼 수 있을 것이다.

(3) 당사자가 행정심판위원회에 직접처분을 신청할 것

당사자가 피청구인인 행정청의 재결 불이행을 이유로 직접처분을 해줄 것을 행정심판위원회에 신청하여야 하고, 당사자의 신청이 없이 행정심판위원회가 직권으로 재결 불이행이 있다고 판단하여 직접처분을 할 수는 없다.

(4) 행정심판위원회가 피청구인인 행정청에 대하여 시정명령을 할 것

청구인의 직접처분 신청을 받은 행정심판위원회는 지체 없이 재결 불이행 여부를 확인하고, 재결 불이행 사실이 확인되면 일정한 기간을 정하여 피청구인인 행정청에 서면으로 시정을 명하여야 한다.

(5) 피청구인인 행정청이 시정명령을 이행하지 아니할 것

피청구인인 행정청이 행정심판위원회가 정한 기간 내에 행정심판위원회의 시정명령에 따르지 않겠다는 의사를 표시하거나, 해당 기간이 지난 후까지 시정명령을 따르지 않아야 한다.

(6) 처분이 성질이나 그 밖의 불가피한 사유로 행정심판위원회가 직접처분을 할 수 없는 경우가 아닐 것

3. 직접처분의 범위 및 형식

(1) 직접처분의 범위

직접처분 요건이 갖추어진 경우에 행정심판위원회는 피청구인에 갈음하여 재결의 취지에 따른 처분을 직접 행할 수 있다. 이 경우 행정심판위원회가 직접처분을 할 수 있는 범위는 재결의 기속력이 미치는 범위 내로서 재결의 주문에 기재된 내용에 한정될 것이다.

(2) 직접처분의 형식

① 직접처분의 명의는 행정심판위원회의 명의로 한다.
② 행정심판위원회는 직접처분을 한다는 공문과 함께 처분서를 작성하여 청구인에게 통지한다.

11 간접강제

1. 개요

행정심판위원회가 당사자의 신청을 거부하거나 방치한 부작위에 대해 거부처분 취소재결 또는 처분이행명령재결을 하면 피청구인은 재결의 취지에 따라 지체 없이 이전의 신청에 대하여 재처분하거나 이행명령에 따라 처분을 해야 하나, 피청구인이 이를 하지 않는 경우에는 처분의 이행을 강제하기 위한 수단이 필요하다.

이를 위해 행정심판위원회가 직접처분을 할 수 있도록 규정하고 있으나, 처분의 성질상 행정심판위원회가 직접처분을 할 수 없는 경우가 있을 수 있다.

특히 정보공개청구의 경우 공개대상정보를 처분청이 보유하고 있어 처분청이 공개하지 않는 이상 행정심판위원회가 직접처분을 할 수가 없다. 정보를 보유하고 있는 기관이 공개를 거부하는 경우에는 그 성질상 직접처분이 불가능하기 때문에 재결의 집행력을 확보하기 어렵게 되고, 이를 보완하기 위해서 간접강제제도가 필요한 것이다.

또한 현행 직접처분제도는 의무이행재결의 경우에만 가능하고 거부처분취소재결은 직접처분 적용대상에서 아예 제외되고 있어, 이행 강제를 위해 또다시 의무이행심판청구를 해야 하는 경우가 발생할 수 있다는 점에서 간접강제제도는 필요하다 할 것이다.

2. 직접처분과의 보충적 관계 여부

행정심판법은 청구인의 의무이행을 확보하는 수단으로서 직접처분과 간접강제를 두고 있는데, 양자의 관계에 관한 보충성 등에 관해 명문의 규정이 없기 때문에 행정심판위원회는 양 집행수단 중 처분의 성질을 고려하여 임의적으로 선택할 수 있다.

3. 간접강제의 요건

행정심판법은 피청구인이 재처분의무를 이행하지 않고 있는 경우에는 청구인이 행정심판위원회에 간접강제 신청을 할 수 있도록 하고, 피청구인이 상당한 기간 내에 이행하지 않는 경우에는 행정심판위원회는 결정으로 배상을 명할 수 있도록 하고 있다(법 제50조의2 제1항).

청구인은 배상 결정에 불복하는 경우 그 결정에 대하여 행정소송을 제기할 수 있도록 하고(법 제50조의2 제4항), 결정의 효력은 피청구인이 소속된 국가·지방자치단체 또는 공공단체에 미치며, 결정서 정본은 민사집행법에 따른 강제집행에 관하여는 집행권원과 같은 효력을 가지도록 하고 있다(법 제50조의2 제5항).

(1) 인용재결 등이 있을 것

간접강제를 하기 위해서는 우선 거부처분에 대한 취소재결이나 무효등확인심판에 대한 인용재결, 당사자의 신청에 따른 처분에 대해 절차의 위법 또는 부당을 이유로 한 취소재결이나, 거부처분이나 부작위에 대해 처분의 이행을 명하는 처분명령재결이 있어야 한다.

피청구인이 처분을 취소하거나 변경하도록 하는 내용의 조정, 거부처분이나 부작위에 대해 처분의 이행의무를 부여한 조정이 성립된 경우도 위의 경우에 준하여 간접강제의 대상이 된다(법 제43조의2 제4항). 간접강제는 직접처분이 불가능할 때로 한정되는 것은 아니고 청구인이 직접처분과 간접강제의 청구 중 어떤 것을 할 것인지 선택적으로 청구할 수 있다.

(2) 행정청이 재처분의무를 이행하지 아니할 것

간접강제를 하기 위해서는 행정심판위원회의 재결이 있게 되면 피청구인은 재결의 취지에 따라 이전의 신청에 대한 처분을 해야 함에도 처분을 하지 않고 있는 경우이어야 한다. 이 경우의 처분은 신청을 인용하는 처분이라기보다는 재결의 취지에 따른 처분을 의미한다.

4. 간접강제의 절차

(1) 청구인의 신청

간접강제는 청구인의 신청이 있어야 한다(법 제50조의2 제1항). 간접강제를 신청하는 청구인은 신청의 취지와 이유를 적은 서면을 행정심판위원회에 제출하되, 신청 상대방인 피신청인 간접강제 결정은 피청구인은 물론 피청구인이 소속된 국가·지방자치단체 또는 공공단체에도 미치므로(법 제50조의2 제5항), 피신청인은 피청구인뿐만 아니라 이들 모두가 될 수 있을 것이다.

(2) 간접강제의 심리 및 결정

행정심판위원회는 간접강제 신청이 이유 있다고 인정하는 때에는 상당한 기간을 정하고 피신청인이 그 기간 내에 이행하지 아니하면 그 지연기간에 따라 일정한 배상을 하도록 명하거나 즉시 배상을 할 것을 명할 수 있다(법 제50조의2 제1항).

> **재결례**
> 피신청인이 신청인에 대하여, 이 사건 결정서의 정본을 송달받은 날부터 30일 이내에 중앙행정심판위원회의 '2019-9883 정보공개 거부처분 취소청구' 사건의 재결 취지에 따른 처분을 하지 않을 때에는 피신청인은 신청인에게 위 기간의 만료일 다음 날부터 그 이행 완료일까지 1일 금 10만원의 비율로 계산한 돈을 지급하라(중앙행정심판위원회 2021. 4. 23.자 2021-6 결정).

(3) 간접강제 결정에 대한 불복

청구인은 간접강제 결정 또는 결정의 변경에 대해 불복하는 경우에는 그 결정에 대하여 행정소송을 제기할 수 있다.

제15장 조정

01 배경

행정심판이나 행정소송은 공법상 법률관계에 관한 분쟁으로서 강행규정에 따라 규율되는 것이므로 당사자 쌍방의 상호 양보에 따라 분쟁을 종결하는 대체적 분쟁해결 제도와는 친하지 않는 것으로 일반적으로 인식되어 오다가, 현대의 행정쟁송이 우월적 지위인 행정권의 남용으로부터 보호하는 제도를 넘어 대등한 당사자로서 다투는 경우로까지 확대되고 있어 상호 양보에 따라 분쟁을 해결하는 제도적 방안을 모색하여 당사자 간 화해를 통한 분쟁의 해결을 도모할 수 있도록 법적 근거를 마련하게 되었다.

02 개념

조정은 화해와 마찬가지로 분쟁의 종료사유 중 하나로 대체적 분쟁해결수단이며, 분쟁 당사자가 서로 참여하여 협상과 타협에 따라 합의를 도출할 수 있는 제도이다.

조정은 행정심판이 청구된 사건에 대해 행정심판위원회가 심리·재결에 앞서 양 당사자를 중개하여 쌍방의 양보에 근거해서 합의를 도출함으로써 분쟁을 해결하는 것을 말한다.

03 조정의 성립요건

1. 적극적 요건

조정은 당사자의 권리 및 권한의 범위에서 할 수 있다(법 제43조의2).

처분이 기속행위인 경우에는 조정을 통한 처분의 취소 또는 변경이 불가능하다고 보아야 할 것이다. 재량행위인 경우에는 재량의 범위 내에서 조정이 행해져야 하며 공익이나 제3자의 권익에 영향을 미치거나 대상처분에 관해 관계 행정청의 동의·승인·협의 등이 요구되는 때에는 그 제3자의 동의 및 관계 행정청의 동의·승인·협의 등을 화해의 실질적인 요건으로 해야 할 것이다.

2. 소극적 요건

1) 공공복리

조정이 공공복리에 적합하지 아니한 경우 행정심판위원회는 조정을 해서는 안 된다(법 제43조의2 제1항단서).

2) 처분의 성질

처분의 성격상 조정에 적합하지 아니한 경우에는 조정을 해서는 안 된다(법 제43조의2 제1항단서). 기속처분이 이에 해당한다.

3. 조정 절차

1) 조정은 행정심판위원회가 한다(법 제43조의2 제1항). 행정심판위원회가 조정을 하려는 경우 위원장이 결정으로써 조정을 개시(영 제30조의2·제43조제9호)하게 되고, 행정심판위원회는 조정을 함에 있어서 심판청구된 사건의 법적·사실적 상태와 당사자 및 이해관계자의 이익 등 모든 사정을 참작하고, 조정의 이유와 취지를 설명하여야 한다(법 제43조의2 제2항).

2) 조정은 당사자가 합의한 사항을 조정서에 기재한 후 당사자가 서명 또는 날인하고 행정심판위원회가 이를 확인함으로써 성립한다(법 제43조의2 제3항).

4. 조정의 성립

조정은 당사자가 합의한 사항을 조정서에 기재한 후 당사자가 서명 또는 날인하고 행정심판위원회가 이를 확인함으로써 성립한다(법 제43조의2 제4항). 행정심판위원회는 합의를 권유하고, 당사자가 새로운 합의를 거부하거나 새로운 합의의 가능성이 거의 없는 경우에는 조정절차의 종료를 결정하고, 심판절차로 복귀해야 할 것이다.

5. 조정의 효력

1) 조정이 성립되면 행정심판법 제48조(재결의 송달과 효력 발생), 제49조(재결의 기속력등), 제50조(위원회의 직접처분), 제50조의2(위원회의 간접강제), 제51조(행정심판 재청구의 금지)를 준용한다(법 제43조의2제4항)고 명문으로 규정하고 있다.

2) 효력

조정이 성립되면 피청구인은 조정의 내용을 이행해야 하며, 조정의 효력에 관해서는 인용재결에 대해 인정되는 조항인 제49조(재결의 기속력 등), 제50조(위원회의 직접처분), 제50조의2(위원회의 간접강제), 제51조(행정심판 재청구의 금지)를 준용하도록 하여, 재결에 인정되는 기속력, 직접처분, 간접강제, 재청구금지 등의 효력을 인정하고 있다.

6. 조정의 불성립

조정이 성립하지 아니하면 행정심판위원회는 조정절차를 종료하고 심판청구사건을 통상의 절차에 따라 처리한다.

행정사 2차 행정사실무법

제3편

비송사건절차법

제1장 비송사건
제2장 민사비송사건
제3장 상사비송사건

제1장 비송사건

주제 01 비송사건 정의, 종류

01 서설

1. 비송사건의 의의

비송사건은 형식적으로 비송사건절차법에 규정된 사건을 말하지만, 내용적인 측면에서는 여러 학설이 있다.

제1설 : 법원의 관할에 속하는 민사사건 중 소송 절차로 처리하지 않는 사건을 말한다.

제2설 : 사권관계의 형성, 변경, 소멸에 관하여 국가가 후원자적 입장에서 관여하는 사건이다.

2. 비송사건과 소송사건의 구별

(1) 사권형성설

소송사건은 사법질서의 유지와 확정을 목적으로 하는데 반하여, 비송사건은 사법질서의 형성을 목적으로 한다는 견해이다.

(2) 침해예방설

민사소송이 법률질서에 대한 현재의 침해에 대해 원상회복을 목적으로 하는데 반하여 비송사건은 장래 발생할 침해의 예방을 목적으로 한다는 견해이다.

(3) 대상설

원고의 피고에 대한 권리주장, 즉 법적분쟁을 대상으로 하는 것이 소송사건임에 반하여 국가에 의한 사인간의 생활관계에 후견적 개입을 대상으로 하는 것이 비송사건이라는 견해이다. 대상설이 통설적 견해이다.

(4) 실정법설

입법자가 소송사건 절차에 의하도록 정한사건을 소송사건이라 하며, 비송사건 절차에 의하도록 정한사건을 비송사건이라 한다.

>
>
> 「상법」 제391조의3 제3항.제4항에 의하면 주주는 영업시간 내에 이사회 의사록의 열람 또는등사를 청구할 수 있으나, 회사는 그 청구에 대하여 이유를 붙여 거절할 수 있고, 그 경우 주주는 법원의 허가를 얻어 이사회 의사록을 열람 또는 등사할 수 있는 바, 「상법」 제391조의 3 제4항의 규정에 의한 이사회 의사록의 열람 등 허가사건은 「비송사건절차법」 제72조 제1항에 규정된 비송사건이므로 민사소송의 방법으로 이사회회의록의 열람 또는 등사를 청구하는 것은 허용되지 않는다.【대판 2013.11.28. 2013다50367】

(5) 민사행정설

소송과 비송의 구별을 국가 작용의 성질에서 찾고자 하는 견해이다. 즉, 소송은 법규에 추상적으로 예정되어 있는바를 적용하여 분쟁을 해결함에 반하여, 비송은 국가가 단적으로 사인간의 생활관계에 개입하기 위하여 명령, 처분을 하는 것으로서 전자가 민사 사법임에 반하여 후자는 민사행정이라고 주장한다. 이러한 행정처분은 본래 행정청의 권한에 속하는 것이나 민사관계에 관하여는 연혁적, 정책적으로 사법기관인 법원 또는 그 감독하에 행하여짐으로써 비송사건이 생겼다는 견해이다.

3. 광의의 비송사건과 협의의 비송사건

(1) 광의의 비송사건

당사자 간의 대립이 전제되지 않고, 국가가 후원자적 입장에서 개입하는 사건을 통칭한다. 가사비송사건, 파산사건, 회사정리사건, 화의사건, 공시최고사건, 경매사건 등이 이에 해당합니다. 공유물분할청구나 경계확정의 소와 같은 형식적 형성의 소는 민사소송의 형식이지만 실질은 비송사건이다.

(2) 협의의 비송사건

형식상 비송사건절차법에 규정되어 있는 사건과, 비송사건절차법에 따라 처리되어야 할 것을 특별법에서 구체적으로 규정하고 있는 사건을 말한다.

02 현행 비송사건절차법의 구성

현행 비송사건절차법은 제1편 총칙, 제2편 민사비송사건, 제3편 상사비송사건, 제4편 보칙으로 구성되어 있다.

03 비송사건절차의 특징

1. 직권주의

처분권주의는 사적자치의 원칙이 관철되는 민사소송에 적용되며, 국가가 후원자의 입장에서 관여하는 비송사건 절차에서는 처분권주의가 배제되고 직권주의가 적용된다.

(1) 처분권주의

절차의 개시와 종료 및 심판의 대상을 모두 당사자의 의사에 맡기는 주의를 처분권 주의라 한다. 당사자가 요구하는 때에만, 당사자가 요구하는 사항에 대해서만, 당사자가 요구하는 범위내에서만 국가의 재판권을 발동하는 원칙으로서 직권주의에 대응하는 개념이다.

① 절차의 개시
민사소송 절차는 당사자의 소의 제기에 의하여 비로소 개시되며 법원의 직권에 의하여 개시되지 않는 것이 원칙이다. 소를 제기할 것인가의 여부도 당사자에게 맡겨져 있다.

② 심판의 대상과 범위
「민사소송법」 제203조에 의하면 법원은 당사자가 신청하지 아니한 사항에 대하여는 판결하지 못하도록 되어있다. 이에 따라 심판의 대상도 원고의 신청에 의하여 특정되고 한정되며, 법원은 당사자가 신청한 사항에 대하여 신청의 범위 내에서만 판단하여야 한다.

③ 절차의종료
개시된 절차를 종국판결에 의하지 않고 종결시킬 것인가의 여부도 당사자의 의사에 일임되어 있다. 따라서 당사자는 어느때나 소의취하, 청구의포기 · 인낙 또는 화해에 의하여 절차를 종결시킬 수 있다.

(2) 직권주의

① 절차의 개시
처분권주의의 경우에는 당사자의 소에 의하여 비로소 절차가 개시되나, 직권주의하 에서는 절차의 개시가 반드시 사인의 의사에 의하여 좌우되지 않는다. 법원이 공익적 입장에서 적극적으로 직권으로써 절차를 개시하는 경우도 있는데, 과태료 사건이 그 대표적 예라 할 수 있다. 다만 법원이 절차를 직권으로 개시하기 위해서는 법률에 그 규정이 있어야 한다.

② 절차가 행하여지는 범위와 한도
비송사건 절차에서는 공익이 중시되므로 절차가 행하여지는 범위와 한도에 대하여 법원이 반드시 당사자의 신청 내용에 구속되는 것은 아니다.

③ 절차의 종료
과태료 사건처럼 직권에 의하여 절차가 개시되는 사건이거나 신청이 당사자의 의무에 속하는 사건에 대하여는 당사자에 의한 그 신청의 취하라는 관념을 인정할 수 없다. 당사자 처분주의가 인정되지 아니하므로 비송절차에서는 신청의 포기, 인낙, 화해등에 의하여 절차가 종료되는 것이 허용되지 않는다.

2. 직권탐지주의

민사소송에서는 변론주의가 적용되나, 비송사건절차에서는 변론주의가 배제되고 직권탐지주의가 적용된다.

(1) 변론주의

변론주의라 함은 소송자료 즉 사실과 증거의 수집·제출의 책임을 당사자에게 맡기고, 당사자가 수집.

제출한 소송자료만을 재판의 기초로 삼아야 한다는 입장이다.

① 사실의 주장책임

주요사실은 당사자가 변론에서 주장하여야 하며, 당사자에 의하여 주장되지 않은 사실은 판결의 기초로 삼을 수 없다.

② 자백의 구속력

상대방이 자백한 사실과 자백간주에 대하여는 증거에 의한 인정을 필요로 하지 않을 뿐더러, 법원이 반대심증을 얻었다 하더라도 자백에 반하는 사실인정을 하여서는 아니된다.

③ 직권증거 조사의 금지

법원은 당사자가 신청한 증거에 대해서만 증거조사 하여야 하며, 원칙적으로 법원은 직권으로 증거조사 하여서는 안된다.

(2) 직권탐지주의

직권탐지주의라 함은 소송자료의 수집에 관하여 법원에 주도권을 인정하는 것, 즉 당사자의 변론여하에 불구하고 법원이 직권으로 어느사항에 관하여 필요한 사실을 조사탐지하고 증거조사를 하는 것을 말한다. 「비송사건절차법」 제11조에 따라 법원은 직권으로 사실의 탐지와 필요하다고 인정하는 증거의 조사를 하여야 한다.

① 사실의 직권탐지

당사자의 변론은 법원의 직권탐지를 보충함에 그치며, 당사자가 주장하지 않은 사실도 법원이 직권으로 자료를 수집하여 재판의 기초로 삼아야 한다.

② 자백의 구속력 배제

당사자의 자백과 의제자백은 법원을 구속할 수 없으며 단순한 증거자료임에 그친다.

③ 직권에 의한 증거조사

당사자 신청에 의한 증거조사가 원칙이고 직권증거조사는 보충적인 변론주의에서와 달리, 법원은 당사자의 증거 신청에 불구하고 직권으로 증거를 조사할 책임이 있다.

3. 비공개의원칙

민사소송에서는 공개주의가 적용되나, 비송사건절차에서는 비공개주의가 적용된다.

(1) 공개주의

재판의 심리와 판결의 선고를 일반인이 방청할 수 있는 상태에서 행하여야 한다는 주장을 공개주의라 한다. 헌법 제109조에 의하면 재판의 심리와 판결은 공개하도록 되어 있다.

민사소송에 있어서는 이러한 공개주의 원칙이 적용된다.

(2) 비공개주의

비송사건절차에 있어서는 변론을 열것이냐의 여부는 법원의 재량에 맡겨져 있으며, 심문은 비공개로 행하여질 것을 법률이 요구하고 있다. 특히 비송사건절차의 재판은 판결에 의하지 아니하고 결정으로 하는 것이 원칙이므로(비송법제17조제1항), 비공개주의를 취한다고 하여 위헌적 요소가 있는 것이 아니다. 그러나 각칙에서는 비공개주의를 적용하지 않는 경우도 있다.

4. 재판의 기판력 결여

민사소송의 확정된 종국판결에 있어서는 기판력이 인정되나, 비송사건절차에 있어서는 이러한 기판력이 결여되어 있다.

(1) 기판력

확정된 종국판결에 있어서 청구에 대한 판결내용은, 당사자와 법원을 규율하는 새로운 규준으로서의 구속력을 가지며, 뒤에 동일사항이 문제되면 당사자는 그에 반하여 되풀이하여 다투는 소송이 허용되지 아니하며(불가쟁), 법원도 그와 모순·저촉되는 판단을 하여서는 안된다(불가반). 이러한 기판력은 민사소송에서 인정된다.

(2) 기판력의 결여

비송사건절차에 있어서의 소극적재판은 원칙적으로 기판력이 없다. 따라서 당사자의 청구가 법원에 의하여 인용되지 않는 경우 이를 다시 신청하는 것을 허용하지 않는 민사소송과 달리, 비송사건에서는 이를 다시 신청하는 것이 허용되며, 이러한 경우 법원도 원래의 결정과 달리 이를 인용할 수 있다고 할 것이다. 이는 객관적 진실주의를 채택하는 비송사건절차의 원리를 보았을 때 인정할 만하다.

5. 기속력의 제한적 인정

민사소송에서는 기속력이 인정되는 것이 원칙이나, 비송사건절차에 있어서는 기속력이 제한된다.

(1) 기속력

판결이 일단 선고되어 성립되면, 판결을 한 법원 자신도 이에 구속되며, 스스로 판결을 철회하거나 변경을 하는 것이 원칙적으로 허용되지 않는데 이를 판결의 기속력이라 한다. 민사소송에서는 이러한 기속력이 인정되는 것이 원칙이다.

(2) 기속력의 제한

비송사건절차에 있어서는 즉시항고로써 불복할수 있는 재판 등 취소변경의 자유가 제한되는 경우를 제외하고는 모든 재판에 관하여 법원은 재판을 한 후에 그 재판이 위법 또는 부당하다고 인정할 때에는 이를 취소하거나 변경 할 수 있다(비송법 제19조 제1항). 원심법원이 자기가 한 재판을 스스로 취소·변경 할 수 있으므로 비송사건절차에서는 기속력이 현저히 제한된다.

6. 간이주의

비송사건절차는 당사자간의 다툼이나 대립이 전제되는 것이 아니므로 절차를 간이, 신속히 행하기 위하여 간이주의를 인정하고 있다.

1) 심문은 공개하지 아니한다.

2) 중인 또는 감정인의 심문에 관하여는 조서를 작성하나, 기타의 심문에 관하여는 필요하다고 인정하는 경우에 한하여 조서를 작성하는데 이 부분의 간이주의를 반영하고 있는 것이다.

3) 재판의 원본은 신청서 또는 조서에 재판에 관한 사항을 기재하고 판사가 이에 서명 날인함으로써 원본에 갈음할 수 있다.

4) 재판은 법률에 특별한 규정이 없는 한 이유를 붙이지 아니한 결정으로 한다.

5) 재판의 고지는 법원이 적당하다고 인정하는 방법으로 한다. 다만, 공시송달을 하는 경우에는 「민사소송법」의 규정에 따라야 한다.

7. 기타

1) 민사소송에서는 사실의 증명을 위하여 법에 정해진 증거조사(엄격한증명)에 의함이 원칙이나, 비송사건절차에 있어서는 법정의 증거조사 이외에 사실의 탐지라고 불리는 자유로운 증명이 인정된다.

2) 민사소송에서는 대리인은 원칙적으로 변호사이어야 한다는 제한이 있으나, 비송사건절차에서는 그러한 제한이 없으며 소송능력을 가진 자는 누구나 대리인이 될 수 있다.

3) 민사소송은 당사자간의 대립이 전제되어 있으므로 변론을 반드시 열어야 하는 필요적 변론이 원칙이나 비송사건은 그러하지 아니하다.

4) 민사소송의 종국재판의 형식은 판결임에 비하여 비송사건의 종국재판의 형식은 결정으로 한다.

04 비송사건절차법의 적용 범위

총칙편의 규정은 법원의 관할에 속하는 비송사건 중 이 법 또는 그 밖의 다른 법령에 특별한 규정이 있는 경우를 제외한 모든 사건에 적용한다(동법 제1조).

주제 02 관할

01 의의

관할이란 각 법원에 대한 재판권의 분배, 즉 특정의 법원이 특정사건을 재판할 수 있는 권한을 말한다. 사건의 경중이나 재판의 난이, 법원이나 피고인의 편의 등을 고려하여 결정되어 있다.

02 재판기관의 조직

재판기관의 조직은 법원조직법에 규정되어 있으며 비송사건에 관여하는 재판기관은 다음과 같다.
① 협의의 법원
② 법원사무관등(법원서기관, 법원사무관, 법원주사, 법원주사보)과 집행관
③ 보조기관 : 법무부장관, 검사, 우편집배원 등이 있다. 보조기관은 원래부터 재판권을 행사하는 기관은 아니다.

1. 협의의 법원

협의의 재판기관에는 단독판사와 합의부가 있으며, 대법원과 고등법원은 반드시 합의제이지만, 지방법원과 그 지원은 단독판사를 원칙으로 하며, 지방법원 및 그 지원은 합의제를 병용하고 있다.

2. 재판장·수명법관·수탁판사

(1) 재판장

합의부에 있어서는 구성법관 중 1인이 재판장이 되지만, 누가 재판장이 되느냐는 명문의 규정이 없다. 재판장은 합의체의 합의를 주재하지만, 합의에 있어서는 다른 합의부원과 동등한 표결권을 갖는다. 합의부가 행하는 심문에 관하여는 이를 대표해서 발언하는 외에 일반 절차상의 지휘권을 갖는다.

(2) 수명법관

합의부는 그 구성법관 중에서 1인을 수명법관으로 정하여 일정한 사항의 처리를 위임할 수 있다. 이때 이를 맡은 법관을 수명법관이라 하며, 수명법관에게 위임할 것이냐의 여부는 합의부가 결정하나 수명법관의 지정은 재판장이 한다.

(3) 수탁판사

수탁판사라 함은 수소법원이 동급의 다른법원에 증거조사나 탐지 등 일정한 재판사항의 처리를 촉탁한 경우에 그 처리를 맡은 다른법원의 단독판사를 말한다. 수탁판사가 한 처분 또는 재판은 수소법원의

재판장이나 수명법관이 한 것과 마찬가지로 취급한다.

3. 그 밖의 재판기관

(1) 법원사무관등

법원사무관 등은 법원서기관·법원사무관·법원주사·법원주사보 등의 직위에 있는자가 담당한다. 이들은 대법원과 각급법원에 배치되어 재판의 부수사무를 처리하는 단독제 기관이다. 법원사무관 등은 재판기관에 부수하여 그 지휘, 명령을 받지만 법원의 보조기관은 아니고 자기의 고유한 권한을 행사하는 기관이다. 따라서 법원사무관 등의, 직무는 법관이라도 대행할 수 없다.

법원사무관 등은 비송사건절차의 심문참여 및 조서작성, 송달사무, 비송사건사항의 공증, 기록 보존 등의 사무를 담당한다.

(2) 집행관

집행관은 각 지방법원에 배치되어 강제집행 등의 실력행사와 소송서류의 송달 등을 행하는 단독제 국가 기관이다.

03 관할의 종류

1. 직분관할

비송사건에서 재판의 대부분은 형성재판으로서, 특별한 집행행위가 필요하지 않으므로 비송법원과 집행법원은 분리되지 않고, 집행법원은 존재하지 않는다.

2. 지방법원의 단독판사, 합의부

비송사건절차법은 사건의 성질에 따라서 각각의 사건마다 일일이 관할을 규정하고있다. 회사의 해산명령 사건은 지방법원 합의부가 관할한다고 규정하고 있다.

3. 사물관할

(1) 의의

사물관할이란 사건의 성질(경중)에 따라 재판권의 분담관계를 정해 놓은 것을 말한다.

민사소송에서는 재산권의 청구인 경우 원칙적으로 소가에 의하여 분담관계가 결정된다.

(2) 내용

비송사건절차에서는 이러한 통일적인 기준이 정하여져 있지 아니하며, 대개 회사와 관련된 비중 있는 사건, 금전과 관련된 사건이거나, 사회적 관심도가 높을 가능성이 있는 사건을 합의부사건으로 하고 있는데 비송사건절차법에 별도로 규정되어 있다. 지방법원본원 또는 그 지원은 단독판사가 원칙이므로 법률에 합의부라 규정된 바 없으면 단독판사가 그 사건을 분담한다.

4. 심급관할

(1) 의의
하급심 법원의 재판에 대하여 상급법원에의 불복신청을 허용하는 경우에, 이들 사이의 심판의 순서, 상하관계의 경합을 심급관할이라고 한다. 서로 종류나 단계를 달리하는 법원 사이에서 다루는 심급의 직분의 차이를 기준으로 재판권의 분담을 정하여 놓은 것이므로 심급관할은 직분관할이다.

(2) 내용
① 제1심 지방법원 단독판사의 결정 등에 대한 항고사건은 지방법원 합의부가 관할한다.
② 제1심 지방법원 합의부의 결정 등에 대한 항고사건은 고등법원이 관할한다.
③ 항고법원의 결정 등에 대한 재항고사건은 대법원이 관할한다.

5. 토지관할

(1) 의의
토지관할이라 함은 재지를 달리하는 동급의 법원 사이에 비송사건 특히 제1심사건의 분담관계를 정해 놓은 것을 말한다. 비송사건절차법은 토지관할에 관한 원칙적인 규정을 두지 아니하고 사건에 따라 각각 별도로 그 관할을 법률에 규정해놓고 있다.

(2) 토지관할의 특칙
① 법원의 토지 관할이 주소에 의하여 정하여질 경우 대한민국에 주소가 없을 때 또는 대한민국 내의 주소를 알지 못할 때에는 거소지(居所地)의 지방법원이 사건을 관할한다.
② 거소가 없을 때 또는 거소를 알지 못할 때에는 마지막 주소지의 지방법원이 사건을 관할한다.
③ 마지막 주소가 없을 때 또는 그 주소를 알지 못할 때에는 재산이 있는 곳 또는 대법원이 있는 곳을 관할하는 지방법원이 사건을 관할한다.

> **비송사건절차법**
> **제2조(관할법원)** ① 법원의 토지 관할이 주소에 의하여 정하여질 경우 대한민국에 주소가 없을 때 또는 대한민국 내의 주소를 알지 못할 때에는 거소지(居所地)의 지방법원이 사건을 관할한다.
> ② 거소가 없을 때 또는 거소를 알지 못할 때에는 마지막 주소지의 지방법원이 사건을 관할한다.
> ③ 마지막 주소가 없을 때 또는 그 주소를 알지 못할 때에는 재산이 있는 곳 또는 대법원이 있는 곳을 관할하는 지방법원이 사건을 관할한다.

주제 03 우선관할 및 이송

01 우선관할

비송사건에서 동일한 사건에 대하여 2곳 이상의 법원이 관할권을 가지는 경우가 있다. 관할이 경합하는 경우 당사자가 임의로 그 하나를 선택할 수 있는 때 이를 선택관할이라고 하는데 일반적인 경우라면 선택에 의하여 다른 법원의 관할권이 당연히 소멸하는 것은 아니다.(이송가능) 그러나 특별히 당사자가 최초로 사건을 신청받은 법원이 그 사건을 관할하는 경우를 우선관할이라고 한다.

02 사건의 이송

1. 이송의 의의

우선관할법원이 사건을 심리함에 있어 부적당하다고 생각될 경우 해당 법원은 신청에 의하여 또는 직권으로 적당하다고 인정하는 다른 관할 법원에 그 사건을 이송할 수 있다.

2. 이송의 종류

(1) 관할위반에 의한 이송

우선관할의 결과, 다른 관할법원은 해당 비송사건에 대한 관할권을 잃게 된다. 따라서 먼저 신청받은 관할법원 이외의 다른 관할법원이 해당 비송사건의 신청을 받은 경우에는 그 법원은 관할권이 없는 법원이므로 해당사건을 최초로 신청 받은 관할법원에 이송할 것이다.

(2) 적당한 법원에 이송

최초로 신청을 받거나 직권으로 절차를 개시한 관할법원은 신청에 의하여 또는 직권으로 적당하다고 인정하는 다른 관할법원에 그 사건을 이송할 수 있다.

다른 관할법원에서 심리하는 것이 신속한 사건 처리의 관점에서 타당한 경우가 있기 때문이다.

> **비송사건절차법**
>
> **제3조(우선관할 및 이송)** 관할법원이 여러 개인 경우에는 최초로 사건을 신청받은 법원이 그 사건을 관할한다. 이 경우 해당 법원은 신청에 의하여 또는 직권으로 적당하다고 인정하는 다른 관할법원에 그 사건을 이송할 수 있다.

3. 이송결정의 효력

(1) 소송을 이송받은 법원은 이송결정에 따라야 한다.

(2) 소송을 이송받은 법원은 사건을 다시 다른 법원에 이송하지 못한다.

4. 즉시항고

이송결정과 이송신청의 기각결정에 대하여는 즉시항고를 할 수 있다.

5. 이송의 효과

(1) 이송결정이 확정된 때에는 소송은 처음부터 이송받은 법원에 계속(係屬)된 것으로 본다.

(2) 이송결정을 한 법원의 법원서기관·법원사무관·법원주사 또는 법원주사보는 그 결정의 정본(正本)을 소송기록에 붙여 이송받을 법원에 보내야 한다.

6. 관할법원의 지정

(1) 법원의 관할 구역 그 자체가 경계 불명 등으로 분명하지 않거나, 경계는 분명하지만 관할의 원인이 되는 사실이 분명하지 않아 여러 법원 사이의 토지관할에 관하여 의문이 있을 때에는 신청에 의하여 관계된 법원에 공통되는 바로 위 상급법원이 관할법원을 정한다.
여기서 바로 위 상급법원이란 소송법상 의미의 법원 제계에 따른 바로 위 상급법원을 말하는 것이다.

(2) 상급법원은 결정의 형식으로 관할법원을 지정한다. 또한 관할법원을 지정하는 결정에 대해서는 불복신청을 할 수 없다.

비송사건절차법

제4조(관할법원의 지정) ① 관할법원의 지정은 여러 개의 법원의 토지 관할에 관하여 의문이 있을 때에 한다.
② 관할법원의 지정은 관계 법원에 공통되는 바로 위 상급법원이 신청에 의하여 결정(決定)함으로써 한다. 이 결정에 대하여는 불복신청을 할 수 없다.

주제 04 법원 직원의 제척·기피

01 서론

재판의 공정성을 유지하기 위하여 어느 것이든 법관이 구체적 사건과 특별한 관계에 있는 때, 그 사건에 관한 직무의 집행에서 그 법관을 배제하여 정당한 재판을 보장하기 위한 제도이다.

비송사건절차에 있어서도 재판기관을 구성하는 직원은 그 직무를 집행함에 있어서 공정성을 유지하여야 함은 소송사건의 경우와 같다.

02 제척

1. 의의

법관이 어떤 사건에 관하여 법에서 정한 일정한 관계(민사소송법 제41조, 형사소송법 제17조)가 있는 경우에 법률상 당연히 그 사건에 관한 직무를 행할 수 없는 것이다.

2. 제척의 사유

(1) 법관 또는 그 배우자나 배우자이었던 사람이 사건의 당사자가 되거나, 사건의 당사자와 공동권리자·공동의무자 또는 상환의무자의 관계에 있는 때

(2) 법관이 당사자와 친족의 관계에 있거나 그러한 관계에 있었을 때

(3) 법관이 사건에 관하여 증언이나 감정(鑑定)을 하였을 때

(4) 법관이 사건당사자의 대리인이었거나 대리인이 된 때

(5) 법관이 불복사건의 이전 심급의 재판에 관여하였을 때. 다만, 다른 법원의 촉탁에 따라 그 직무를 수행한 경우에는 그러하지 아니하다.

03 기피

1. 의의

기피는 법관에게 제척원인이 있을 때 또는 재판의 공정을 기대하기 어려운 사정이 있는 때에 당사자의 신청에 의하여 재판에 의해 당해 법관을 직무집행으로부터 배제하는 것이다(민사소송법 제43조, 형사소송법 제18조).

2. 당사자의 기피권

(1) 당사자는 법관에게 공정한 재판을 기대하기 어려운 사정이 있는 때에는 기피신청을 할 수 있다.

(2) 당사자가 법관을 기피할 이유가 있다는 것을 알면서도 본안에 관하여 변론하거나 변론준비기일에서 진술을 한 경우에는 기피신청을 하지 못한다.

04 회피

회피는 법관이 사건에 관하여 제척 또는 기피의 원인이 있다고 생각하여 스스로 사건을 취급하는 것을 피하는 것이다(민사소송법 제49조, 형사소송법 제24조).

05 절차의 정지

기피(또는 제척)의 신청이 있으면 그 신청에 대한 재판이 확정될 때까지 비송사건절차를 정지하여야 한다.

주제 05 당사자

01 당사자

1. 당사자 개념

민사소송은 대립된 분쟁을 전제로 한쪽이 다른 쪽을 상대로 재판을 구하는 절차이므로 자기의 이름으로 판결을 요구하는 사람과 이에 대립하여 판결을 요구 받는 사람이 절차의 주체가 되는데, 이러한 당사자 대립구조틀을 기초로 민사소송법은 당사자, 원고, 피고 등이 당사자가 된다.

비송사건에서는 절차의 주체를 통일적으로 부르지 않고 각각의 경우 넓게 또는 좁게 여러 표현을 사용한다. 비송사건절차법상 당사자 이외에도 사건의 관계인, 재판으로 권리를 침해당한 자 등으로 표현한다.

2. 비송사건의 당사자

비송사건은 국가가 후견인적 관점에서 관여하는 것이기 때문에 소송절차와는 달리 당사자란 개념이 명백하지 않다. 다만, 비송사건의 당사자란 일반적으로 사건의 신청인, 재판을 받을 수 있는 자 또는 항고인을 말하며, 당해 비송사건의 종국재판에 의하여 직접 그 권리의무에 영향을 받는 자라고 할 수 있다.

02 당사자 능력

1. 당사자능력 의의

비민사소송에서 당사자능력은 소송의 당사자가 될 수 있는 일반적인 자격을 말하는데 민법상 권리의무의 주체가 될 수 있는 자격인 권리능력에 대응하여 소송법상의 주체로서 소송수행을 하고 최종적으로는 판결의 명의인으로서 판결의 효력의 귀속주체가 될 수 있는 자격을 말한다.

2. 자연인과 법인의 당사자능력

비송사건절차법은 당사자능력에 관한 규정은 없으나, 민사소송법 제51조는 절차법의 원칙규정으로서 비송사건에도 당연히 준용되므로 민법상 권리능력자인 자연인과 법인은 당사자능력이 인정된다고 보는 것이 타당할 것이다.

3. 법인 아닌 사단이나 재단

다툼이 있으나 현실적으로 비법인 사단이나 재단도 비송사건의 당사자가 될 필요성이 있으므로 이를 긍정하는 것이 타당할 것이다.

4. 당사자능력 흠결의 효과

당사자능력 없는 자가 행한 신청·항고 등은 법률상 당연 무효이다.

03 공동당사자

(1) 의의
사건에 따라 수인의 당사자가 공동으로 관여할 것을 요구하는 경우가 있는데 이를 공동당사자라고 한다.

(2) 독립한 신청권자가 여럿 있는 경우 여러 사람을 상대방으로 하는 경우
비송사건에서 독립한 신청권자가 여러 사람인 경우가 있을 수 있다. 이때 여러 사람의 이해관계인은 각각 독립하여 해산명령을 신청할 수 있다.

(3) 법률상 반드시 공동신청을 할 필요는 없으나, 여러 사람이 공동으로 신청하는 것에 의하여 신청요건을 충족하는 경우
상법 366조에서 발행주식 총수의 100분의 3이상에 해당하는 주식을 가진 주주를 임시총회소집허가사건의 신청권자로 규정하고 있는데 이와 같이 법률상 반드시 여러 사람의 공동신청을 할 필요가 있는 것은 아니지만 여러사람의 신청인이 공동하여서만 신청요건을 충족할 수 있는 경우가 있다. 이 신청요건은 비송재판의 확정시까지 존재하여야 한다.

(4) 필수적 공동신청인 경우
법률이 반드시 공동으로 신청할 것을 요구하는 경우가 있다. 이 경우 고유 필수적 공동소송과 마찬가지로 취급되어 신청인의 일부를 빼고 신청하면, 보정이 없는 한 그 신청은 부적법 각하된다.

(5) 법률의 규정상 공동신청은 필요하지 않지만, 여러개의 신청이 있는 때는 병합하여 심리 및 재판하여야 하는 경우
규정상으로는 반드시 공동의 신청이 필요한 것은 아니지만, 여러개의 신청이 있으면 마치 유사필수적 공동소송의 경우와 같이 심리와 재판을 병행하여 행할 것이 요구되는 경우가 있다.

04 비송행위능력

1. 의의
비송행위능력이란 비송사건의 당사자로서 스스로 유효하게 비송행위를 할 수 있는 능력을 말한다. 민사소송법상 소송능력에 해당한다.

2. 제한능력자의 비송행위능력
미성년자, 피성년후견인은 비송행위능력이 없다. 이에 따라 이들의 비송행위는 법률상 당연 무효이다.

05 선정당사자

1. 선정당사자의 의의

선정당사자란 공동의 이해관계가 있는 여러 사람이 공동소송인이 되어 소송을 하여야 할 경우에 그 가운데서 모두를 위해 소송을 수행할 당사자로 선출된 자를 말한다.

공동의 이해관계인 전원이 소송당사자가 되는 경우 변론의 복잡, 송달사무의 폭주, 중단사유 발생의 경우에 소송 진행이 번잡해진다. 다수 당사자소송을 간소화한다는 점에서 다수자가 공동소송인이 되고 같은 소송대리인을 선임하는 것도 가능하나 소송요건의 존재에 대한 조사가 필요하다는 점에서 선정당사자 제도가 편리하다.

2. 비송사건의 선정당사자 (판례)

「비송사건절차법」및 관계 법령들의 규정내용에 비추어 보면 선정당사자에 관한「민사소송법」제53조의 규정은「비송사건절차법」이 적용되는 비송사건에는 준용되거나 유추적용 되지 않는다고 보아야 할 것이다.

대법원도 "토지구획정리조합의 조합원의 1/2 이상이 선정한 선정당사자가「민법」제70조 제2항, 제3항과 위 토지구획정리조합의 정관규정에 따라 조합원임시총회 소집허가신청을 한 경우 조합원들이 선정당사자를 선정한 행위는 효력이 없어 위 신청은 선정당사자가 단독으로 한 것에 불과하므로 임시총회 소집허가신청의 정수에 미달하여 부적법하다(대결 1990.12.7., 90마674, 90마카 11)."라고 판시하였다.

06 참가제

1. 보조참가 허용 여부

「비송사건절차법」은 보조참가에 관한「민사소송법」을 준용하고 있지 않다. 따라서 비송사건절차에서도 보조참가를 허용할 것인지 문제된다. 비송사건에서 보조참가를 허용하여도 불합리할 것은 아니다. 보통 실무에서는 보조참가를 허용하고 있다.

대법원도 비송사건에서 보조참가를 허용한 경우가 있다(대법원 2010.11.22., 2010그191 결정).

2. 이해관계인의 참가

「가사소송법」은 심판청구에 관하여 이해관계가 있는 자는 재판장의 허가를 받아 절차에 참여할 수 있다. 또한 재판장은 상당하다고 인정하는 경우 이해관계인을 절차에 참여하게 할 수 있다.

07 당사자의 사망

주제 06 대리인

01 대리인

1. 비송행위의 대리인

(1) 의의

비송대리인은 당사자를 위하여 비송행위를 하는 자를 말한다. 비송사건절차법 제6조 제1항 본문은 '사건의 관계인은 소송능력자로 하여금 소송행위를 대리하게 할 수 있다'고 규정하고 있다. 여기서 '사건의 관계인'은 일반적으로 당사자와 동일한 의미로 본다.

> - 사자
>   본인을 위하여 본인의 행위를 전달하거나 수령하는 것만을 하는 사람 스스로 의사결정에 기하여 행위를 하지 않는 점
> - 대행
>   대행인이 위임인을 위하여 의사표시 이외의 행동을 대외적으로 하면 그 효과가 위임인에게 미치는 것

> **제6조(대리인)** ① 사건의 관계인은 소송능력자로 하여금 소송행위를 대리(代理)하게 할 수 있다. 다만, 본인이 출석하도록 명령을 받은 경우에는 그러하지 아니하다.
> ② 법원은 변호사가 아닌 자로서 대리를 영업으로 하는 자의 대리를 금하고 퇴정(退廷)을 명할 수 있다. 이 명령에 대하여는 불복신청을 할 수 없다.

(2) 비변호사대리의 허용

비송사건절차법상 사건의 관계인은 소송능력자로 하여금 소송행위를 대리하게 할 수 있다고 규정하고 있으므로 비송사건에 있어서는 변호사대리의 원칙은 채택되지 아니하고 소송능력자이기만 하면 다른 제한 없이 비송대리인이 될 수 있다. 다만 비송대리인이 되기 위해서는 소송능력자이어야 하며 이는 항고심에도 그대로 적용된다.

2. 비송대리가 허용되지 않는 경우

(1) 본인출석명령

법원이 당사자 본인의 출석을 명한 때 법원은 직접 본인의 진술을 들어야 할 필요가 있는 때 본인의 출석을 명령할 수 있다. 이때에는 소송행위를 대리하게 할 수 없다.

(2) 법원의 퇴정명령

법원이 변호사가 아닌 자로서 대리를 영업으로 하는 자의 대리를 금하고 퇴정을 명할 때 법원의 이 명령에 대하여는 불복신청을 할 수 없다.

3. 대리권의 범위

(1) 위임계약

비송사건절차법은 대리권의 범위에 관하여 민사소송법 제90조와 같은 규정을 두고 있지 않다. 이에 따라 대리권의 범위는 위임계약에 취지에 따라 결정된다.

(2) 특별수권 필요

신청의 취하, 항고의 제기 및 취하, 복대리인의 선임은 민사소송에서의 소송대리권의 범위와의 균형상 특별수권을 필요로 한다.

4. 대리권의 증명

(1) 서면으로 증명

대리권을 수여하는 방식은 자유이나, 비송사건절차법은 대리인에 관하여는 민사소송법 제89조를 준용하여 비송대리인의 권한은 서면으로 증명하여야 한다고 규정하고 있다.

(2) 공증사무소 인증

대리인의 권한을 증명하는 서면이 사문서인 경우 법원은 공증인, 그 밖의 공증업무를 보는 사람의 인증을 받도록 소송대리인에게 명할 수 있다.
단, 해당 명령에 대하여는 불복신청을 할 수 없다.

5. 대리행위의 효력

(1) 권한 내 행위의 효력

비송대리인이 대리권 범위 내에서 행한 비송행위는 직접 본인에게 효력이 있다.

(2) 권한 외 행위의 효력

비송대리인이 무권대리인인 경우 그 대리행위는 무효이므로 법원은 부적법한 것으로 보아 각하하여야 한다.

6. 당사자 사망과 비송대리권의 소멸

(1) 절차대리인의 사망

민법상 본인의 사망, 대리인의 사망 등에 의하여 대리권은 소멸한다. 비송사건의 절차대리권은 원칙적으로 민법 그 밖의 법률이 정하는 사유에 의하여 소멸하는데 절차대리인의 사망 등이 그 사유이다.

(2) 당사자의 사망

민법상 본인의 사망으로 대리권은 소멸하지만 민사소송에서는 당사자가 사망한다고 하더라도 소송대리권은 소멸하지 않는다.

비송사건절차에서는 ① 절차의 중단이 없다는 점, ② 절차의 목적이 상속의 대상이 되는 경우에는 상속인에게 승계된다는 점을 고려하면, 당사자가 사망하더라도 비송대리권을 소멸하지 않는다고 보아야 한다.

주제 07 절차의 개시

01 정의

비송사건절차는 ① 당사자의 신청, ② 검사의 청구, ③ 법원의 직권으로 개시된다.

02 당사자의 신청

비송사건의 신청은 법원에 대하여 일정한 내용의 재판을 구하는 행위이고, 신청사건은 당사자의 신청에 의해서만 절차가 개시되는 사건이다.
절차의 대상도 신청에 의하여 정하여지고, 신청의 취하에 의하여 절차가 종료된다.
비송사건의 대부분은 신청사건이다.

> **비송사건절차**
> 제8조(신청 및 진술의 방법) 신청 및 진술에 관하여는 「민사소송법」 제161조를 준용한다.
> **민사소송법**
> 제161조(신청 또는 진술의 방법) ① 신청, 그 밖의 진술은 특별한 규정이 없는 한 서면 또는 말로 할 수 있다.
> ② 말로 하는 경우에는 법원사무관등의 앞에서 하여야 한다.
> ③ 제2항의 경우에 법원사무관등은 신청 또는 진술의 취지에 따라 조서 또는 그 밖의 서면을 작성한 뒤 기명날인 또는 서명하여야 한다. 〈개정 2017. 10. 31.〉

1. **신청의 방식**

   (1) 원칙

   ① 신청은 특별한 규정이 없는 한 서면 또는 말로 할 수 있다.

   ② 말로 하는 신청의 경우에는 법원사무관등의 앞에서 하여야 하고, 법원사무관등은 신청 또는 진술의 취지에 따라 조서 또는 그 밖의 서면을 작성한 뒤 기명날인 또는 서명하여야 한다.

(2) 예외 : 서면주의

① 특별한 규정이 있는 경우 말로 하는 신청은 허용되지 않고 서면으로 하여야 한다.

> 예 주식회사설립에 있어서의 검사인선임신청사건, 법인의 임시총회소집허가신청사건

② 신청서에는 다음의 사항을 적고 신청인이나 그 대리인이 기명날인하거나 서명하여야 한다.
- 신청인의 성명과 주소
- 대리인에 의하여 신청할 때에는 대리인의 성명과 주소
- 신청의 취지와 그 원인이 되는 사실
- 신청 연월일
- 법원의 표시

③ 증거서류가 있을 때에는 그 원본 또는 등본(謄本)을 신청서에 첨부하여야 한다.

(3) 신청의 취지와 신청원인

1) 신청취지

법원에 대하여 구체적으로 어떠한 사권관계의 형성의 재판을 청구하는가를 표시하는 기재를 신청취지라고 한다.

2) 신청원인

그 사권관계의 형성 변경 소멸에 필요한 기초사실을 신청원인이라 한다.

3) 신청요건 흠결의 보정

① 흠결이 보정될 수 없는 경우

흠결이 보정될 수 없는 경우에는 법원은 그 신청을 부적법 각하하여야 한다.

② 흠결이 보정될 수 있는 경우

흠결이 보정될 수 있으면 법원은 상당한 기간을 정하여 그 보정을 명한 후 흠결이 보정된다면 본안재판에 들어가야 하며, 만약 흠결이 보정되지 않는다면 그 신청을 부적법 각하하게 된다.

03 검사의 청구

1. 의의

비송사건절차 가운데에는 신청사건이나 직권사건 외에 검사의 청구에 의하여 개시되는 검사청구사건이 있다. 검사청구사건은 공익에 미치는 영향이 크므로 검사가 공익의 대표자로서 절차에 관여하는 것이다. 즉, 검사는 이해관계인이 아니다.

2. 통지의무

법원, 그 밖의 관청, 검사와 공무원은 그 직무상 검사의 청구에 의하여 재판을 하여야 할 경우가 발생한 것을 알았을 때에는 그 사실을 관할법원에 대응하는 검찰청 검사에게 통지하여야 한다.

04 법원이 직권으로 개시하는 경우

당사자의 신청이 없더라도 법원이 일정한 처분을 하거나 또는 절차를 개시할 수 있는 사건을 직권사건이라고 하는데, 과태료 사건이 가장 대표적이다.

- 법원은 직권사건의 사유를 알게된 때는 즉시 그 절차를 개시하여야 한다.
- 대부분 다른 감독관처의 통고 또는 통지에 의하여 직권사건의 사유를 알게된다.
- 다만 관할관청의 통고 또는 통지는 법원의 직권발동을 촉구하는 의미에 지나지 아니한다.
- 가령 통고 또는 통지의 취하나 철회가 있더라도 법원은 절차를 개시하거나 계속 진행할 수 있다.

주제 08 절차의 진행

1. 직권주의

직권주의란 절차의 개시, 심판의 대상과 범위, 절차의 종료에 대하여 법원이 주도권을 가지는 것을 말한다. 비송사건은 당사자의 신청에 의하여 절차가 개시되는 신청사건이든, 법원이 직권으로 개시한 직권사건이든 일단 절차의 개시된 뒤에는 법원이 직권으로 절차를 진행한다.

기일의 지정, 변경(법 제10조), 사실탐지 및 증거조사 (법 제11조), 송달(법 제18조) 등은 법원이 직권으로 수행한다.

2. 절차의 비공개

비송사건절차는 비공개로 진행된다. 비송사건의 심문은 공개하지 않으며, 다만 법원은 심문을 공개함이 적정하다고 인정하는 사람에게 방청을 허가할 수 있을 뿐이다.

3. 진술

진술은 단순한 사실, 의견, 희망을 표명 또는 개진하는 관념의 통지이다. 법의 심문에 대한 답변도 진술에 포함된다.

진술의 경우 구술에 의한 것이라면 반드시 조서를 작성하여야 한다.

4. 절차의 중단

(1) 절차의 중단

절차의 중단이란 당사자 등에게 소송수행을 할 수 없는 사유가 발생한 경우 새로운 소송수행자가 나타날 때까지 법률상 절차의 진행이 정지되는 것을 말한다.

(2) 비송사건의 경우
비송사건절차에서는 직권주의와 직권탐지주의가 적용되어 당사자에게 입증책임이 부여되지 아니하는 등 불이익이 미치지 아니하여 절차를 중단할 필요가 없다.

> **참고**　**당사자의 사망**
>
> 1. 문제점
>   당사자의 사망이 비송사건절차에 영향을 미쳐 절차가 중단되는지 문제된다.
>
> 2. 절차의 진행 또는 절차의 종료
>   ① 신청인이 형성하려는 법률관계가 상속의 대상이 되는 경우 상속인에 의해 절차가 승계된다.
>   ② 신청인이 형성하려는 법률관계가 일신전속적인 경우로서 당사자의 사망으로 목적 자체가 소멸한 경우 당연히 절차는 종료된다.
>
> 3. 진실발견 주의
>   비송사건절차에서는 사실인정에 관하여 진실발견을 위한 직권탐지, 직권에 의한 증거조사의 원칙을 채택하고 있다. 민사소송의 경우와 달리 당사자의 자백에 법원이 구속되지 않으며 자백간주도 인정되지 않는다.
>
> 4. 법률상 공조
>   법원이 재판사무에 대하여 서로 보조하는 것을 공조라고 한다. 공조는 사건이 계속되고 있는 법원으로부터 특정사항에 대하여 다른 법원에 그 처리를 요구하는 촉탁에 의하여 이루어진다.

제12조(촉탁할 수 있는 사항) 사실 탐지, 소환, 고지(告知), 재판의 집행에 관한 행위는 촉탁할 수 있다.

주제 09 기일과 기간

01 서설

비송사건에 관한 기일, 기간에 대하여 기일, 기간에 관한 민사소송법의 규정이 준용된다.

> **제10조(「민사소송법」의 준용)** 사건에 관하여는 기일(期日), 기간, 소명(疎明) 방법, 인증(人證)과 감정(鑑定)에 관한 「민사소송법」의 규정을 준용한다.

02 기일

1. 의의
기일은 법원, 당사자 또는 그 밖의 소송관계인이 일정한 장소에 모여 비송행위를 하는 시간을 말한다.

2. 기일의 종류
그 목적에 따라 심문기일, 증거조사기일 등이 있다.

3. 기일의 지정과 변경
① 기일의 지정, 통지, 개시에 관한 민사소송법의 규정은 그대로 비송사건의 기일에도 준용된다. 이에 따라 기일은 재판장이 지정한다.
② 기일의 지정은 직권 또는 당사자의 신청에 의한다.
③ 기일의 지정은 성질상 즉시 효력이 생기며, 고지된 때에 효력이 생긴다고 볼 것은 아니다.
④ 기일은 필요한 경우에만 공휴일로도 정할 수 있다.
⑤ 기일의 변경은 지정기일의 실시 전에 그 지정을 취소하고 이를 대신하는 기일을 지정하는 법원의 결정을 말한다.
⑥ 비송사건절차에는 직권주의가 적용되어, 합의에 의한 기일의 변경은 허용되지 않는다.

4. 기일의 통지
① 기일은 기일통지서 또는 출석요구서를 송달하여 통지한다. 다만, 그 사건으로 출석한 사람에게는 기일을 직접 고지하면 된다.
② 기일의 통지에 관한 행위는 다른 법원에 촉탁할 수 있다.

5. 기일의 실시

기일의 시작은 사건과 당사자의 이름을 부름으로써 시작된다.

> 제169조(기일의 시작) 기일은 사건과 당사자의 이름을 부름으로써 시작된다.

6. 기일의 해태

기일의 해태라 함은 당사자 또는 대리인이 심문기일에 출석하지 않은 경우를 말한다. 절차를 그대로 진행하여도 지장이 없다.

7. 검사에 대한 심문기일의 통지

공익의 대표자인 검사에게 비송사건에 관하여 의견을 진술하고 심문에 참여할 수 있는 기회를 주고, 비송사건 및 그에 관한 심문기일을 검사에게 통지하도록 하고 있다.

> **비송사건절차법**
> 제15조(검사의 의견 진술 및 심문 참여) ① 검사는 사건에 관하여 의견을 진술하고 심문에 참여할 수 있다.
> ② 사건 및 그에 관한 심문의 기일은 검사에게 통지하여야 한다.

03 기간

1. 의의

기간이란 비송사건에 있어서 비송행위를 하는데 정하여진 기간을 말한다. 기간에 관한 민사소송법 규정은 원칙적으로 비송사건절차에도 준용된다.

2. 기간의 계산 등

기간의 계산은 민법에 따른다. 따라서 기간의 기산일이 그날의 오전 0시로 시작하는 경우를 제외하고, 초일 불산입의 원칙에 의한다.

3. 기간의 신축, 부가기간

① 법원은 불변기간이 아닌 한 법정기간 또는 법원이 정한 기간을 늘리거나 줄일 수 있다.

② 불변기간에 대하여 주소 또는 거소가 멀리 떨어진 곳에 있는 사람을 위하여 부가기간을 정할 수 있다.

4. 불변기간의 추후보완

기간의 신축을 인정하는 것과 마찬가지로 불변기간의 추후보완이 인정된다.

> **민사소송법**
> **제170조(기간의 계산)** 기간의 계산은 민법에 따른다.
> **제171조(기간의 시작)** 기간을 정하는 재판에 시작되는 때를 정하지 아니한 경우에 그 기간은 재판의 효력이 생긴 때부터 진행한다.
> **제172조(기간의 신축, 부가기간)** ① 법원은 법정기간 또는 법원이 정한 기간을 늘이거나 줄일 수 있다. 다만, 불변기간은 그러하지 아니하다.
> ② 법원은 불변기간에 대하여 주소 또는 거소가 멀리 떨어진 곳에 있는 사람을 위하여 부가기간(附加期間)을 정할 수 있다.
> ③ 재판장·수명법관 또는 수탁판사는 제1항 및 제2항의 규정에 따라 법원이 정한 기간 또는 자신이 정한 기간을 늘이거나 줄일 수 있다.

주제 10 재판의 송달 방식

01 송달 의의

송달은 법원이 당사자의 절차보장을 위하여 당사자 그 밖의 이해관계인(소송관계인)에게 절차상 필요한 서류를 법정의 방식에 의하여 통지하는 행위를 말한다.

02 재판의 고지와 송달방식

1. 민사소송에 있어서의 고지와 송달방식

법원이 당사자 또는 제3자에게 서면으로 고지함에 있어서는 법률로 정하여진 송달의 방법에 의하는 것을 원칙으로 하고 있으며 예외적으로 결정과 명령은 법원이 상당한 방법으로 하도록 하고 있다.

2. 민사소송의 송달방식

민사소송법에 따르면 교부송달을 원칙으로 하고 있으며 이밖에 보충송달, 유치송달, 우편송달, 공시송달의 방법을 정하여 놓고 있다.

3. 비송사건의 고지와 송달방식

(1) 고시방식자유의 원칙

비송사건절차법 제 18조 2항 전문에 의하면 재판의 고지는 법원이 적당하다고 인정하는 방법으로 한다고 규정되어 있다. 또한 민사소송처럼 송달에 관한 일반규정도 없다.

따라서 재판이나 기타사항의 고지에 있어서는 자유로운 방식이 취하여 진다.

법원 사무관등은 재판의 원본에 고지의 방법, 장소, 연월일을 부기하고 도장을 찍어야 한다.

(2) 공시송달

재판의 고지는 법원이 적당하다고 인정하는 방법으로 하나 공시송달을 하는 경우에는 민사소송법의 규정에 의하여야 한다.

주제 11 절차의 비용

01 서설

비송사건에서도 절차의 개시로부터 종료하기까지 여러 비용이 생기는데 법 24조에서는 재판 전의 절차비용과 재판의 고지비용은 원칙적으로 신청인이 부담한다고 규정한다.

> **제24조(비용의 부담)** 재판 전의 절차와 재판의 고지 비용은 부담할 자를 특별히 정한 경우를 제외하고는 사건의 신청인이 부담한다. 다만, 검사가 신청한 경우에는 국고에서 부담한다.
>
> **제25조(비용에 관한 재판)** 법원은 제24조에 따른 비용에 관하여 재판을 할 필요가 있다고 인정할 때에는 그 금액을 확정하여 사건의 재판과 함께 하여야 한다.
>
> **제26조(관계인에 대한 비용 부담 명령)** 법원은 특별한 사유가 있을 때에는 이 법에 따라 비용을 부담할 자가 아닌 관계인에게 비용의 전부 또는 일부의 부담을 명할 수 있다.
>
> **제27조(비용의 공동 부담)** 비용을 부담할 자가 여럿인 경우에는 「민사소송법」 제102조를 준용한다.
>
> **제28조(비용의 재판에 대한 불복신청)** 비용의 재판에 대하여는 그 부담의 명령을 받은 자만 불복신청을 할 수 있다. 이 경우 독립하여 불복신청을 할 수 없다.
>
> **제29조(비용 채권자의 강제집행)** ① 비용의 채권자는 비용의 재판에 의하여 강제집행을 할 수 있다.
> ② 제1항에 따른 강제집행의 경우에는 「민사집행법」의 규정을 준용한다. 다만, 집행을 하기 전에 재판서의 송달은 하지 아니한다.
> ③ 비용의 재판에 대한 항고가 있을 때에는 「민사소송법」 제448조 및 제500조를 준용한다.
>
> **제30조(국고에 의한 비용의 체당)** 직권으로 하는 탐지, 사실조사, 소환, 고지, 그 밖에 필요한 처분의 비용은 국고에서 체당(替當)하여야 한다.

1. 재판 전의 절차비용

(1) 의의

재판 전의 절차비용은 절차가 개시된 때로부터 재판의 고지가 이루어지기까지의 절차를 수행하기 위하여 소요된 일체의 비용이다. 당사자가 법원에 납부하거나 법원에서 직접 지출하는 수수료(인지액)와 송달료, 증거조사비용 등과 함께 당사자가 법원 이외의 제3자에게 직접 지출하는 대서료, 제출대행료, 기일출석을 위한 여비, 숙박료 등이 이에 해당한다.

그리고 재판의 고지비용은 비송사건의 재판은 고지에 의하여 효력이 생기므로 그 고지를 하기 위하여 필요한 비용이다. 고지는 법원이 적당하다고 인정하는 방법으로 하므로 가령, 우편 송달의 경우에는 등기우편료 등이 이에 해당한다.

(2) 종류

1) 수수료

　수익자 부담의 성질을 갖는 요금으로, 비송사건절차의 경우 수수료는 신청서, 항고장 등에 붙여야 하는 인지액이 이에 해당한다.

2) 수수료 이외의 법원에 납부할 비용

　실무상 법원은 비송행위를 신청한 당사자에게 송달료, 증거조사비용 등을 미리 내게 한다.

3) 당사자 비용

　① 당사자가 법원을 거치지 않고 직접 제3자에게 지출한 비용을 말하며, 도면의 작성료 등이 이에 해당한다.
　② 단, 변호사비용은 비송절차의 비용으로 산입되지 않는다고 보는 것이 일반적이다.

2. 재판의 고지비용

① 비송사건의 재판은 고지에 의하여 효력이 발생하는데, 그 고지를 하기 위하여 필요한 비용이다.
② 우편송달의 경우 등기우편료 등이 이에 해당한다.

02 절차비용의 부담자

재판을 받은 사람은 원칙적으로 절차비용을 지급하여야 한다. 이를 재판유상의 원칙이라고 부른다. 즉 지파는 무상이 아니라 유상이 원칙이다.

유상을 전체로 절차 비용을 누가 부담할 것인가의 문제를 말한다.

민사소송에서는 원칙적으로 패소자부담의 원칙을 취소있으나 비송사건에서는 그 성질상 대립 당사자가 없으므로 민사소송과 같은 승소, 패소자를 상정하기가 어렵다.

비송사건절차법 24조는 그 절차비용은 부담할 사람을 특별히 정한 경우를 제외하고는, 당사자의 신청에 의하여 개시된 사건에 있어서는 신청인이 부담하고 검사의 신청에 의해 개시된 사건은 국고에서 부담한다고 하고 있다. 한편, 법원이 직권으로 개시한 사건에 있어서도 국고에서 부담한다.

1. 신청인 부담의 원칙

(1) 당사자의 신청

재판 전의 절차와 재판의 고지 비용은 부담할 자를 특별히 정한 경우를 제외하고는 사건의 신청인이 부담 한다.

(2) 검사의 신청 : 국고에서 부담한다.

(3) 법원이 직권으로 개시한 사건의 경우 특별한 규정이 없는 한 국고에서 부담한다.

2. 예외

(1) 법률에 특별한 규정이 있는 경우

① 항고절차의 비용과 항고인이 부담하게 된 전심의 비용에 대해서는 신청인과 항고인을 당사자로 보고, 민사소송법 제98조에 따라 패소 당사자가 부담한다(제51조).
② 법원이 질물에 의한 변제충당을 허가한 경우 그 절차의 비용은 질권설정자가 부담한다(제56조 제2항).
③ 법원이 환매권 대위행사 시의 감정인을 선임한 경우 그 절차의 비용은 매수인이 부담한다(제57조 제2항).
④ 회사의 해산명령사건에서 법원이 관리인 선임 및 재산보전처분을 하는 경우 회사가 부담한다(제96조).
⑤ 법원이 회사청산 시 감정인을 선임한 경우 그 비용 및 감정인 소환 및 심문 비용은 회사가 부담한다(제124조).
⑥ 과태료 재판절차의 비용은 과태료를 부과하는 선고가 있는 경우에는 그 선고를 받은 자가 부담하고, 그 밖의 경우에는 국고에서 부담한다(제248조 제4항).

(2) 재판에 의하여 특별히 비용부담자가 정하여지는 경우 : 관계인에 대한 비용 부담 명령

법원은 특별한 사유가 있을 때에는 이 법에 따라 비용을 부담할 자가 아닌 관계인에게 비용의 전부 또는 일부의 부담을 명할 수 있다.

(3) 공동부담의 경우

① 공동소송인은 소송비용을 공동으로 부담한다.
② 다만, 법원은 사정에 따라 공동소송인에게 소송비용을 연대하여 부담하게 하거나 다른 방법으로 부담하게 할 수 있다.
③ 또한 법원은 권리를 늘리거나 지키는 데 필요하지 아니한 행위로 생긴 소송비용은 그 행위를 한 당사자에게 부담하게 할 수 있다.

03 국고에 의한 비용의 체당

법원이 직권으로 하는 탐지, 사실조사, 소환, 고지, 그 밖에 필요한 처분의 비용은 국고에서 체당(替當, 대납)하여야 한다(제30조).

주제 12   비용액에 관한 재판

01 의의

비송사건절차의 신청인은 통상 절차 비용을 스스로 예납 또는 지급하므로 대부분 절차가 종료된 뒤라도 별도로 비용에 대한 재판을 할 필요가 없다. 그러나 법원이 특별한 사유가 있다고 인정하여 비송사건절차법에 의하여 비용을 부담할 사람이 아닌 관계인에게 비용의 전부 또는 일부의 부담을 명한 경우, 국고에서 체당한 경우와 같이 절차비용의 예납자 및 지출자와 절차비용의 부담자가 다를 때에는 비용을 상환하게 하기 위하여 비용에 대한 재판을 할 필요가 있다.

그리하여 비송사건절차법 25조는 법원은 비용에 관하여 재판을 할 필요가 있다고 인정할 때에는 그 금액을 확정하여 사건의 재판과 함께 하여야 한다고 규정하고 있다.

02 요건

1. 비용에 관하여 재판을 할 필요가 있다고 인정할 때의 의미

재판을 할 필요는 절차비용의 예납자 및 지출자와 절차비용의 부담자가 다를 때를 의미한다.

2. 비용에 대한 재판은 사건의 재판과 함께 하여야 한다.

간이·신속의 취지에서 비송사건에서는 비용액도 사건의 재판과 동시에 정하도록 한 것이다.

3. 상환할 절차비용의 확정의 의미

절차비용의 부담자가 그 예납자나 지출자에게 상환할 절차비용의 금액을 확정한다는 의미이다.

4. 비용만의 재판

비용의 재판을 할 필요가 있는 경우에 비용의 재판은 사건의 재판과 함께 하여야 하는 것이지만, 사건이 재판에 의하지 아니하고 종료하는 경우에 필요하다면 비용의 재판만을 할 수도 있다.

5. 보론 : 비용에 관한 재판을 하지 않은 경우 추가재판 허용 여부

객관적으로 보아 비용재판의 필요성이 인정되는 경우에는 재판누락에 준하여 추가재판을 허용하는 것이 옳다고 판단된다.

03 비용의 재판에 대한 불복신청

1. 의의

비용의 재판에 대하여는 그 부담의 명령을 받은 자만 불복을 신청할 수 있다. 이때 불복의 의미는 비용부담을 명하는 것 자체에 대한 불복과 비용액에 대한 불복을 포함한다.

2. 불복신청권자

비용의 재판에 대하여는 그 부담의 명령을 받은 자만이 불복을 신청할 수 있다.

3. 불복신청의 방법

(1) 항고

비용의 재판에 대한 불복신청은 항고와 동시에 하여야 한다.

(2) 독립한 불복신청의 금지

비용에 재판에 대하여는 본안의 재판과 독립하여 불복신청할 수 없고, 항고와 동시에 하여야 한다. 본안재판의 항고와 끊어서 비용의 재판에 대하여만 항고할 수 없게 한 것은 비용부담의 재판에 대하여만 불복신청을 인정하면, 본안에 대한 재판은 변경할 수 없음에도 비용부담과의 관계에서는 본안재판과 다른 판단에서 비용부담의 재판을 변경하여야 하는 경우가 생기므로 이에 대한 불합리를 회피하기 위함이다.

4. 항고의 효력

항고는 특별한 규정이 있는 경우를 제외하고는 집행정지의 효력이 없다(제21조). 그러나 비용의 재판에 대한 항고가 있을 때에는 항고법원 또는 원심법원은 항고에 대한 결정이 있을 때까지 집행을 정지하거나 그 밖에 필요한 처분을 명할 수 있다.

04 비용채권자의 강제집행

1. 의의

비용의 채권자는 비용의 재판에 의하여 강제집행을 할 수 있다.

2. 비용채권자의 의미

비용의 채권자는 절차비용의 재판에서 비용을 상환받을 사람으로 정하여진 사람을 말한다.

3. 민사집행법 규정의 준용

비용의 재판의 강제집행의 절차에 대하여는 민사집행법의 규정이 준용된다. 다만, 집행을 하기 전에 집행권원인 재판서를 송달할 필요는 없다.

4. 민사소송법 규정의 집행정지 준용

비용의 재판에 대한 항고가 있을 때에는 항고에 대한 결정이 있을 때까지 집행을 정지하거나 그 밖에 필요한 처분을 명할 수 있다.

주제 13 심리방법

01 서론

비송사건의 재판에서 심리는 사권관계 형성을 위한 사실확정의 절차로써 그 대부분은 사실관계의 조사절차이다.

> **비송사건절차법**
>
> **제10조(「민사소송법」의 준용)** 사건에 관하여는 기일(期日), 기간, 소명(疎明) 방법, 인증(人證)과 감정(鑑定)에 관한 「민사소송법」의 규정을 준용한다.
>
> **제11조(직권에 의한 탐지 및 증거조사)** 법원은 직권으로 사실의 탐지와 필요하다고 인정하는 증거의 조사를 하여야 한다.
>
> **제12조(촉탁할 수 있는 사항)** 사실 탐지, 소환, 고지(告知), 재판의 집행에 관한 행위는 촉탁할 수 있다.
>
> **제13조(심문의 비공개)** 심문(審問)은 공개하지 아니한다. 다만, 법원은 심문을 공개함이 적정하다고 인정하는 자에게는 방청을 허가할 수 있다.
>
> **제14조(조서의 작성)** 법원서기관, 법원사무관, 법원주사 또는 법원주사보(이하 "법원사무관등"이라 한다)는 증인 또는 감정인(鑑定人)의 심문에 관하여는 조서(調書)를 작성하고, 그 밖의 심문에 관하여는 필요하다고 인정하는 경우에만 조서를 작성한다.
>
> **제15조(검사의 의견 진술 및 심문 참여)** ① 검사는 사건에 관하여 의견을 진술하고 심문에 참여할 수 있다.
> ② 사건 및 그에 관한 심문의 기일은 검사에게 통지하여야 한다.
>
> **제16조(검사에 대한 통지)** 법원, 그 밖의 관청, 검사와 공무원은 그 직무상 검사의 청구에 의하여 재판

을 하여야 할 경우가 발생한 것을 알았을 때에는 그 사실을 관할법원에 대응한 검찰청 검사에게 통지하여야 한다.

02 심문

1. 심문의 방식

① 비송사건의 재판은 결정으로써 하므로 그 심리에는 변론이 필요하지 않다. 비송사건의 재판은 일반적으로 심문의 방법에 의하여 심리한다. 심문과 구별되는 변론이라 함은 기일에 공개의 법정에서 당사자 쌍방이 말로 판결의 기초가 될 재판자료를 진술하는 것인데, 심문은 공개의 법정에서 이루어질 필요가 없고, 당사자대립구조를 취하지 않은 채 법원이 당사자 및 이해관계인 등에게 무방식으로, 개별적으로 서면 또는 말로 진술의 기회를 주고, 법원이 이를 청취하는 것이다.

② 심문도 비송사건절차에서 필수적인 것은 아니고 임의적이다.

③ 다만, 비송사건 중에는 재판 전에 관계인의 의견 또는 진술을 듣도록 규정하는 것이 있다.

2. 심문의 비공개

심문은 공개하지 아니한다. 다만 법원은 심문을 공개함이 적정하다고 인정하는 자에게는 방청을 허가할 수 있다. 이는 비송사건의 비쟁송성, 간이성, 신속성의 요청에 의한 것이다. 다만, 비송사건 중 재판상 대위에 관한 사건에는 비공개의 원칙이 적용되지 않는데 재판상 대위에 관한 사건이 다른 비송사건과는 달리 쟁송의 성격을 띠고 있기 때문이다.

3. 심문기일

당사자 그 밖의 관계인을 법정에서 말로 심문하고자 하는 경우에는 법원은 심문기일을 지정하여 통지하여야 한다.

4. 검사의 의견진술 및 심문 참여

① 검사는 사건에 관하여 의견을 진술하고 심문에 참여할 수 있다.

② 사건 및 그에 관한 심문의 기일은 검사에게 통지하여야 한다.

03 자료의 수집

따라서 자료 수집의 방법과 범위는 법원이 자유롭게 정할 수 있으며 법원이 사실인정에 충분하다고 판단하는 경우에는 당사자가 신청한 유일한 증거라도 배척할 수 있다.

1. 자료수집에 관한 직권주의

비송사건의 심리에 있어서 법원은 사실발견을 위한 자료수집의 권능과 책임이 있어 자료수집의 방법과 범위를 자유롭게 결정할 수 있다.

2. 직권탐지주의

법 11조에 의하면 법원은 직권으로 사실의 탐지와 필요하다고 인정하는 증거의 조사를 하여야 한다. 민사소송이 변론주의를 원칙으로 하는 것과 달리 비송사건절차에서는 법원이 자료수집, 제출책임을 부담하는 직권탐지주의를 채택하고 있다. 직권에 의한 재판 자료수집의 방법으로서는 사실의 탐지 이외에 증거조사가 인정되고 있다.

증거조사에 관하여는 비송사건절차법에 소명의 방법, 인증과 감정에 대하여 민사소송법의 규정을 준용하는 취지의 정함이 있다.

04 사실인정의 방법

법은 11조에서 법원은 직권으로 사실의 탐지와 필요하다고 인정하는 증거의 조사를 하여야 한다고 규정함으로써 사실확정을 위한 자료수집의 방법으로 사실의 탐지와 증거의 조사의 2가지를 상정하고 있다.

1. 사실탐지 및 증거조사

(1) 사실탐지

사실탐지는 증거조사 이외의 사실인정 방법으로 사실탐지의 방식에는 특별한 제한이 없으므로, 법원이 자료의 수집에 적합한 형태로 하면 충분하다.

(2) 증거조사

비송사건절차법은 민사소송법에 규정된 증거조사 방법 중 인증과 감정에 관한 규정을 비송사건에 준용하고 있다(제10조). 비송사건은 비공개로 진행되므로 증인 또는 감정인의 심문도 비공개로 진행된다.

2. 증거조사의 촉탁

비송사건에서의 증거조사인 증인 또는 감정인의 심문에 민사소송법 규정이 준용되므로(제10조) 수명법관 또는 수탁판사로 하여금 증거조사를 하게 할 수 있으며(민사소송법 제313조, 제333조), 사실의 탐지도 촉탁할 수 있다(제12조).

3. 증명책임

① 직권탐지주의하에서는 민사소송에서와 같은 증거제출책임이라는 의미의 증명책임은 없다.

② 그러나 어떤 사실의 진위가 불명일 때, 그 사실을 요건으로 하는 재판을 받는 것이 불가능하게 되는 결과 불이익을 입을 수 있다는 의미에서의 객관적 증명책임은 존재한다.

4. 조서의 작성

법원사무관등은 증인 또는 감정인의 심문에 관하여는 조서를 작성하고, 그 밖의 심문에 관하여는 필요하다고 인정하는 경우에만 조서를 작성한다.

5. 심증의 정도

(1) 자유로운 증명

비송사건에서 사실인정은 원칙적으로 자유로운 증명으로 충분하다.

(2) 소 명

특별한 규정이 있는 경우에 한하여 소명이 허용되며, 당사자의 소명이 부족하면 신청을 배척하면 되고, 법원이 직권으로 사실을 탐지해야 하는 것은 아니다.

주제 14 재판의 방식

01 서설

비송사건의 재판이란 청구된 사건에 대하여 법원이 심리의 결과를 기준으로 내리는 공권적 판단을 말한다.

> **참고**
>
> 재판에는 판결, 결정, 명령이 있다.
> ① 판결은 법원의 재판이며, 민사소송법에 있어서의 종국재판은 판결로 한다.
> ② 결정은 법원의 재판이며, 비송사건절차법에 있어서의 종국재판은 결정으로 한다.
> ③ 명령은 재판장·수명법관·수탁판사 등 법관의 재판이다.

02 재판의 종류

1. 종국재판과 종국재판 이외의 재판
(1) 종국재판은 비송사건의 심급을 종결하기 위하여 하는 재판이다.
(2) 종국재판 이외의 재판(절차지휘재판)은 비송사건의 종결을 목적으로 하지 않는 법원의 처분으로서, 절차상 사항에 대한 법원의 판단 또는 종국재판을 위한 절차의 파생적 사항 또는 부수적 사항에 대한 법원의 판단이다.

2. 본안 전 재판과 본안의 재판
(1) 본안 전 재판은 절차상의 요건 불비를 이유로 신청을 부적법 각하하는 재판이다.
(2) 본안의 재판은 절차상의 요건 충족을 전제로, 법원이 사건의 내용을 심리한 후 신청을 인용하거나 기각하는 재판을 말한다.

03 재판의 방식

1. 결정으로 재판
비송사건의 재판은 결정으로써 한다. 이는 비송사건의 간이·신속한 처리의 요청에 기인한다.

> **비송사건절차법**
>
> 제17조(재판의 방식) ① 재판은 결정으로써 한다.
> ② 재판의 원본에는 판사가 서명날인하여야 한다. 다만, 신청서 또는 조서에 재판에 관한 사항을 적고 판사가 이에 서명날인함으로써 원본을 갈음할 수 있다.
> ③ 재판의 정본(正本)과 등본에는 법원사무관등이 기명날인하고, 정본에는 법원인(法院印)을 찍어야 한다.
> ④ 제2항에 따른 서명날인은 기명날인으로 갈음할 수 있다.

2. 이유기재의 생략

비송사건은 간이·신속한 처리를 원칙으로 하므로 특별한 사정이 없는 한 사실과 이유를 기재할 필요가 없다. 예외적으로 이유를 붙인 결정으로 재판하여야 하는 경우가 있다. (예 항고법원의 재판, 회사의 해산을 명하는 재판, 과태료 재판 등)

3. 재판의 원본

① 판사가 서명날인하여야 한다.

② 신청서 또는 조서에 재판에 관한 사항을 적고 판사가 이에 서명날인 함으로써 원본을 갈음할 수 있다. 이 경우 서명날인은 기명날인으로 갈음할 수 있다.

4. 재판의 정본과 등본

재판의 정본과 등본에는 법원사무관 등이 기명날인하고, 정본에는 법원인을 찍어야 한다.

04 재판의 고지

1. 의의

고지라 함은 고지를 받는 사람으로 하여금 객관적으로 보아 그 내용을 알 수 있는 상태에 두는 것을 말하며, 현실로 그 내용을 알았을 것까지는 요하지 않는다.

> **비송사건절차법**
>
> 제18조(재판의 고지) ① 재판은 이를 받은 자에게 고지함으로써 효력이 생긴다.
> ② 재판의 고지는 법원이 적당하다고 인정하는 방법으로 한다. 다만, 공시송달(公示送達)을 하는 경우에는 「민사소송법」의 규정에 따라야 한다.
> ③ 법원사무관등은 재판의 원본에 고지의 방법, 장소, 연월일을 부기(附記)하고 도장을 찍어야 한다.

2. 고지의 방법

(1) 재판의 고지는 법원이 적당하다고 인정하는 방법으로 한다.

(2) 단, 공시송달을 하는 경우에는 민사소송법 규정에 따라야 한다.

3. 고지의 상대방

고지는 재판을 받은 자에게 하여야 한다. 재판을 받은 자는 재판의 결과로 법률관계에 직접 영향을 받는 자를 말한다.

주제 15 재판의 효력

01 재판의 효력발생시기

비송사건의 재판은 재판을 받은 자에게 고지함으로써 효력이 생긴다.

확정을 요하는 재판인 즉시항고를 허용하는 재판에 있어서도 그 확정을 기다리지 않고 고지와 동시에 그 효력이 발생한다.

02 재판의 효력

1. 형성력

(1) 의의

재판이 고지함으로써 효력이 생긴다함은 고지함으로써 재판의 내용에 따라 별도의 집행없이 사권관계가 형성, 변경, 소멸하는 것을 의미하며 비송사건의 재판에는 이러한 형성력이 인정된다.

즉, 형성력이란 판결주문에 따라 법률관계를 발생·변경·소멸시키는 효과를 발생시키는 효력을 말한다.

(2) 비송사건의 형성력

① 재판의 고지와 동시에 효력이 발생한다.

② 재판을 받는 자는 물론이고, 제3자에게도 효력이 미친다.

2. 집행력

(1) 의의
집행력이란 판결주문에서 정해진 이행의무를 국가의 집행기관을 통해 강제적으로 실현할 수 있는 효력을 말한다.

(2) 비송사건의 집행력
① 비송사건은 일반적으로 사권관계의 형성을 목적으로 하므로 원칙적으로 그 집행을 필요로 하지 않는다.
② 다만, 예외적으로 비용의 재판(제25조), 과태료의 재판(제247조)의 경우 집행절차가 필요하다.

3. 형식적 확정력(불가쟁력)

(1) 의의
법원이 한 종국재판에 대하여 항고권자가 일정한 기간 내에 불복신청을 하지 않거나 혹은 통상의 불복신청의 방법으로 취소할 수 없게 된 때(항고)에는 재판은 그 소송절차에서 취소, 변경의 가능성이 없어진다. 이러한 상태를 재판이 형식적으로 확정되었다고 하고, 형식적 확정력이라고 한다.

즉, 형식적 확정력이란 당사자가 상급법원에 더 이상 불복할 수 없는 상태를 말한다.

(2) 비송사건의 확정력
① 비송사건에서는 법원이 재판을 한 뒤에도 그 재판이 위법 또는 부당하다고 인정할 때에는 이를 취소하거나 변경할 수 있으므로 비송사건의 재판은 원칙적으로 형식적 확정력이 없다. 즉, 당사자는 언제든지 통상항고를 할 수 있다.
② 다만, ㉠ 즉시항고기간의 도과, ㉡ 대법원의 결정 등에 의해 재판이 확정된 경우에는 형식적 확정력이 있으므로 더 이상 불복할 수 없다.

4. 기판력(실질적 확정력)

(1) 의의
기판력이란 확정판결의 내용이 당사자와 후소법원을 구속하는 힘을 말한다. 즉, 당사자는 기존 판결에 반하는 주장을 할 수 없고, 후소법원도 이에 저촉되는 판단을 할 수 없는 효력이다.

(2) 비송사건의 기판력
민사소송의 판결에서 인정되는 기판력이 비송사건의 재판에는 인정되지 않는다(多).

주제 16 재판의 취소 변경

01 의의

재판의 취소라 함은 재판의 효력을 소멸시키는 것을 말하며, 재판의 변경이라 함은 재판의 일부 또는 전부를 취소한 후 새로운 내용을 부가하여 원재판에 갈음하여 다른 내용의 재판을 하는 것을 말한다.

비송사건절차법상 재판의 취소·변경이 인정되는 경우로는 ① 법 제19조 제1항에 의한 취소·변경, ② 항고에 의한 재판의 취소·변경(제20조), ③ 사정변경에 의한 취소·변경이 있다.

02 취소·변경의 자유

1. 취소 및 변경의 자유

(1) 취소와 변경의 의의

재판의 취소라 함은 재판의 효력을 소멸시키는 것을 말하며, 재판의 변경이라 함은 재판의 일부 또는 전부를 취소한 후 새로운 내용을 부가하여 원재판에 갈음하여 다른 내용의 재판을 하는 것을 말한다.

(2) 취소 · 변경의 자유

1) 제도의 취지

비송사건은 사권관계의 형성,변경,소멸에 관하여 국가기관이 후원자적 입장에서 관여하는 사건이다. 따라서 일단 사건에 관하여 이루어진 재판이라 하더라도 그 재판이 부당하거나 타당하지 못하였던 사실이 발견되게 되면 국가가 후원자적 입장에서 관여하는 비송사건 본래 취지와 반하게 된다. 이러한 모순을 해결하기 위해 취소o변경의 자유가 인정된다.

2) 내용

법원은 재판을 한 후에 그 재판이 위법 또는 부당하다고 인정할 때에는 이를 취소하거나 변경할 수 있다.

2. 요건

(1) 재판이 위법 또는 부당한 경우일 것
(2) 법원의 직권에 의할 것
(3) 재판을 취소·변경할 수 있는 법원은 원재판을 한 제1심 법원에 한한다.
(4) 취소·변경을 할 수 있는 시기는 특별한 제한이 없으나, 항고법원이 재판을 하기 전까지는 가능하다.

3. 효과

(1) 취소·변경에 따라 사권관계의 변동이 발생한다.

(2) 제1심 법원이 재판을 취소하였다면 항고는 그 심판의 대상이 소멸하여 종료한다.

(3) 제1심 법원이 재판을 변경하였는데, 그것이 원재판의 일부 취소에 해당한다면, 나머지 부분은 항고심에 계속되어 항고심의 심판대상이 된다.

(4) 제1심 법원이 원재판을 취소하고 그에 갈음하는 새로운 내용의 재판을 하였다면 항고는 그 심판대상이 소멸하여 종료한다.

4. 취소·변경의 제한

(1) 신청에 의하여만 재판을 하여야 하는 경우 신청을 각하한 재판

신청에 의하지 아니하고는 취소하거나 변경할 수 없다. 이때 신청을 각하한 재판은 각하한 경우뿐만 아니라 기각하는 재판을 포함한다.

(2) 즉시항고로써 불복할 수 있는 재판

취소하거나 변경할 수 없다. 이는 사건을 신속하게 확정시키려는 제도의 취지에 반하기 때문이다.

5. 사정변경에 의한 취소·변경

(1) 의의

비송사건의 재판이 적법·정당한 것이었다 하더라도 그 후 사정변경이 있어 원래의 재판을 유지하는 것이 부당하게 된 경우 법원이 직권으로 이를 취소하거나 변경할 수 있는데, 이를 사정변경에 의한 취소·변경이라 한다.

(2) 근거

비송사건절차법에 일반규정은 없으나, 개개의 경우에 이를 전제로 한 규정을 두고 있을 뿐이다(법 제44조의3, 제119조 등).

(3) 적용대상

사정변경에 의한 취소·변경이 논의될 수 있는 것은 법원이 일정한 법률관계를 형성하였고, 그것이 사정변경으로 말미암아 적절하지 아니하게 된 경우로써, 그 성질상 계속적 법률관계에 한하여 적용된다.

주제 17 재판의 집행절차

01 비송사건의 재판의 집행

1. 원칙
비송사건의 재판은 집행을 필요로 하지 않는 것이 원칙이다.

2. 예외
다만 금전의 지급 납무를 명하는 비용의 재판 및 과태료 재판에 대해서는 이 재판의 목적을 실현시키기 위해 집행을 필요로 한다.

02 강제집행규정의 준용

이 집행절차에 관해서는 민사집행법의 규정이 준용된다.

주제 18 절차의 종료

01 절차의 종료원인

1. 법원의 종국결정에 의한 종료
2. 당사자의 행위에 의한 종료 (신청의 취하)
3. 당사자의 사망

02 법원의 종국재판에 의하여 종료할 경우

종국재판은 법원이 비송사건을 종결하기 위하여 하는 재판을 말한다.

결정으로 하며 가장 일반적 종료사유이다.

재판은 고지를 하여야 한다. 고지는 고지를 받는 사람으로 하여금 그 내용을 알 수 있는 상태에 두는 것을 말한다.

1. 즉시항고가 허용되는 경우

법원의 종국재판에 대하여 즉시항고가 허용되는 사건일 때에는 그 재판의 확정에 의하여 절차는 종료된다.

2. 즉시항고가 허용되지 않는 경우

즉시항고가 허용되지 않는 사건일 때에는 재판의 고지와 동시에 사건은 종료된다.

법률의 규정에 의하여 재판에 대하여 불복할 수 없는 경우에도 고지와 동시에 사건은 종료된다.

3. 통상항고를 허용하는 사건

통상항고를 허용하는 사건이라도 재판의 고지와 동시에 종료된다, 그렇지 않다면 당사자의 항고가 없는 한, 사건은 종료되지 않고 법원에 계속되고 있는 결과가 되어 부당하기 때문이다.

03 재판에 의하지 않은 비송사건의 종료

1. 신청의 취하

비송사건절차에서는 처분권주의가 배제되고 직권주의가 지배하므로 언제나 신청의 취하가 허용되는 것은 아니다. 신청인의 신청의 취하가 허용되기 위하여는 그 신청이 신청인의 의무에 속하거나 법원이 직권으로 개시한 경우가 아니어야 한다.

(1) 당사자의 신청에 의하여서만 절차가 개시되는 신청사건의 경우

당사자의 신청에 의해서만 절차가 개시되는 경우에는 재판이 있을 때까지는 그 의사에 따라서 사건을 종결시키는 것이 적절하므로 신청 취하에 의하여 절차가 종료된다.

(2) 신청취하의 시기와 방식

당사자의 신청에 의해서만 절차가 개시되는 경우에는 재판이 있을 때까지는 자유로이 취하할 수 있다. 1심이 계속 중이든 항고심이 계속 중이든 언제든지 가능하다. 방식에 대해서는 특별한 규정이 없으므로 일반원칙에 따라 서면 또는 말로 할 수 있다(법 제8조). 회사 재산의 보전관리인을 선임할 수 있는 데 그 관리인이 사임허가 신청 중 사망한 때에는 그 재판이 필요 없게 되므로 사건은 자연적으로 종료된다.

(3) 신청취하의 효력

신청이 취하되면 사건은 당초부터 법원에 계속되지 않았던 것으로 되며, 이미 행하여진 비송행위는 모두 그 효력을 잃는다. 절차비용은 신청인이 부담하여야 한다.

(4) 신청의 포기

신청의 포기는 직권사건이 아닌, 당사자의 신청에 의하여 절차가 개시되는 사건의 경우에도 신청의 포기를 인정할 여지는 없다. 민사소송과 달리 비송사건은 이해관계가 대립되는 상대방이 없는 것이 통상적이고 쟁송이 아니므로 신청권을 포기할 수 없다.

> **민사소송법**
>
> **제8조(신청 및 진술의 방법)** 신청 및 진술에 관하여는 「민사소송법」 제161조를 준용한다.
>
> **제161조(신청 또는 진술의 방법)** ① 신청, 그 밖의 진술은 특별한 규정이 없는 한 서면 또는 말로 할 수 있다.
> ② 말로 하는 경우에는 법원사무관등의 앞에서 하여야 한다.
> ③ 제2항의 경우에 법원사무관등은 신청 또는 진술의 취지에 따라 조서 또는 그 밖의 서면을 작성한 뒤 기명날인 또는 서명하여야 한다. 〈개정 2017. 10. 31.〉

2. 법원의 직권으로 개시되는 직권사건의 경우

비송사건 중에서 법원의 직권만으로 절차가 개시되는 사건은 취하의 관념을 인정할 수 없다. 당사자의 신청 또는 법원의 직권으로 개시되는 사건의 경우에 당사자가 신청을 하여 절차가 개시된 경우라 하더라도 재판의 공익성에 비추어 신청의 취하가 인정되지 않는다.

04 당사자의 사망

1. 문제점

당사자의 사망이 비송사건절차에 영향을 미쳐 절차가 중단되는지 문제된다.

2. 절차의 진행 또는 절차의 종료

① 신청인이 형성하려는 법률관계가 상속의 대상이 되는 경우 상속인에 의해 절차가 승계된다.

② 신청인이 형성하려는 법률관계가 일신전속적인 경우로서 당사자의 사망으로 목적 자체가 소멸한 경우 당연히 절차는 종료된다.

05 신청의 취하

1. 서론

비송사건절차에서 신청인의 신청의 취하가 허용되기 위하여는 그 신청이 신청인의 의무에 속하거나 법원이 직권으로 개시한 경우가 아니어야 한다.

2. 신청취하의 방식

그 취하의 방식에 관하여 특별한 규정이 없으므로 서면 또는 말로 할 수 있다. 회사 재산의 보전관리인을 선임할 수 있는 데 그 관리인이 사임허가 신청 중 사망한 때에는 그 재판이 필요 없게 되므로 사건은 자연적으로 종료된다.

주제 19 항고

01 의의

비송사건절차법 20조 1항은 비송사건의 재판에 대하여 일반적으로 항고에 의한 불복신청이 허용되는 것을 규정하고 있다. 항고를 할 수 있는 사람은 재판으로 인하여 권리를 침해 당한 사람이라고 규정하고 있다.

02 항고의 종류

1. 통상항고(보통항고)
(1) 통상항고는 법률의 규정이 없더라도 항고권의 제한이 없는 한 통상항고는 가능하다.
(2) 재판은 고지와 동시에 효력이 발생하며, 통상항고는 새로운 신청으로 본다.
(3) 즉시항고의 경우와 마친가지로 통상항고에 대한 재판 또한 이유를 붙인 결정으로 하여야 한다.

2. 즉시항고
(1) 법률에 개별적으로 즉시항고를 할 수 있다는 규정이 있어야 한다.
(2) 재판의 효력은 고지함으로써 발생하나, 고지 일로부터 1주일이내에 즉시 항고하게 되면 확정이 차단되며 이기간이 지나면 확정된다.
(3) 즉시항고로써 불복할 수 있는 재판은 취소하거나 변경할 수 없다.
(4) 즉시항고에 대한 재판은 이유를 붙인 결정으로 하여야 한다.

3. 재항고
재항고는 최초의 항고에 대한 항고법원 또는 고등법원의 결정에 대한 항고이다. 재항고에는 상고에 관한 규정이 준용된다.

4. 특별항고

일반적 항고에 대하여 특별항고라 함은 불복할 수 없는 결정이나 명령에 대하여 재판에 영향을 미친 헌법위반이 있거나 재판의 전제가 된 명령, 규칙, 처분의 헌법 또는 법률의 위반 여부에 대한 판단이 부당하는 것을 이유로 하는 때에만 대법원에 하는 항고이다.

03 항고권자

1. 원칙

항고를 제기할 수 있는 사람은 재판으로 인하여 직접적·객관적으로 권리를 침해당한 자이다. 권리를 침해당한 자란, 재판으로 인하여 직접 정당한 이익을 침해받은 자를 말하며 간접적으로 불이익을 받은 자를 포함하지 아니한다.

2. 예외 : 신청사건의 경우

신청에 의하여만 재판을 하여야 하는 경우에 신청을 각하한 재판(기각재판 포함)에 대하여는 신청인만이 항고할 수 있다.

04 항고의 방식

> **비송사건절차법**
> 제23조(항고의 절차) 이 법에 따른 항고에 관하여는 특별한 규정이 있는 경우를 제외하고는 항고에 관한 「민사소송법」의 규정을 준용한다.
>
> **민사소송법**
> 제443조(항소 및 상고의 절차규정준용) ① 항고법원의 소송절차에는 제1장의 규정을 준용한다.
> ② 재항고와 이에 관한 소송절차에는 제2장의 규정을 준용한다.
>
> 제444조(즉시항고) ① 즉시항고는 재판이 고지된 날부터 1주 이내에 하여야 한다.
> ② 제1항의 기간은 불변기간으로 한다.
>
> 제445조(항고제기의 방식) 항고는 항고장을 원심법원에 제출함으로써 한다.
>
> 제446조(항고의 처리) 원심법원이 항고에 정당한 이유가 있다고 인정하는 때에는 그 재판을 경정하여야 한다.
>
> 제447조(즉시항고의 효력) 즉시항고는 집행을 정지시키는 효력을 가진다.

1. 항고제기의 방식
① 항고장은 원심법원에 제출하여야 한다.
② 항고장에 당사자와 법정대리인, 불복하는 결정의 표시와 항고의 취지를 기재하여야 한다.
③ 항고장에 원래의 신청서에 붙인 인지액(1,000원)의 2배에 해당하는 2,000원의 인지를 붙여야 한다.

2. 항고기간
(1) 통상항고
기간의 제한이 없으며, 항고의 이익이 있는 한 언제든지 제기할 수 있다.

(2) 즉시항고
재판이 고지된 날로부터 1주 이내에 제기하여야 한다.

05 항고제기의 효력

1. 확정차단의 효력
(1) 보통항고의 경우
보통항고로써 불복을 허용하는 재판은 확정력이 없으므로, 확정차단이 문제되지 않는다. 이에 따라 해당 사건은 원심재판에 의하여 당연히 종료된다.

(2) 즉시항고의 경우
즉시항고를 허용하는 재판은 즉시항고의 제기에 의하여 원심재판의 확정이 차단된다.

2. 이심의 효력
원심법원에 항고제기가 있으면, 원심재판의 대상사건은 항고심에 이심된다.

3. 집행부정지의 효력
항고는 특별한 규정이 있는 경우를 제외하고는 집행정지의 효력이 없다.

> **제21조(항고의 효력)** 항고는 특별한 규정이 있는 경우를 제외하고는 집행정지의 효력이 없다.

06 항고의 취하

1. 항고의 취하
항고의 취하는 서면으로 하는 것이 원칙이나, 심문기일에서 말로도 할 수 있다.

2. 항고권의 포기
항고권의 포기는 서면으로 하여야 한다.

3. 취하 및 포기의 효과
항고의 취하나 항고권의 포기가 있으면 절차는 즉시 종료된다.

주제 20   항고의 절차

01   원심법원에 항고장 제출

1. 항고장 심사

① 원심재판장은 항고장을 심사하여야 한다.

② 필요적 기재사항이 누락된 경우 상당한 기간을 정하여 보정을 명하고, 기간 내 보정하지 아니한 때에는 원심재판장은 명령으로 항고장을 각하하여야 한다.

2. 경정(재도의 고안)

항고에 정당한 이유가 인정되는 때 원심법원은 원재판을 경정하여야 하는데, 이를 재도의 고안이라고 한다. 경정결정을 하면 항고절차는 종료된다.

3. 송부

원심법원은 항고장이 제출된 날로부터 2주 이내에 항고기록에 항고장을 붙여 항고법원에 보내야 한다.

02   항고법원의 처리

1. 접수

항고사건이 항고법원에 접수되면, 민사항고사건과 같이 사건부호는 '라'를 사용한다.

2. 심리

항고심의 심리에는 제1심의 절차가 준용되므로 심문은 공개하지 아니하는 것이 원칙이다.

3. 재판

(1) 필요적 이유 기재

항고법원의 재판에는 이유를 붙여야 한다(법 제22조).

(2) 항고의 각하와 기각

① 항고가 부적법하다고 인정할 때에는 항고를 각하하고,

② 항고의 이유가 없거나 원결정의 이유가 정당하지 않은 경우에도 다른 이유에 따라 그 결정이 정당하다고 인정할 때에는 항고를 기각하여야 한다(법 제23조, 민사소송법 제443조, 제414조).

(3) 원결정의 취소·변경 등
① 항고법원은 원결정이 정당하지 않다고 인정한 때에는 원결정을 취소하여야 한다.
② 항고법원은 원결정을 취소한 뒤 스스로 새로운 재판을 할 경우도 있고(원재판의 변경), 사건을 원심법원에 환송하는 경우도 있다.

(4) 불이익변경금지의 원칙
① 직권주의가 적용되는 비송사건에서는 민사소송법상의 불이익변경금지의 원칙은 준용되지 않는다고 보는 것이 일반적이다.
② 다만, 과태료 사건에서는 불이익변경금지의 원칙이 준용된다.

제2장 민사비송사건

[제1절] 법인에 관한 사건

주제 01 재단법인의 정관보충사건

01 서론

「민법」상 재단법인 정관의 필요적 기재사항에는 목적, 명칭, 사무소소재지, 자산에 관한 규정, 이사의 임면에 관한 규정이 있다(「민법」제43조).

재단법인의 설립자가 정관의 필요적 기재사항 중에서 가장 중요한 목적과 자산만을 정하고, 그 밖의 명칭, 사무소소재지, 이사의 임면방법과 같은 비교적 경미한 사항을 정하지 않고 사망 한때에는 이해관계인 또는 검사의 청구에 의해서 이를 법원이 정할 수 있게 하였는데(「민법」 제44조), 이것이 재단법인의 정관의 보충사건이다.

02 관할법원

법인설립자 사망시의 주소지의 지방법원의 관할이다. 법인설립자의 주소가 국내에 없을 때에는 그 사망시의 거소지 또는 법인설립지의 지방법원 관할로 한다(비송법 제32조).

03 신청절차

1. 신청인

이해관계인 또는 검사의 청구에 의한다. 여기서 이해관계인이란 재단의 성립 또는 불성립으로 인하여 자기의 권리, 의무에 영향을 받는 자로서 예를 들면 설립자의 상속인, 상속재산관리인, 유언집행자 등이 그에 해당된다.

2. 신청방식

법률에 특별한 규정이 없으므로 서면 또는 말로 한다(비송법 제8조, 민소법 제161조), 소명자료는 유언서 또는 정관 그밖에 이해관계인임을 입증하는 서면이 될 것이다.

3. 심리 및 재판

① 비송사건의 심리는 일반적으로 심문에 방법에 의한다

② 심문은 임의적이며 공개하지 아니한다.

③ 재판은 결정으로써 한다.

4. 불복

비송사건절차법 제20조에 의한 항고로써 불복할 수 있다.

주제 02 | 법인의 임시이사 선임사건

01 서론

이사는 법인의 대표기관으로서 필요적 상설기관이다. 임시이사 선임사건은 이사가 없거나 결원이 있는 때 이로 인하여 손해가 생길 염려가 있는 경우 법원이 이해관계인이나 검사의 청구에 의하여 임시이사를 선임하는 사건을 말한다.

02 요건

1. 이사가 없거나 결원이 있을 것

이사가 전혀 없거나 정관에서 정한 인원수에 부족이 있는 경우를 의미한다.

> [대결 2009.11.19. 2008마699 전원합의체 결정]
> [1] 「민법」제63조는 법인의 조직과 활동에 관한 것으로서 법인격을 전제로 하는 조항이 아니고, 법인 아닌 사단이나 재단의 경우에도 이사가 없거나 결원이 생길 수 있으며, 통상의 절차에 따른 새로운 이사의 선임이 극히 곤란하고 종전 이사의 긴급처리권도 인정되지 아니하는 경우에는 사단이나 재단 또는 타인에게 손해가 생길 염려가 있을 수 있으므로, 「민법」제63조는 법인 아닌 사단이나 재단에도 유추 적용할 수 있다.
> 이와 달리 법인 아닌 사단이나 재단의 경우에 법인에 관한 「민법」제63조의 규정을 준용할 수 없다고 판시한 대법원 1961. 11. 16.자 4294민재항431 결정은 이 결정의 견해에 배치되는 범위 내에서 이를 변경하기로 한다.

> [2] 임시이사의 선임을 신청할 수 있는 '이해관계인'이라 함은 임시이사가 선임되는 것에 관하여 법률상의 이해관계가 있는 자로서 그 법인의 다른 이사, 사원 및 채권자 등을 포함한다.
> [3] 「민법」제63조에서 임시이사 선임의 요건으로 정하고 있는 '이사가 없거나 결원이 있는 경우'라 함은 이사가 전혀 없거나 정관에서 정한 인원수에 부족이 있는 경우를 말하고, '이로 인하여 손해가 생길 염려가 있는 때'라 함은 통상의 이사선임절차에 따라 이사가 선임되기를 기다릴 때에 법인이나 제3자에게 손해가 생길 우려가 있는 것을 의미한다.

2. 이로 인하여 손해가 생길 염려가 있을 것

통상의 이사선임절차에 따라 이사가 선임되기를 기다릴 경우 법인이나 제3자에게 손해가 생길 우려가 있는 것을 의미한다.

03 절차

1. 관할

법인의 주된 사무소 소재지의 지방법원 합의부가 관할한다.

2. 신청인

임시이사의 선임을 신청할 수 있는 사람은 이해관계인 또는 검사이다.

이해관계인이란 법인의 이사이었다가 퇴임한 자, 법인의 다른 이사, 사원, 채권자 등을 말한다.

3. 신청방식

선임의 신청은 일반원칙에 따라 서면 또는 구술로 할 수 있다.

4. 심리 및 재판

① 비송사건의 심리는 일반적으로 심문의 방법에 의한다.
② 심문은 임의적이며, 공개하지 아니한다.
③ 재판은 결정으로써 한다.

5. 불복

법원의 임시이사 선임결정에 의하여 권리를 침해당한 사람은 비송사건절차법 제20조에 의한 항고로써 불복할 수 있다.

04 임시이사의 지위

1. 등기의 요부

임시이사의 선임에 대하여 등기하여야 한다는 규정이 없으며, 실무상으로도 그 등기를 하지 않는다.

2. 권한

임시이사는 정식이사가 선임될 때까지의 일시적인 기관이나, 정식이사와 동일한 권리의무를 가진다.

주제 03 법인의 특별대리인 선임사건

01 의의

특별대리인 선임사건은 법인과 이사의 이익이 상반하는 사항에 대하여 이사에게 법인의 대표권이 없는 경우 법원이 이해관계인 또는 검사의 청구에 의하여 보충기관으로서 그 법인의 특별대리인을 선임하는 사건을 말한다.

02 요건

1. 법인과 이사의 이익이 상반하는 사항일 것
2. 대표권을 갖는 다른 이사가 없을 것

03 절차

1. 관할

법인의 주된 사무소 소재지의 지방법원 합의부가 관할한다.

2. 신청인

특별대리인의 선임을 신청할 수 있는 사람은 이해관계인 또는 검사이다.

3. 신청방식

선임의 신청은 일반원칙에 따라 서면 또는 말로 할 수 있다.

4. 심리 및 재판

① 비송사건의 심리는 일반적으로 심문의 방법에 의한다.

② 심문은 임의적이며, 공개하지 아니한다.

③ 재판은 결정으로써 한다.

5. 불복

법원의 특별대리인 선임결정에 대하여 권리를 침해당한 사람은 비송사건절차법 제20조에 의한 항고로써 불복할 수 있다.

04 특별대리인의 지위

1. 등기의 요부

임시이사와 마찬가지로 등기를 요하지 않는다.

2. 권한

특별대리인은 법인의 사무에 관하여 포괄적인 권한을 갖는 임시이사와 달리 그 선임의 사유가 된 사항에 관해서만 권한을 갖는다.

3. 보수

비송사건절차법 제77조 규정을 유추적용하여 법원이 상당하다고 인정한 보수액을 회사로 하여금 지급하게 할 수 있다.

주제 04 임시총회 소집사건

01 의의

사단법인의 이사는 필요하다고 인정하는 때에는 임시총회를 소집할 수 있다. 그리고 임시총회 소집사건은 총사원의 5분의 1 이상이 회의의 목적사항을 제시하여 임시총회 소집을 청구하는 경우 이사는 임시총회를 소집하여야 한다. 그러나 청구에도 불구하고 이사가 청구가 있은 후 2주간 내에 총회소집의 절차를 밟지 아니한 경우 청구한 사원이 법원의 허가를 얻어 임시총회를 소집할 수 있는 사건을 말한다.

02 요건

1. 총사원의 5분의 1 이상의 총회 소집 청구가 있을 것
2. 사단법인의 이사가 2주 이내 임시총회를 소집하지 아니할 것

03 절차

1. 관할
법인의 주된 사무소 소재지의 지방법원 합의부가 관할한다.

2. 신청인
① 임시총회의 소집을 청구하였던 총사원 5분의 1 이상의 사원이 신청인이 된다.
② 수인의 공동신청을 요건으로 하며, 재판 시까지 이 요건이 존재하여야 하고, 그 정수가 부족한 경우 부적법하여 각하되어야 한다.
③ 선정당사자와 감사의 임시총회 소집 허가신청은 부적법하다.

> 【대결 1990.12.7. 90마카674,90마카11】
> 가. 「비송사건절차법」 제5조, 제8조, 제10조, 제24조, 제30조 등 관계법령들의 규정내용에 비추어 보면 선정당사자에 관한 민사소송법 제49조의 규정은 비송사건절차법이 적용되는 비송사건에는 준용되거나 유추적용 되지 않는다고 보아야 할 것이다.
> 나. 토지구획정리조합의 조합원의 1/2 이상이 선정한 선정당사자가 「민법」 제70조 제2항, 제3항과 위 토지구획정리조합의 정관규정에 따라 조합원임시총회 소집허가신청을 한 경우 조합원들이 선정당사자를 선정한 행위는 효력이 없어 위 신청은 선정당사자가 단독으로 한 것에 불과하므로 임시총회 소집허가신청의 정수에 미달하여 부적법하다.

3. 신청방식

(1) 서면에 의한 신청
임시총회 소집 허가신청은 서면으로 하여야 한다.

(2) 소명
신청인은 이사가 임시총회 소집을 게을리한 사실을 소명하여야 한다.

4. 심리 및 재판
① 비송사건의 심리는 일반적으로 심문의 방법에 의한다.

② 심문은 임의적이며, 공개하지 아니한다.

③ 재판은 이유를 붙인 결정으로써 한다.

> 【대판 1993.10.12. 92다507991】
> 종중 정관 규정에 따른 소수 대의원이 법원의 허가를 받아 임시총회를 소집한 경우 종중 의 기관으로서 소집하는 것으로 보아야 할 것이고 종중의 대표자라도 위 소속의 대의원 이 법원의 허가를 받아 소집한 임시총회의 기일과 같은 기일에 다른 임시총회를 소집할 권한은 없게 된다고 보아야 한다.

5. 불복신청의 제한
신청을 인용하는 재판에 대하여는 불복신청을 할 수 없으나, 신청을 각하, 기각하는 재판에 대해서는 항고로써 불복할 수 있다.

주제 05 검사인 선임사건

01 의의

검사인 선임사건은 법원이 법인의 해산과 청산을 검사감독하는 방법으로 필요한 경우 법인의 감독에 필요한 검사를 하게 할 수 있는 검사인을 선임하는 사건을 말한다.

02 법원의 직권선임

검사인의 선임은 법원이 직권으로 한다.

03 절차

1. 관할

법인의 주된 사무소 소재지의 지방법원이 관할한다.

2. 신청방식 등

명문의 규정은 없으나 상법상 검사인의 서면보고 및 설명을 위한 심문을 규정한 비송사건절차법 제74조 규정이 유추적용된다.

04 검사인의 보수

1. 회사 보수지급

법원은 검사인을 선임한 경우 회사로 하여금 법원이 상당하다고 인정한 보수액을 검사인에게 지급하게 할 수 있다.

2. 즉시항고

보수액의 결정에 대하여는 즉시항고를 할 수 있다.

주제 06 청산인의 선임·해임사건

01 의의

1. 청산인의 선임사건

청산인의 선임사건은 파산의 경우를 제외하고 법원은 법인 해산 시 청산인이 될 사람이 없거나 청산인의 결원으로 인하여 손해가 생길 염려가 있는 경우에는 직권으로 또는 이해관계인이나 검사의 청구에 의하여 청산인을 선임하는 사건을 말한다.

2. 청산인의 해임사건

청산인의 해임사건은 청산인에게 직무를 수행할 수 없는 중대한 사유가 있는 경우에 법원은 직권으로 또는 이해관계인이나 검사의 청구에 의하여 청산인을 해임할 수 있는 사건을 말한다.

02 요건

1. 청산인의 선임 요건

① 법인 해산 시 청산인이 될 자가 없거나 결원이 있을 것

② 이로 인하여 손해가 생길 염려가 있을 것

③ 청산인이 결격사유(미성년자, 피성년후견인, 자격이 정지되거나 상실된 자, 법원에서 해임된 청산인, 파산선고를 받은 자)에 해당하지 않을 것

2. 청산인의 해임 요건

청산인에게 직무를 수행할 수 없는 중대한 사유가 있어야 한다.

03 절차

1. 관할

청산인의 선임 및 해임은 법인의 본점 소재지의 지방법원이 관할한다.

2. 신청인

법원은 직권으로 또는 이해관계인이나 검사의 청구에 의하여 청산인을 선임 및 해임할 수 있다.

3. 신청방식

일반원칙에 따라 서면 또는 말로 할 수 있다.

4. 심리 및 재판

① 비송사건의 심리는 일반적으로 심문의 방법에 의한다.

② 심문은 임의적이며, 공개하지 아니한다.

③ 재판은 결정으로써 한다.

5. 불복신청의 제한

신청을 인용하는 재판에 대하여는 불복신청을 할 수 없으나, 신청을 각하, 기각하는 재판에 대해서는 항고로써 불복할 수 있다.

04 청산인의 지위

1. 등기 요부

청산인의 선임 및 해임에 대하여 등기를 요하지 않는다.

2. 청산인의 보수

(1) 보수 지급

법원은 청산인을 선임한 경우 회사로 하여금 법원이 상당하다고 인정한 보수액을 검사인에게 지급하게 할 수 있다.

(2) 즉시항고

보수액의 결정에 대하여는 즉시항고를 할 수 있다.

주제 07 감정인의 선임사건

01 의의

감정인의 선임사건은 청산중의 법인이 조건 있는 채권 또는 불확정한 채권 등이 있는 경우 법원이 선임한 감정인의 평가에 의하여 변제하고자 하는 사건을 말한다.

02 요건

1. 청산중의 법인일 것
2. 조건 있는 채권 또는 불확정한 채권 등이 있을 것

03 절차

1. 관할
감정인의 선임은 법인의 본점 소재지의 지방법원이 관할한다.

2. 신청인
법원은 직권으로 또는 청산인의 신청에 의하여 감정인을 선임할 수 있다.

3. 신청방식
일반원칙에 따라 서면 또는 구술로 할 수 있다.

4. 심리 및 재판
① 비송사건의 심리는 일반적으로 심문의 방법에 의한다.

② 심문은 임의적이며, 공개하지 아니한다.

③ 사건의 심리에는 검사가 관여하지 않는다.

④ 재판은 결정으로써 한다.

5. 불복신청의 제한
신청을 인용하는 재판에 대하여는 불복신청을 할 수 없으나, 신청을 각하, 기각하는 재판에 대해서는 항고로써 불복할 수 있다.

04 비용의 부담

법원이 감정인을 선임한 경우 선임 비용은 법인이 부담한다. 또한 감정을 위한 감정인의 소환 및 심문 비용도 법인이 부담한다.

[제2절] 신탁에 관한 사건

제39조(관할법원) ① 「신탁법」에 따른 사건(이하 "신탁사건"이라 한다)은 특별한 규정이 있는 경우를 제외하고는 수탁자의 보통재판적이 있는 곳의 지방법원이 관할한다.
② 수탁자의 임무가 종료된 후 신수탁자(新受託者)의 임무가 시작되기 전에는 전수탁자(前受託者)의 보통재판적이 있는 곳의 지방법원이 신탁사건을 관할한다.
③ 수탁자 또는 전수탁자가 여럿인 경우에는 그 중 1인의 보통재판적이 있는 곳의 지방법원이 신탁사건을 관할한다.
④ 「신탁법」 제21조제3항에 따른 사건은 유언자 사망 시 주소지의 지방법원이 관할한다.
⑤ 제1항부터 제4항까지의 규정에 따른 관할법원이 없는 경우에는 신탁재산이 있는 곳(채권의 경우에는 재판상의 청구를 할 수 있는 곳을 그 재산이 있는 곳으로 본다)의 지방법원이 신탁사건을 관할한다.
⑥ 제1항부터 제3항까지 및 제5항에도 불구하고 「신탁법」 제18조제1항제1호 및 제2호에 따른 신탁재산관리인의 선임에 관한 사건은 다음 각 호의 구분에 따른 법원이 관할한다.
   1. 「신탁법」 제18조제1항제1호에 따른 신탁재산관리인의 선임에 관한 사건: 「가사소송법」 제2조제1항제2호가목37) 및 제44조에 따라 해당 상속재산관리인의 선임사건을 관할하는 법원
   2. 「신탁법」 제18조제1항제2호에 따른 신탁재산관리인의 선임에 관한 사건: 「채무자 회생 및 파산에 관한 법률」 제3조에 따라 해당 파산선고를 관할하는 법원

제40조(부정한 목적으로 신탁선언에 의하여 설정된 신탁의 종료 재판) ① 「신탁법」 제3조제3항에 따른 청구에 의한 재판을 하는 경우 법원은 수탁자의 의견을 들어야 한다.
② 제1항에 따른 청구에 대한 재판은 이유를 붙인 결정으로써 하여야 한다.
③ 제1항에 따른 청구에 대한 재판은 수탁자와 수익자에게 고지하여야 한다.
④ 제1항에 따른 청구를 인용(認容)하는 재판에 대하여는 수탁자 또는 수익자가 즉시항고를 할 수 있다. 이 경우 즉시항고는 집행정지의 효력이 있다.
⑤ 제1항에 따른 청구를 기각(棄却)하는 재판에 대하여는 그 청구를 한 자가 즉시항고를 할 수 있다.

주제 08 관할법원

1. 원칙

신탁사건은 특별한 규정이 있는 경우를 제외하고는 수탁자의 보통재판적이 있는 곳의 지방법원이 관할한다.

2. 수탁자의 임무가 종료된 후 신수탁자의 임무가 시작되기 전

전수탁자(前受託者)의 보통재판적이 있는 곳의 지방법원이 신탁사건을 관할한다.

3. 수탁자 또는 전수탁자가 여럿인 경우

그 중 1인의 보통재판적이 있는 곳의 지방법원이 신탁사건을 관할한다.

4. 유언에 의하여 수탁자로 지정된 자가 신탁을 인수하지 아니하거나 인수할 수 없는 경우

유언자 사망 시 주소지의 지방법원이 관할한다.

5. 관할법원이 없는 경우

신탁재산이 있는 곳(채권의 경우에는 재판상의 청구를 할 수 있는 곳을 그 재산이 있는 곳으로 본다)의 지방법원이 신탁사건을 관할한다.

주제 09 수탁자 사임허가의 재판

01 의의

수탁자는 신탁행위로 달리 정한바가 없으면 수익자와 위탁자의 승낙 없이 사임할 수 없다. 그럼에도 불구하고 수탁자는 정당한 이유가 있는 경우 법원의 허가를 받아 사임할 수 있다.

02 절차

1. 관할

수탁자의 보통재판적이 있는 곳 지방법원이 관할한다.

2. 신청인

수탁자의 신청에 의한다.

3. 신청방식

수탁자가 사임허가의 재판을 신청하는 경우 그 사유를 소명하여야 한다.

4. 심리 및 재판

수탁자가 사임허가의 신청에 대한 재판에 대해서는 불복신청 할 수 없다.

주제 10 수탁자 해임의 재판

01 의의

수탁자가 임무에 위반된 행위를 하거나 그 밖에 중요한 사유가 있는 경우 위탁자나 수익자는 법원에 수탁자의 해임을 청구할 수 있다.

02 절차

1. 관할
수탁자의 보통재판 적이 있는 곳 지방법원

2. 신청인
위탁자나 수익자는 법원에 수탁자의 해임을 청구할 수 있다.

3. 신청방식
수탁자가 사임허가의 재판을 신청하는 경우 그 사유를 소명하여야 한다.

4. 심리 및 재판
① 수탁자를 해임하는 재판은 수탁자를 심문하여야 한다.
② 재판은 이유를 붙인 결정으로써 하여야 한다.
③ 재판은 위탁자, 수탁자 및 수익자에게 고지하여야 한다.
④ 재판에 대해서는 위탁자, 수탁자 또는 수익자가 즉시항고를 할 수 있다.

주제 11 신탁재산관리인의 선임

01 의의

법원은 ① 수탁자의 사망, 파산선고 또는 법원의 허가를 받아 사임하거나 임무 위반으로 법원에 의하여 해임된 경우 필수적 신탁재산관리인을 선임하여야 하며, ② 수탁자의 임무가 종료되거나 수탁자와 수익자 간의 이해가 상반되어 수탁자가 신탁사무를 수행하는 것이 적절하지 아니한 경우 임의적 신탁재산관리인을 선임할 수 있다.

02 요건

1. **필수적 선임사건의 요건**

    ① 수탁자의 사망, 파산선고 또는 법원의 허가를 받아 사임하거나 임무 위반으로 법원에 의하여 해임된 경우 일 것

    ② 신수탁자가 선임되지 아니하거나 다른 수탁자가 존재하지 아니할 것

2. **임의적 선임사건의 요건**

    ① 수탁자의 임무가 종료되거나 수탁자와 수익자 간의 이해가 상반되어 수탁자가 신탁사무를 수행하는 것이 적절하지 아니할 것

    ② 이해관계인의 청구가 있을 것

03 절차

1. **관할**

    (1) 필수적 선임사건

    ① 수탁자가 사망하여 상속재산관리인이 선임되는 경우 해당 상속재산관리인의 선임사건을 관할하는 법원

    ② 수탁자가 파산선고를 받은 경우 해당 파산선고를 관할하는 법원

(2) 임의적 선임사건

① 수탁자의 보통재판적이 있는 지방법원이 신탁사건을 관할한다.

② 수탁자가 여럿인 경우 그 중 1인의 보통재판적이 있는 곳의 지방법원이 신탁사건을 관할한다.

③ 관할법원이 없는 경우 신탁재산이 있는 곳의 지방법원이 신탁사건을 관할한다.

2. 신청인

(1) 필수적 선임사건

법원이 직권으로 선임한다.

(2) 임의적 선임사건

이해관계인의 청구에 의하여 선임할 수 있다.

3. 신청방식

일반원칙에 따라 서면 또는 구술로 할 수 있다.

4. 심리 및 재판

(1) 임의적 선임사건

법원은 수익자와 수탁자의 의견을 들어야 한다(필요적 심문).

(2) 필수적 선임사건

법원은 이해관계인의 의견을 들을 수 있다(임의적 심문).

(3) 재판

재판은 이유를 붙인 결정으로써 한다.

5. 불복

(1) 필수적 선임사건

신청을 인용하는 재판에 대하여는 불복신청을 할 수 없으나, 신청을 각하, 기각하는 재판에 대해서는 항고로써 불복할 수 있다.

(2) 임의적 선임사건

수익자 또는 수탁자는 즉시항고를 할 수 있다.

04 신탁재산관리인의 지위

1. 권한

신탁재산관리인은 선임된 목적범위 내에서 수탁자와 동일한 권리·의무가 있다.

2. 보수

법원은 필요한 경우 신탁재산에서 적당한 보수를 줄 수 있다.

주제 12 신탁재산관리인의 보수 결정재판

01 의의

수탁자의 임무가 종료되거나 수탁자와 수익자 간의 이해가 상반되어 수탁자가 신탁사무를 수행하는 것이 적절하지 아니한 경우 법원은 이해관계인의 청구에 의하여 신탁재산관리인의 선임이나 그 밖의 필요한 처분을 명할 수 있다. 다른 수탁자가 있는 경우에도 또한 같다. 법원은 선임한 신탁재산관리인에게 필요한 경우 신탁재산에서 적당한 보수를 줄 수 있다.

02 절차

1. 관할

수탁자의 보통재판적이 있는 지방법원이 관할한다.

2. 신청인

법원의 직권에 의한다.

3. 심리 및 재판

① 법원은 수익자 또는 수탁자가 여럿인 경우의 다른 수탁자의 의견을 들어야 한다.

② 재판은 수익자와 수탁자가 여럿인 경우 다른 수탁자에게 고지하여야 한다.

③ 재판에 대해서는 수익자 또는 수탁자가 여럿인 경우 다른 수탁자가 즉시 항고 할 수 있다.

주제 13 　신탁재산관리인 사임허가 및 해임의 재판

01 　의의

신탁재산관리인은 법원의 허가를 받아 사임할 수 있으며, 법원은 이해관계인의 청구에 의하여 신탁재산관리인을 해임할 수 있다.

02 　절차

1. 관할

수탁자의 보통재판적이 있는 곳의 지방법원이 관할한다. 수탁자의 임무가 종료된 후 신수탁자(新受託者)의 임무가 시작되기 전의 경우에는 전수탁자(前受託者)의 보통재판적이 있는 곳의 지방법원이 신탁사건을 관할한다.

2. 신청인

신탁재산관리인의 사임은 신탁재산관리인의 청구에 의하며, 신탁재산관리인의 해임은 이해관계인의 청구에 의한다.

3. 신청방식

신탁재산관리인이 사임허가의 재판을 신청하는 경우에는 그 사유를 소명하여야 한다.

4. 심리 및 재판

① 신탁재산관리인을 해임하는 재판을 하는 경우 법원은 이해관계인의 의견을 들을 수 있다.

② 신탁재산관리인 사임허가 및 해임의 재판에 대해서는 불복신청을 할 수 없다.

주제 14 신수탁자 선임의 재판

01 의의

수탁자의 임무가 종료된 경우 위탁자와 수익자는 합의하여 또는 위탁자가 없으면 수익자 단독으로 신수탁자를 선임할 수 있다. 다만, 신탁행위로 달리 정한 경우에는 그에 따른다. 위탁자와 수익자 간에 신수탁자 선임에 대한 합의가 이루어지지 아니한 경우 이해관계인은 법원에 신수탁자의 선임을 청구할 수 있다.

02 절차

1. 관할
① 전수탁자(前受託者)의 보통재판적이 있는 곳의 지방법원이 신탁사건을 관할한다.

② 수탁자 또는 전수탁자가 여럿인 경우에는 그 중 1인의 보통재판적이 있는 곳의 지방법원이 신탁사건을 관할한다.

2. 신청인
이해관계인이 청구할 수 있다.

3. 신청방식
신수탁자의 선임을 청구하는 경우에는 그 사유를 소명하여야 한다.

4. 심리 및 재판
① 재판을 하는 경우 법원은 이해관계인의 의견을 들을 수 있다.

② 재판은 위탁자, 수익자 및 수탁자가 여럿인 경우의 다른 수탁자에게 고지하여야 한다.

③ 재판에 대해서는 위탁자, 수익자 또는 수탁자가 여럿인 경우의 다른 수탁자가 즉시항고를 할 수 있다.

주제 15 신수탁자의 보수 결정재판

01 의의

위탁자와 수익자 간에 신수탁자 선임에 대한 합의가 이루어지지 아니한 경우 이해관계인은 법원에 신수탁자의 선임을 청구할 수 있으며, 유언에 의하여 수탁자로 지정된 자가 신탁을 인수하지 아니하거나 인수할 수 없는 경우 이해관계인은 법원에 신수탁자의 선임을 청구할 수 있다. 법원은 이에 따라 신탁재산에서 적당한 보수를 줄 수 있다.

02 절차

1. 관할
수탁자의 보통재판적이 있는 지방법원이 관할한다.

2. 신청인
이해관계인은 법원에 신청할 수 있다.

3. 심리 및 재판
① 법원은 수익자 또는 수탁자가 여럿인 경우의 다른 수탁자의 의견을 들어야 한다.

② 재판은 수익자와 수탁자가 여럿인 경우 다른 수탁자에게 고지하여야 한다.

③ 재판에 대해서는 수익자 또는 수탁자가 여럿인 경우 다른 수탁자가 즉시항고 할 수 있다.

주제 16 신탁변경의 재판

01 의의

신탁은 위탁자, 수탁자 및 수익자의 합의로 변경할 수 있다. 다만, 신탁행위로 달리 정한 경우에는 그에 따른다. 신탁의 변경은 제3자의 정당한 이익을 해치지 못한다. 신탁행위 당시에 예견 하지 못한 특별한 사정이 발생한 경우 위탁자, 수익자 또는 수탁자는 신탁의 변경을 법원에 청구할 수 있다.

02 절차

1. 관할
수탁자의 보통재판적이 있는 곳의 지방법원이 관할한다.

2. 신청인
위탁자, 수익자 또는 수탁자는 신탁의 변경을 법원에 청구할 수 있다.

3. 신청방식
신탁변경의 재판은 서면으로 신청하여야 한다.

4. 심리 및 재판
① 재판을 하는 경우 법원은 위탁자, 수탁자 및 수익자의 의견을 들어야 한다.
② 재판은 이유를 붙인 결정으로써 하여야 한다.
③ 재판은 위탁자, 수탁자 및 수익자에게 고지하여야 한다.
④ 재판에 대해서는 위탁자, 수탁자 또는 수익자가 즉시항고를 할 수 있다. 이 경우 즉시항고는 집행정지의 효력이 있다.

주제 17 사정변경에 의한 신탁종료의 재판

01 의의

신탁행위 당시에 예측하지 못한 특별한 사정으로 신탁을 종료하는 것이 수익자의 이익에 적합함이 명백한 경우에는 위탁자, 수탁자 또는 수익자는 법원에 신탁의 종료를 청구할 수 있다.

02 절차

1. 관할
수탁자의 보통재판적이 있는 곳의 지방법원이 관할한다.

2. 신청인
위탁자, 수익자 또는 수탁자의 청구에 의한다.

3. 신청방식

4. 심리 및 재판
① 재판을 하는 경우 법원은 위탁자, 수탁자 및 수익자의 의견을 들어야 한다.

② 재판은 이유를 붙인 결정으로써 하여야 한다.

③ 재판은 위탁자, 수탁자 및 수익자에게 고지하여야 한다.

④ 재판에 대해서는 위탁자, 수탁자 또는 수익자가 즉시항고를 할 수 있다. 이 경우 즉시항고는 집행정지의 효력이 있다.

주제 18 신탁관리인의 선임

01 의의

법원은 ① 수익자가 특정되어 있지 아니하거나 존재하지 아니한 경우 ② 수익자가 미성년자, 피한정후견인, 피성년후견인이거나 그 밖의 사유로 수탁자에 대한 감독을 적절히 할 수 없는 경우 위탁자나 그 밖의 이해관계인의 청구에 의하여 또는 직권으로 신탁관리인을 선임할 수 있다.

02 요건

1. 수익자가 특정되어 있지 아니하거나 존재하지 아니할 것
2. 수익자가 미성년자등의 사유로 수탁자에 대한 감독을 적절히 행사할 수 없는 경우일 것
3. 이해관계인의 청구 또는 법원의 직권 선임이 있을 것

03 절차

1. 관할
① 수탁자의 보통재판적이 있는 지방법원이 신탁사건을 관할한다.
② 수탁자가 여럿인 경우 그 중 1인의 보통재판적이 있는 곳의 지방법원이 신탁사건을 관할한다.
③ 관할법원이 없는 경우 신탁재산이 있는 곳의 지방법원이 신탁사건을 관할한다.

2. 신청인
법원은 이해관계인의 청구 또는 직권으로 신탁관리인을 선임할 수 있다.

3. 신청방식
일반원칙에 따라 서면 또는 구술로 할 수 있다.

4. 심리 및 재판
① 비송사건의 심리는 일반적으로 심문의 방법에 의한다.
② 심문은 임의적이며, 공개하지 아니한다.

③ 재판은 결정으로써 한다.

5. 불복신청의 제한
신청을 인용하는 재판에 대하여는 불복신청을 할 수 없으나, 신청을 각하, 기각하는 재판에 대해서는 항고로써 불복할 수 있다.

04 신탁관리인의 지위

1. 권한
신탁재산관리인은 선임된 목적범위 내에서 수탁자와 동일한 권리·의무가 있다.

2. 보수
법원은 필요한 경우 신탁재산에서 적당한 보수를 줄 수 있다.

주제 19 검사인 선임의 재판

01 의의

신탁사무는 법원이 감독한다. 다만, 신탁의 인수를 업으로 하는 경우는 그러하지 아니하다. 법원은 이해관계인의 청구에 의하여 또는 직권으로 신탁사무 처리의 검사, 검사인의 선임, 그 밖에 필요한 처분을 명할 수 있다.

02 절차

1. 관할
수탁자의 보통재판적이 있는 곳의 지방법원이 관할한다.

2. 신청인
이해관계인의 청구 또는 법원의 직권에 의한다.

3. 신청방식

① 검사인(檢査人)의 선임 청구는 서면으로 하여야 한다.

② 청구서에는 일반적인 신청서의 기재사항 외에 검사 목적을 적어야 한다.

4. 심리 및 재판

재판에 대해서는 불복신청을 할 수 없다.

주제 20 검사인의 보수

01 의의

신탁사무는 법원이 감독한다. 다만, 신탁의 인수를 업으로 하는 경우는 그러하지 아니하다. 법원은 이해관계인의 청구에 의하여 또는 직권으로 신탁사무 처리의 검사, 검사인의 선임, 그 밖에 필요한 처분을 명할 수 있다(「신탁법」 제105조 제2항). 법원은 이에 따라 검사인을 선임한 경우 신탁재산에서 검사인의 보수를 지급하게 할 수 있다.

02 절차

1. 관할

수탁자의 보통재판적이 있는 곳의 지방법원이 관할한다.

2. 신청인

이해관계인의 청구에 의한다

3. 신청방식

① 검사인(檢査人)의 선임 청구는 서면으로 하여야 한다.

② 청구서에는 일반적인 신청서의 기재사항 외에 검사 목적을 적어야 한다.

4. 심리 및 재판

① 검사인의 보수를 정하는 재판을 하는 경우 법원은 수탁자의 의견을 들어야 한다.

② 재판은 수탁자에게 고지하여야 한다.

③ 재판에 대해서는 수탁자가 즉시항고를 할 수 있다.

주제 21 검사인의 보고

01 의의

신탁사무는 법원이 감독한다. 다만, 신탁의 인수를 업으로 하는경우는 그러하지 아니하다. 법원은 이해관계인의 청구에 의하여 또는 직권으로 신탁사무 처리의 검사, 검사인의 선임, 그 밖에 필요한 처분을 명할 수 있다 이에 따라 선임된 검사인은 법원에 검사 결과를 서면으로 보고 하여야 한다. 법원은 검사에 관한 설명이 필요할 때에는 검사인을 심문할 수 있다.

02 절차

1. 관할
수탁자의 보통재판적이 있는 곳의 지방법원이 관할한다.

2. 신청인
법원은 이해관계인의 청구에 의하여 또는 직권으로 신탁사무 처리의 검사, 검사인의 선임, 그 밖에 필요한 처분을 명할 수 있다.

3. 신청방식
법원의 직권에 의한다.

4. 심리 및 재판
① 법원은 검사 결과에 따라 수탁자에게 시정을 명할 수 있다.

② 수탁자는 명령을 받은 즉시 그 사실을 수익자에게 알려야 한다.

③ 명령에 대해서는 불복신청을 할 수 없다.

주제 22 감정인 선임의 절차와 비용

01 의의

청산수탁자는 변제기에 이르지 아니한 신탁채권에 대하여도 변제할 수 있다. 이 경우 조건부 채권, 존속기간이 불확정한 채권, 그 밖에 가액이 불확정한 채권에 대하여는 법원이 선임한 감정인의 평가에 따라 변제하여야 한다.

02 절차

1. 관할

   수탁자의 보통재판적이 있는 곳의 지방법원이 관할한다.

2. 신청인

   청산수탁자의 청구에 의한다.

3. 신청방식

4. 심리 및 재판

   감정인 선임의 재판에 대해서는 불복신청을 할 수 없다.

주제 23 법원의 감독

01 의의

법원은 신탁사건의 감독을 위하여 필요하다고 인정할 때에는 이해관계인의 신청에 의하여 또는 직권으로 재산목록, 신탁사무에 관한 장부와 서류의 제출을 명하고, 신탁사무 처리에 관하여 수탁자와 그 밖의 관계인을 심문할 수 있다.

02 절차

1. 관할
수탁자의 보통재판적이 있는 곳의 지방법원이 관할한다.

2. 신청인
이해관계인의 신청에 의하여 또는 직권으로 행한다.

3. 신청방식
신청은 서면으로 하여야 한다.

4. 심리 및 재판
재판에 대해서는 불복신청을 할 수 없다.

[제3절] 재판상의 대위에 관한 사건

주제 24 재판상 대위

01 의의

채권자가 자기 채권의 기한 전에 채무자의 권리를 행사하지 아니하면 그 채권을 보전할 수 없거나 보전하는 데에 곤란이 생길 우려가 있는 경우 법원의 허가를 얻어 채무자의 권리를 행사하는 것을 말한다.

02 요건

1. 채권이 기한 전일 것
2. 채무자가 권리를 행사하지 아니할 것
3. 채무자의 권리를 행사하지 아니하면 채권자의 채권을 보전할 수 없거나 보전하는 데에 곤란이 생길 우려가 있을 것

03 절차

1. 관할

재판상 대위는 채무자의 보통 재판적이 있는 곳의 지방법원이 관할한다.

2. 신청인

재판상 대위신청인은 위 요건에 해당하는 채무자의 채권자이다.

3. 신청방식

일반원칙에 따라 서면 또는 구술로 할 수 있다. 다만, 신청서에 기재하거나 구술로 진술하여야 할 사항으로는 법 제9조 제1항 각 호의 사항 및 채무자와 제3채무자의 성명과 주소, 피보전채권 및 그가 행사하려는 권리의 표시를 추가하여야 한다.

4. 심리 및 재판

(1) 심리의 공개와 검사의 불참여
① 비송사건의 심리는 일반적으로 심문의 방법에 의한다.
② 심문은 필요적이며, 공개하여야 한다.
③ 검사는 의견을 진술하거나 심문에 참여할 수 없다.

(2) 대위신청의 허가
법원은 대위의 신청이 이유 있다고 인정한 경우에는 담보를 제공하게 하거나 제공하지 아니하고 허가할 수 있다.

(3) 재판의 고지
대위신청을 허가한 재판은 직권으로 채무자에게 고지하여야 하며, 고지를 받은 채무자는 그 권리를 처분할 수 없다.

(4) 재판은 결정으로써 한다.

5. 불복

(1) 즉시항고
대위신청을 각하한 재판에 대하여는 채권자가 즉시항고를 할 수 있고, 대위신청을 허가한 재판에 대하여는 채무자가 즉시항고를 할 수 있다.

(2) 항고기간
채무자가 재판의 고지를 받은 날부터 즉시항고 기간을 기산한다.
항고절차의 비용과 항고인이 부담하게 될 전심의 비용에 대하여는 신청인과 항고인을 당사자로 보고, 민사소송법 제98조에 따라 패소자가 부담한다.

04 비용의 부담

항고절차의 비용과 항고인이 부담하게 될 전심의 비용에 대하여는 신청인과 항고인을 당사자로 보고, 민사소송법 제98조에 따라 패소자가 부담한다.

[제4절] 보존, 공탁, 보관 및 감정에 관한 사건

주제 25 공탁소 지정 및 공탁물 선임사건

01 의의

변제자가 변제목적물을 공탁하여 채무를 면하고자 함에도 불구하고 공탁소가 없거나 있다하더라도 보관능력이 있는 공탁물보관인이 없는 경우 법원의 허가를 얻어 공탁소를 지정하거나 공탁물보관인을 선임하는 사건을 말한다.

02 요건

1. 변제목적물을 공탁하여 채무를 면하고자 할 것
2. 공탁소가 없거나 있다 하더라도 보관능력이 있는 공탁물보관인이 없는 경우일 것

03 절차

1. **관할**

   공탁소의 지정 및 공탁물보관인의 선임은 채무이행지의 지방법원이 관할한다.

2. **신청인**

   변제자(공탁자)이다.

3. **신청방식**

   일반원칙에 따라 서면 또는 말로 할 수 있다.

4. **심리 및 재판**

   ① 비송사건의 심리는 일반적으로 심문의 방법에 의한다.

   ② 공탁소의 지정과 공탁물보관인 선임의 재판을 하기 전에 법원은 미리 채권자와 변제자를 심문하여야 한다(필요적 심문).

③ 검사는 의견을 진술하거나 심문에 참여할 수 없다.

④ 재판은 결정으로써 한다.

5. 불복신청의 제한

신청을 인용하는 재판에 대하여는 불복신청을 할 수 없으나, 신청을 각하, 기각하는 재판에 대해서는 항고로써 불복할 수 있다.

04 비용의 부담

법원이 공탁소의 지정 및 공탁물보관인의 선임을 한 경우 그 절차의 비용은 채권자가 부담한다.

주제 26 변제목적물의 경매허가사건

01 의의

변제의 목적물이 공탁에 적당하지 아니하거나 멸실 또는 훼손될 염려가 있거나 공탁에 과다한 비용을 요하는 경우 변제자는 법원의 허가를 얻어 그 물건을 경매하거나 시가로 방매(임의매각)하여 대금을 공탁할 수 있는 사건을 말한다.

02 요건

1. 변제목적물이 존재할 것
2. 변제목적물이 공탁에 적당하지 아니하거나 멸실 또는 훼손될 염려가 있거나 공탁에 과다한 비용을 요할 것

03 절차

1. 관할

변제목적물의 경매허가사건은 채무이행지의 지방법원이 관할한다.

2. 신청인

변제자(공탁자)이다.

3. 신청방식

일반원칙에 따라 서면 또는 구술로 할 수 있다.

4. 심리 및 재판

① 비송사건의 심리는 일반적으로 심문의 방법에 의한다.

② 법원은 재판 전 미리 채권자와 변제자를 심문하여야 한다(필요적 심문).

③ 검사는 의견을 진술하거나 심문에 참여할 수 없다.

④ 재판은 결정으로써 한다.

5. 불복신청의 제한

신청을 인용하는 재판에 대하여는 불복신청을 할 수 없으나, 신청을 각하, 기각하는 재판에 대해서는 항고로써 불복할 수 있다.

04 비용의 부담

허가의 재판을 하는 경우 절차비용에 대하여는 법 제53조 제3항을 준용하여 채권자가 부담한다.

주제 27 질물에 의한 변제충당 허가사건

01 의의

질권자는 채권변제를 받기 위하여 경매를 함이 원칙이나, 정당한 이유가 있는 때에는 감정인의 평가에 의하여 질물로 직접 변제에 충당할 것을 법원에 청구할 수 있는 사건을 말한다.

02 요건

1. 간이변제충당의 정당한 이유가 있을 것
2. 법원에 간이변제충당을 청구할 것
3. 목적물의 환가는 감정인의 평가에 의할 것
4. 질권자는 간이변제충당 허가신청 전 미리 채무자 및 질권설정자에게 통지할 것

03 절차

1. 관할
변제목적물의 경매허가사건은 채무이행지의 지방법원이 관할한다.

2. 신청인
신청권자는 질권자이다.

3. 신청방식
일반원칙에 따라 서면 또는 말로 할 수 있다.

4. 심리 및 재판
① 비송사건의 심리는 일반적으로 심문의 방법에 의한다.
② 법원은 정당한 이유의 존부를 판단함에 있어서 질권자인 채권자, 질권설정자인 채무자, 질권설정자가 채무자 이외의 제3자인 경우 제3자도 미리 심문하여야 한다(필요적 심문).
③ 검사는 의견을 진술하거나 심문에 참여할 수 없다.
④ 재판은 결정으로써 한다.

5. 불복신청의 제한
신청을 인용하는 재판에 대하여는 불복신청을 할 수 없으나, 신청을 각하, 기각하는 재판에 대해서는 항고로써 불복할 수 있다.

04 비용의 부담

1. 허가의 재판이 있는 경우
해당 재판의 절차비용에 대하여는 질권설정자가 부담한다.

2. 허가신청이 각하된 경우
해당 재판의 절차비용에 대하여는 신청자인 질권자가 부담한다.

주제 28 환매권대위 행사시 감정인선임사건

01 의의

매도인의 채권자가 매도인을 대위하여 환매하고자 하는 때에는 매수인이 법원이 선정한 감정인의 평가액에서 매도인이 반환할 금액을 공제한 잔액으로 매도인의 채무를 변제하고 잉여액이 있으면 이를 매도인에게 지급하도록 법원에 감정인 선임을 청구하는 사건을 말한다.

02 요건

1. 매도인의 채권자가 매도인을 대위하여 환매하고자 하는 경우일 것
2. 매수인이 감정인의 선임을 법원에 청구할 것

03 절차

1. 관할
환매권의 목적물인 물건 소재지의 지방법원이 관할법원이다.

2. 신청인
민법 제590조 이하의 요건을 갖춘 매수인이다.

3. 신청방식

일반원칙에 따라 서면 또는 말로 할 수 있다.

4. 심리 및 재판

① 비송사건의 심리는 일반적으로 심문의 방법에 의한다.

② 심문은 임의적이며, 공개하지 아니한다.

③ 검사는 의견을 진술하거나 심문에 참여할 수 없다.

④ 재판은 결정으로써 한다.

5. 불복신청의 제한

신청을 인용하는 재판에 대하여는 불복신청을 할 수 없으나 신청을 각하, 기각하는 재판에 대해서는 항고로써 불복할 수 있다.

04 비용의 부담

감정인을 선임하는 재판을 한 경우에는 그 선임비용과 감정을 위한 소환 및 심문비용은 매수인이 부담한다.

제3장 상사비송사건

[제1절] 회사와 경매에 관한 사건

주제 29 회사설립에 있어서의 검사인 선임청구사건

01 의의

주식회사 설립 시 발기설립의 경우이든 모집설립의 경우이든 정관에서 변태설립사항을 규정한 경우 발기인이 이에 관한 사항을 조사하기 위하여 검사인의 선임을 법원에 청구하는 사건을 말한다.

1. 회사를 설립한 경우일 것
2. 정관에서 변태설립사항을 규정한 경우일 것

02 절차

1. 관할

   회사의 본점 소재지의 지방법원 합의부가 관할한다.

2. 신청인

   (1) 발기설립의 경우

   이사가 신청인이 된다.

   (2) 모집설립의 경우

   발기인이 신청인이 된다.

3. 신청방식

   통상의 비송사건이 서면 또는 구술로 신청할 수 있는 것과 달리 검사인 선임신청은 서면으로 하여야 한다.

4. 심리 및 재판

① 비송사건의 심리는 일반적으로 심문의 방법에 의한다.

② 검사는 사건에 관하여 의견을 진술하고 심문에 참여할 수 있다.

③ 법원이 검사인 선임에 관한 재판을 하는 경우 이사와 감사의 진술을 들어야 한다(필요적 심문).

④ 재판은 이유를 붙인 결정으로써 한다.

5. 불복

즉시항고에 관한 별도의 규정은 없으나, 법 제20조에 의한 통상항고로써 불복할 수 있다.

03 검사인의 서면보고

검사인은 조사결과를 서면으로 법원에 보고하여야 한다.

04 검사인의 보수

1. 의의

법원이 검사인을 선임한 경우 회사로 하여금 보수를 지급하게 할 수 있다.

2. 보수액 결정

보수액은 법원이 이사와 감사의 의견을 들어 정한다.

3. 즉시항고

법원의 보수결정에 대하여 즉시항고할 수 있다.

주제 30 신주발행시의 검사인의 선임청구사건

01 의의

회사가 신주를 발행하는 때 현물출자를 하는 사람이 있는 경우 이사가 이를 조사하기 위하여 법원에 검사인의 선임을 청구하는 사건을 말한다.

02 요건

1. 회사가 신주를 발행한 경우일 것
2. 현물출자한 사람이 있을 것

03 절차

1. 관할
회사의 본점 소재지의 지방법원 합의부가 관할한다.

2. 신청인
이사가 신청인이 된다.

3. 신청방식
통상의 비송사건이 서면 또는 구술로 신청할 수 있는 것과 달리 검사인 선임신청은 서면으로 하여야 한다.

4. 심리 및 재판
① 비송사건의 심리는 일반적으로 심문의 방법에 의한다.
② 검사는 사건에 관하여 의견을 진술하고 심문에 참여할 수 있다.
③ 법원이 검사인 선임에 관한 재판을 하는 경우 이사와 감사의 진술을 들어야 한다(필요적심문).
④ 재판은 이유를 붙인 결정으로써 한다.

5. 불복

즉시항고에 관한 별도의 규정은 없으나, 법 제20조에 의한 통상항고로써 불복할 수 있다.

04 검사인의 서면보고

검사인은 조사결과를 서면으로 법원에 보고하여야 한다.

05 검사인의 보수

1. 의의

법원이 검사인을 선임한 경우 회사로 하여금 보수를 지급하게 할 수 있다.

2. 보수액 결정

보수액은 법원이 이사와 감사의 의견을 들어 정한다.

3. 즉시항고

법원의 보수결정에 대하여 즉시항고할 수 있다.

주제 31 주식회사의 업무·재산상태의 검사를 위한 검사인의 선임청구사건

01 의의

회사의 업무집행에 관하여 부정행위 또는 법령이나 정관에 위반한 중대한 사실이 있음을 의심할 사유가 있는 때에는 발행주식 총수의 100분의 3 이상에 해당하는 주식을 가진 주주가 회사의 업무와 재산상태를 조사하기 위하여 법원에 검사인의 선임을 청구하는 사건을 말한다.

02 요건

1. 회사의 업무집행에 관하여 부정행위 또는 법령이나 정관에 위반한 중대한 사실이 있음을 의심할 사유가 있을 것
2. 발행주식 총수의 100분의 3 이상에 해당하는 주식을 가진 주주가 법원에 검사인의 선임을 청구할 것

03 절차

1. 관할
회사의 본점 소재지의 지방법원 합의부가 관할한다.

2. 신청인
발행주식 총수의 100분의 3 이상에 해당하는 주식을 가진 주주가 신청인이 된다.

3. 신청방식
통상의 비송사건이 서면 또는 구술로 신청할 수 있는 것과 달리 검사인 선임신청은 서면으로 하여야 한다.

4. 심리 및 재판
① 비송사건의 심리는 일반적으로 심문의 방법에 의한다.
② 신청인은 검사인 선임청구 사유를 구체적으로 적시하여 증명하여야 한다.
③ 법원이 검사인 선임에 관한 재판을 하는 경우 이사와 감사의 진술을 들어야 한다(필요적 심문).
④ 재판은 이유를 붙인 결정으로써 한다.

5. 불복

(1) 즉시항고
① 변태설립사항 규정 시 검사인 선임청구, 현물출자 시 검사인 선임청구와 달리 즉시 항고할 수 있다.
② 항고기간은 재판이 고지된 날부터 1주 이내에 하여야 하며, 그 기간은 불변기간이다.

(2) 통상항고

신청을 인용하는 재판에 대하여는 불복신청을 할 수 없으나, 신청을 각하, 기각하는 재판에 대해서는 법 제20조에 의한 통상항고로써 불복할 수 있다.

04 검사인의 서면보고

검사인은 조사결과를 서면으로 법원에 보고하여야 한다.

05 검사인의 보수

1. 의의

법원이 검사인을 선임한 경우 회사로 하여금 보수를 지급하게 할 수 있다.

2. 보수액 결정

보수액은 법원이 이사와 감사의 의견을 들어 정한다.

3. 즉시항고

법원의 보수결정에 대하여 즉시 항고할 수 있다.

주제 32 주식회사 소수주주에 의한 임시총회소집허가사건

01 의의

발행주식총수의 100분의 3 이상의 주식을 가진 주주의 임시총회 소집청구가 있음에도 불구하고 이사회가 지체 없이 총회소집을 위한 절차를 밟지 아니한 경우 위 소수주주가 임시총회를 소집하기 위해 법원의 허가를 구하는 사건을 말한다.

02 요건

1. 발행주식총수의 100분의 3 이상의 주식을 가진 주주의 임시총회소집청구가 있었을 것
2. 이사회가 지체 없이 총회소집을 위한 절차를 밟지 아니할 것
3. 법원에 임시총회소집을 구하는 소수주주의 허가신청이 있을 것

03 절차

1. 관할

회사의 본점 소재지의 지방법원 합의부가 관할한다.

2. 신청인

발행주식총수의 100분의 3 이상의 주식을 가진 주주가 신청할 수 있다.

3. 신청방식

통상의 비송사건이 서면 또는 구술로 신청할 수 있는 것과 달리 서면으로 신청하여야 한다.

4. 심리 및 재판

① 비송사건의 심리는 일반적으로 심문의 방법에 의한다.
② 심문은 임의적이며, 공개하지 아니한다.
③ 신청인은 이사회가 총회소집을 게을리한 사실을 소명하여야 한다.
④ 재판은 이유를 붙인 결정으로써 한다.

5. 불복

신청을 인용하는 재판에 대하여는 불복신청을 할 수 없으나, 신청을 각하, 기각하는 재판에 대해서는 법 제20조에 의한 통상항고로써 불복할 수 있다.

주제 33 납입금 보관 등의 변경허가신청사건

01 의의

회사 설립 시 또는 신주발행 시 주식인수의 청약이 있고, 그 주식청약서에 기재한 보관자 또는 납입장소를 변경하고자 하는 경우 발기인 전원 또는 이사 전원의 공동신청으로 법원의 허가를 구하는 사건을 말한다.

02 요건

1. 주식인수의 청약이 있을 것
2. 주식청약서에 기재한 보관자 또는 납입장소를 변경하고자 하는 경우일 것
3. 발기인 또는 이사 전원의 공동신청이 있을 것

03 절차

1. 관할

   회사의 본점 소재지의 지방법원 합의부가 관할한다.

2. 신청인

   (1) 설립 중 법인인 경우

   발기인 전원이 공동으로 신청해야 한다.

   (2) 설립 후 법인인 경우

   이사 전원이 공동으로 신청해야 한다.

3. 신청방식

   일반원칙에 따라 서면 또는 구술로 할 수 있다.

4. 심리 및 재판

   ① 비송사건의 심리는 일반적으로 심문의 방법에 의한다.

   ② 심문은 임의적이며, 공개하지 아니한다.

③ 납입금의 보관자 또는 납입장소의 변경사유는 소명하면 충분하다.

④ 재판은 이유를 붙인 결정으로써 한다.

5. 불복

신청을 인용하는 재판에 대하여는 불복신청을 할 수 없으나, 신청을 각하, 기각하는 재판에 대해서는 법 제20조에 의한 통상항고로써 불복할 수 있다.

주제 34   단주의 임의매각 허가신청 사건

01 의의

단주(1주 미만의 주식)가 주식배당 등의 사유로 발생되고, 거래소의 시세가 없는 경우 이사 전원의 공동신청으로 법원의 허가를 받아 경매 이외의 방법으로 단주를 매각하는 사건을 말한다.

02 요건

1. 단주가 주식배당 등의 사유로 발생할 것
2. 거래소의 시세가 없는 주식일 것
3. 이사 전원이 공동으로 단주 매각을 신청할 것

03 절차

1. 관할

회사의 본점 소재지의 지방법원 합의부가 관할한다.

2. 신청인

이사 전원이 공동으로 신청해야 한다.

3. 신청방식

일반원칙에 따라 서면 또는 말로 할 수 있다.

4. 심리 및 재판

① 비송사건의 심리는 일반적으로 심문의 방법에 의한다.

② 심문은 임의적이며, 공개하지 아니한다.

③ 신청의 원인사실은 소명하면 충분하다.

④ 재판은 이유를 붙인 결정으로써 한다.

5. 불복

신청을 인용하는 재판에 대하여는 불복신청을 할 수 없으나, 신청을 각하, 기각하는 재판에 대해서는 법 제20조에 의한 통상항고로써 불복할 수 있다.

주제 35 직무대행자 선임

01 의의

법률 또는 정관에 정한 이사의 원수를 결한 경우 이사, 감사 기타의 이해관계인의 청구에 의하여 법원이 필요하다고 인정할 때 일시 이사의 직무를 행할 자를 선임하는 사건을 말한다.

02 요건

1. 법률 또는 정관에서 정한 이사의 인원수를 결한 경우일 것
2. 이사, 감사 기타의 이해관계인의 청구가 있을 것
3. 법원이 직무대행자가 필요하다고 인정할 것

03 절차

1. 관할
회사의 본점 소재지 지방법원 합의부가 관할한다.

2. 신청인
신청인은 이사, 감사 기타의 이해관계인이다.

3. 신청방식
일반원칙에 따라 서면 또는 구술로 할 수 있다.

4. 심리 및 재판
① 비송사건의 심리는 일반적으로 심문의 방법에 의한다.
② 법원은 직무대행자 선임에 관한 재판을 하는 경우 이사와 감사의 진술을 들어야 한다(필요적 심문).
③ 재판은 이유를 붙인 결정으로써 한다.

5. 불복
신청을 인용하는 재판에 대하여는 불복신청을 할 수 없으나, 신청을 각하, 기각하는 재판에 대해서는 법 제20조에 의한 통상항고로써 불복할 수 있다.

04 직무대행자의 지위

1. 등기 요부
직무대행자를 선임하는 결정을 한 때에는 회사의 본점 소재지의 등기소에서 등기하여야 한다. 이에 따라 법원은 그 등기를 촉탁하여야 한다.

2. 보수

(1) 의의
법원은 회사로 하여금 직무대행자에게 보수를 지급하게 할 수 있다.

(2) 보수액 결정

보수액은 법원이 이사와 감사의 의견을 들어 정한다.

(3) 즉시항고

보수에 관한 재판에 대하여는 즉시항고를 할 수 있다.

주제 36 직무대행자의 상무(常務) 외 행위의 허가사건

01 의의

이사선임결의의 무효나 취소 또는 이사해임의 소가 제기된 경우 법원이 당사자의 신청에 의하여 가처분으로써 직무대행자를 선임하였는데, 직무대행자가 회사의 상무에 속하는 행위를 하기 위하여 법원의 허가를 구하는 사건을 말한다.

02 요건

1. 이사선임결의의 무효 등의 소가 제기된 경우일 것
2. 법원이 당사자의 신청에 따른 가처분으로써 직무대행자를 선임할 것
3. 직무대행자는 회사의 상무 외의 행위를 하기 위해 법원의 허가를 구할 것

03 절차

1. 관할

가처분법원이 상무 외의 행위 허가사건을 관할한다.

2. 신청인

직무대행자에 한하여 신청할 수 있다.

3. 신청방식

일반원칙에 따라 서면 또는 말로 할 수 있다.

4. 심리 및 재판

① 비송사건의 심리는 일반적으로 심문의 방법에 의한다.

② 심문은 임의적이며, 공개하지 아니한다.

③ 검사는 의견을 진술하고 심문에 참여할 수 있다.

④ 재판은 결정으로써 한다.

5. 불복

(1) 신청을 인용한 재판

① 즉시항고를 할 수 있다. 이 항고는 집행정지의 효력이 있다.

② 항고기간은 직무대행자가 재판의 고지를 받은 날부터 기산한다.

(2) 신청을 배척(각하)한 경우

신청인은 비송사건절차법 제20조에 의한 항고로써 불복할 수 있다(통상항고).

주제 37 소송상 대표자 선임사건

01 의의

감사위원회의 위원과 회사 간 소가 제기된 때 감사위원회의 위원이 그 회사를 대표할 수 없는 경우 법원이 감사위원회 또는 이사의 신청에 의하여 회사를 대표할 자를 선임하는 사건을 말한다.

02 요건

1. 감사위원회의 위원이 소의 당사자일 것
2. 감사위원회의 위원이 회사를 대표할 수 없을 것
3. 감사위원회 또는 이사의 소송상 대표자 선임신청이 있었을 것

03 절차

1. 관할
회사의 본점 소재지 지방법원 합의부가 관할한다.

2. 신청인
신청인은 이사 또는 감사위원회이다.

3. 신청방식
일반원칙에 따라 서면 또는 구술로 할 수 있다.

4. 심리 및 재판
① 비송사건의 심리는 일반적으로 심문의 방법에 의한다.

② 법원은 소송상 대표자 선임에 관한 재판을 하는 경우 이사 또는 감사위원회의 진술을 들어야 한다(필요적 심문).

③ 재판은 이유를 붙인 결정으로써 한다.

5. 불복
신청을 인용하는 재판에 대하여는 불복신청을 할 수 없으나, 신청을 각하, 기각하는 재판에 대해서는 법 제20조에 의한 통상항고로써 불복할 수 있다.

주제 38 주식의 액면미달 발행의 인가신청사건

01 의의

회사가 성립한 날로부터 2년이 경과한 후에 주식을 발행하는 경우 주식을 액면미달의 가액으로 발행하기 위해 주주총회의 결의를 얻고 법원의 인가를 신청하는 사건을 말한다.

02 요건

1. 회사가 성립한 날로부터 2년이 경과한 후 주식을 발행하는 경우일 것
2. 액면미달의 주식을 발행할 필요성이 있을 것
3. 주주총회의 결의를 얻고 법원의 인가를 신청할 것

03 절차

1. 관할
회사의 본점 소재지의 지방법원 합의부가 관할한다.

2. 신청인
신청인은 회사이다.

3. 신청방식
신청은 서면으로 하여야 한다.

4. 심리 및 재판
① 비송사건의 심리는 일반적으로 심문의 방법에 의한다.
② 법원은 재판을 하기 전에 이사의 진술을 들어야 한다(필요적 심문).
③ 재판은 이유를 붙인 결정으로써 한다.

5. 불복
위 재판에 대해서는 즉시항고를 할 수 있으며, 위 항고는 집행정지의 효력이 있다.

주제 39 주식매수가액의 결정청구 사건

01 의의

영업양도 등에 반대하는 주주가 회사에 대하여 주식매수청구권을 행사하였는데, 매수청구기간이 종료하는 날부터 30일 이내에 주식의 매수가액이 협의가 이루어지지 아니한 경우 회사 또는 주식의 매수를 청구한 주주가 법원에 대하여 매수가액의 결정을 청구하는 사건을 말한다.

02 요건

1. 영업양도 등에 반대한 주주가 회사에 대하여 주식매수청구권을 행사하였을 것
2. 매수청구기간이 종료하는 날부터 30일 이내에 주식의 매수가액의 협의가 이루어지지 아니할 것
3. 회사 또는 주식의 매수를 청구한 주주가 법원에 매수가액의 결정을 청구할 것

03 절차

1. **관할**

   회사의 본점 소재지의 지방법원 합의부가 관할한다.

2. **신청인**

   신청인은 회사 또는 주식의 매수를 청구한 주주이다.

3. **신청방식**

   신청은 서면으로 하여야 한다.

4. **심리 및 재판**

   ① 비송사건의 심리는 일반적으로 심문의 방법에 의한다.

   ② 법원은 재판을 하기 전에 주주와 이사의 진술을 들어야 한다(필요적 심문).

   ③ 재판은 이유를 붙인 결정으로써 한다.

5. 불복

위 재판에 대해서는 즉시항고를 할 수 있으며, 위 항고는 집행정지의 효력이 있다.

주제 40 신주발행무효에 의한 환급금 증감신청사건

01 의의

신주발행무효의 판결이 확정된 경우 반환금액이 판결확정 시의 회사의 재산상태에 비추어 현저하게 부당한 경우에는 회사 또는 주주의 청구에 의하여 법원이 반환금액의 증감을 결정하는 사건을 말한다.

02 요건

1. 신주발행무효의 판결이 확정된 경우일 것
2. 반환금액이 현저히 부당한 경우일 것
3. 회사 또는 주주의 환급금 증감신청이 있을 것

03 절차

1. 관할

   회사의 본점 소재지의 지방법원 합의부가 관할한다.

2. 신청인

   신청인은 증액청구의 경우에는 주주이고, 감액청구의 경우에는 회사이다.

3. 신청방식

   일반원칙에 따라 서면 또는 구술로 할 수 있다.

4. 심리 및 재판

   ① 비송사건의 심리는 일반적으로 심문의 방법에 의한다.

② 심문은 판결확정 후 6개월이 경과하지 않으면 할 수 없다.

③ 법원은 이사와 감사의 진술을 들어야 한다(필요적 심문).

④ 재판은 이유를 붙인 결정으로써 한다.

5. 불복

위 재판에 대해서는 즉시항고를 할 수 있으며, 위 항고는 집행정지의 효력이 있다

주제 41 회사의 해산명령에 관한 사건

01 의의

회사의 존속이 공익상 허용될 수 없는 경우 법원이 이해관계인이나 검사의 신청으로 또는 직권으로 회사의 해산을 명하는 사건을 말한다.

02 요건

1. **회사의 존속이 공익상 허용될 수 없는 경우일 것**

   공익상 회사의 존속을 허용할 수 없는 경우란

   ① 회사의 설립목적이 불법한 것인 때,

   ② 회사가 정당한 사유 없이 설립 후 1년 내에 영업을 개시하지 아니하거나 1년 이상 영업을 휴지하는 때,

   ③ 이사 또는 회사의 업무를 집행하는 사원이 법령 또는 정관에 위반하여 회사의 존속을 허용할 수 없는 행위를 한 때를 말한다.

2. **이해관계인이나 검사의 신청이 있거나 법원이 직권으로 개시할 것**

03 절차

1. **관할**

   회사의 본점 소재지의 지방법원 합의부가 관할한다.

2. 신청인

신청인은 이해관계인이나 검사이나, 법원이 직권으로도 개시할 수 있다.

3. 신청방식

일반원칙에 따라 서면 또는 말로 할 수 있다.

4. 심리 및 재판

① 비송사건의 심리는 일반적으로 심문의 방법에 의한다.

② 법원은 재판을 하기 전에 이해관계인의 진술과 검사의 의견을 들어야 한다(필요적 심문).

③ 재판은 이유를 붙인 결정으로써 한다.

5. 불복

위 재판에 대해서는 즉시항고를 할 수 있으며, 위 항고는 집행정지의 효력이 있다.

주제 42 합병회사의 합병무효로 인한 채무부담부분 결정의 재판

01 의의

회사의 합병을 무효로 하는 판결이 확정되었을 때 각 회사가 협의로 채무 부담부분 또는 지분을 정하지 못한 경우 법원이 합병 당시의 각 회사의 청구에 의하여 그 결정을 구하는 사건을 말한다.

02 요건

1. 회사의 합병을 무효로 하는 판결이 확정되었을 것
2. 각 회사가 협의로 채무부담부분 또는 지분을 정하지 못한 경우일 것
3. 합병 당시의 각 회사가 법원에 채무부담부분 또는 지분의 결정을 구하는 청구를 할 것

03 절차

1. 관할
합병무효의 소에 관한 제1심 수소법원이 관할한다.

2. 신청인
신청인은 합병 당사자인 각 회사이다.

3. 신청방식
일반원칙에 따라 서면 또는 구술로 할 수 있다.

4. 심리 및 재판
① 비송사건의 심리는 일반적으로 심문의 방법에 의한다.
② 심문은 임의적이며, 공개하지 아니한다.
③ 검사는 의견을 진술하고 심문에 참여할 수 있다.
④ 재판은 이유를 붙인 결정으로써 한다.

5. 불복
위 재판에 대해서는 즉시항고를 할 수 있으며, 위 항고는 집행정지의 효력이 있다.

주제 43 합병인가신청사건 및 조직변경 인가신청

01 의의

1. 합병인가 신청사건
유한회사와 주식회사가 각각의 총회결의로 주식회사로 합병하고자 하는 경우 합병을 할 회사의 이사와 감사가 공동으로 합병의 인가신청을 하여 법원의 허가를 얻어 주식회사로 합병하는 사건을 말한다.

2. 조직변경인가 신청사건
유한회사가 사원총회결의로 주식회사로 변경하고자 하는 경우 이사와 감사가 공동으로 조직변경인가를 신청하여 법원의 허가를 얻어 주식회사로 변경하는 사건을 말한다.

02 요건

1. 합병인가 신청사건
① 유한회사와 주식회사가 각각의 총회결의로 주식회사로 합병하고자 하는 경우일 것
② 합병을 할 회사의 이사와 감사가 공동으로 합병인가를 신청할 것

2. 조직변경인가 신청사건
① 유한회사가 사원총회결의로 주식회사로 변경하고자 하는 경우일 것
② 이사와 감사가 공동으로 조직변경인가를 신청할 것

03 절차

1. 관할

(1) 합병인가 신청사건
합병 후 존속하는 회사 또는 합병으로 설립되는 회사의 본점 소재지의 지방법원이 관할한다.

(2) 조직변경인가 신청사건
회사의 본점 소재지의 지방법원 합의부가 관할한다.

2. 신청인
신청은 (합병을 할 회사의) 이사와 감사가 공동으로 하여야 한다.

3. 신청방식
일반원칙에 따라 서면 또는 구술로 할 수 있다.

4. 심리 및 재판
① 비송사건의 심리는 일반적으로 심문의 방법에 의한다.
② 심문은 임의적이며, 공개하지 아니한다.
③ 검사는 의견을 진술하고 심문에 참여할 수 있다.
④ 재판은 결정으로써 한다.

5. 불복

신청을 인용하는 재판에 대하여는 불복신청을 할 수 없으나, 신청을 각하, 기각하는 재판에 대해서는 법 제20조에 의한 통상항고로써 불복할 수 있다.

주제 44 유한회사 소수사원에 의한 임시총회소집허가사건

01 의의

자본금 총액의 100분의 3 이상에 해당하는 출자좌수를 가진 사원의 임시총회 소집청구가 있었음에도 불구하고 이사가 지체 없이 총회소집을 위한 절차를 밟지 아니한 경우 위 사원이 임시총회를 소집하기 위해 법원의 허가를 구하는 사건을 말한다.

02 요건

1. 자본금 총액의 100분의 3 이상에 해당하는 출자좌수를 가진 사원의 임시총회소집청구가 있었을 것
2. 이사가 지체 없이 총회소집을 위한 절차를 밟지 아니할 것
3. 법원에 임시총회소집을 구하는 소수사원의 허가신청이 있을 것

03 절차

1. 관할
회사의 본점 소재지의 지방법원 합의부가 관할한다.

2. 신청인
자본금 총액이 100분의 3 이상에 해당하는 출자좌수를 가진 사원이 신청할 수 있다.

3. 신청방식
통상의 비송사건이 서면 또는 구술로 신청할 수 있는 것과 달리 서면으로 신청하여야 한다.

4. 심리 및 재판

① 비송사건의 심리는 일반적으로 심문의 방법에 의한다.

② 심문은 임의적이며, 공개하지 아니한다.

③ 신청인은 이사회가 총회소집을 게을리한 사실을 소명하여야 한다.

④ 재판은 이유를 붙인 결정으로써 한다.

5. 불복

신청을 인용하는 재판에 대하여는 불복신청을 할 수 없으나, 신청을 각하, 기각하는 재판에 대해서는 법 제20조에 의한 통상항고로써 불복할 수 있다.

주제 45 합자회사 유한책임사원의 업무검사허가사건

01 의의

합자회사의 유한책임사원이 중요한 사유가 있는 경우에는 언제든지 회사의 업무와 재산상태를 검사하기 위하여 법원의 허가를 구하는 사건을 말한다.

02 요건

1. 신청권자는 합자회사의 유한책임사원일 것
2. 중요한 사유가 있을 것

03 절차

1. 관할

회사의 본점 소재지의 지방법원 합의부가 관할한다.

2. 신청인

신청권자는 합자회사의 유한책임사원이다.

3. 신청방식

통상의 비송사건이 서면 또는 구술로 신청할 수 있는 것과 달리 서면으로 신청하여야 한다.

4. 심리 및 재판

① 비송사건의 심리는 일반적으로 심문의 방법에 의한다.

② 심문은 임의적이며, 공개하지 아니한다.

③ 신청인은 검사를 필요로 하는 사유를 소명하여야 한다.

④ 재판은 이유를 붙인 결정으로써 한다.

5. 불복

신청을 인용하는 재판에 대하여는 불복신청을 할 수 없으나, 신청을 기각하는 재판에 대해서는 법 제20조에 의한 통상항고로써 불복할 수 있다.

주제 46 지분압류채권자의 보전청구

01 의의

합명회사 또는 합자회사의 사원지분을 압류한 채권자가 채권보전에 염려가 있는 경우 회사 또는 해당 사원에 대해 6개월 전 퇴사를 예고한 후 회사의 본점 소재지의 지방법원 합의부에 지분환급청구권의 보전에 필요한 처분을 청구하는 사건을 말한다.

02 요건

1. 합명회사 또는 합자회사의 채권자가 사원지분을 압류할 것
2. 채권보전에 염려가 있을 것
3. 회사 또는 지분을 압류한 사원에 대해 6개월 전 퇴사를 예고할 것
4. 채권자가 회사의 본점 소재지의 지방법원 합의부에 지분환급청구권의 보전에 필요한 처분을 청구 할 것

03 절차

1. 관할
회사의 본점 소재지의 지방법원 합의부가 관할한다.

2. 신청인
신청인은 지분압류와 예고를 한 채권자이다.

3. 신청방식
일반원칙에 따라 서면 또는 말로 할 수 있다.

4. 심리 및 재판
① 비송사건의 심리는 일반적으로 심문의 방법에 의한다.

② 심문은 임의적이며, 공개하지 아니한다.

③ 검사는 의견을 진술하고 심문에 참여할 수 있다.

④ 재판은 이유를 붙인 결정으로써 한다.

5. 불복
위 재판에 대해서는 즉시항고를 할 수 있다.

주제 47 경매허가

01 의의

매수인이 매매계약을 해제한 때 그 목적물이 멸실 또는 훼손될 염려가 있는 경우 매수인이 법원의 허가를 얻어 경매하여 그 대가를 보관 또는 공탁하는 사건을 말한다.

02 요건

1. 매수인이 매매계약을 해제한 경우일 것
2. 계약의 목적물이 멸실 또는 훼손될 염려가 있는 경우일 것
3. 매수인이 법원의 허가를 얻어 매매 목적물을 경매하여 그 대가를 보관 또는 공탁할 것

03 절차

1. 관할
경매할 물건 소재지의 지방법원이 관할법원이다.

2. 신청인
민법 제590조 이하의 요건을 갖춘 매수인이다.

3. 신청방식
일반원칙에 따라 서면 또는 구술로 할 수 있다.

4. 심리 및 재판
① 비송사건의 심리는 일반적으로 심문의 방법에 의한다.
② 심문은 임의적이며, 공개하지 아니한다.
③ 검사는 의견을 진술하고 심문에 참여할 수 있다.
④ 재판은 결정으로써 한다.

5. 불복
법원의 경매허가 결정에 의하여 권리를 침해당한 사람은 비송사건절차법 제20조에 의한 항고로써 불복할 수 있다.

[제2절] 사채에 관한 사건

주제 48 사채관리회사의 해임사건

01 의의

사채관리회사가 그 사무를 처리하기에 적임이 아니거나 그 밖에 정당한 사유가 있는 때에는 법원은 사채를 발행하는 회사 또는 사채권자집회의 청구에 의하여 사채관리회사를 해임하는 사건을 말한다.

02 요건

1. 사채관리회사가 그 사무를 처리하기에 적임이 아닐 것
2. 그 밖에 정당한 사유가 있을 것
3. 사채를 발행하는 회사 또는 사채권자집회의 청구가 있을 것

03 절차

1. 관할

사채를 발행한 회사의 본점 소재지의 지방법원 합의부가 관할한다.

2. 신청인

신청인은 사채발행회사 또는 사채권자집회이다.

3. 신청방식

일반원칙에 따라 서면 또는 구술로 할 수 있다.

4. 심리 및 재판

① 비송사건의 심리는 일반적으로 심문의 방법에 의한다.
② 재판을 할 때에는 이해관계인의 의견을 들어야 한다(필요적 심문).
③ 재판은 이유를 붙인 결정으로써 한다.

5. 불복

신청을 인용하는 재판에 대하여는 불복신청을 할 수 없으나, 신청을 각하, 기각하는 재판에 대해서는 즉시항고를 할 수 있다.

주제 49 사채권자집회의 소집허가사건

01 의의

사채총액의 10분의 1 이상에 해당하는 사채권자(소추사채권자)의 사채권자집회의 소집청구가 있었음에도 불구하고 사채를 발행한 회사 또는 사채관리회사가 사채권자집회를 소집하지 아니한 경우 사채권자집회의 소집청구를 한 소수사채권자가 법원의 허가를 얻어 사채권자집회를 소집하는 사건이다.

02 요건

1. 소수사채권자의 사채권자집회 소집청구가 있었을 것
2. 그럼에도 불구하고 사채를 발행한 회사 또는 사채관리회사가 사채권자집회를 소집하지 아니한 경우일 것
3. 사채권자집회의 소집청구를 한 소수사채권자가 법원의 허가를 얻어 사채권자집회를 소집할 것

03 절차

1. 관할

사채를 발행한 회사의 본점 소재지의 지방법원 합의부가 관할한다.

2. 신청인

신청인은 사채권자집회의 소집청구를 한 소수사채권자이다.

3. 신청방식

신청은 서면으로 하여야 한다.

4. 심리 및 재판

① 비송사건의 심리는 일반적으로 심문의 방법에 의한다.

② 심문은 임의적이며, 공개하지 아니한다.

③ 사채권자집회의 소집청구를 한 소수사채권자는 사채를 발행한 회사 또는 사채관리회사가 소집을 게을리 한 사실을 소명하여야 한다.

④ 재판은 이유를 붙인 결정으로써 한다.

5. 불복

신청을 인용하는 재판에 대하여는 불복신청을 할 수 없으나, 신청을 각하, 기각하는 재판에 대해서는 법 제20조에 의한 통상항고로써 불복할 수 있다.

주제 50 사채권자집회 결의인가사건

01 의의

사채권자의 집회가 있는 경우 사채권자집회의 소집자가 결의한 날로부터 1주간 내에 결의의 효력을 발생하기 위하여 결의의 인가를 법원에 청구하는 사건을 말한다.

02 요건

1. 사채권자의 집회가 있을 것
2. 사채권자집회의 소집자가 결의한 날로부터 1주간 내에 법원에 결의인가를 청구할 것

03 절차

1. 관할

사채를 발행한 회사의 본점 소재지의 지방법원 합의부가 관할한다.

2. 신청인

신청인은 사채권자집회의 소집자이다. 즉, 원칙적으로 사채발행회사 또는 사채관리회사이다.

3. 신청방식

일반원칙에 따라 서면 또는 말로 할 수 있다.

4. 심리 및 재판

① 비송사건의 심리는 일반적으로 심문의 방법에 의한다.

② 재판을 할 때에는 이해관계인의 의견을 들어야 한다(필요적 심문).

③ 재판은 이유를 붙인 결정으로써 한다.

5. 불복

위 재판에 대해서는 즉시항고를 할 수 있으며, 위 항고는 집행정지의 효력이 있다.

[제3절] 회사 청산에 관한 사건

주제 51 청산인의 선임 허가사건

01 의의

1. 주식회사, 유한회사의 경우

① 주식회사의 해산 시 청산인이 될 이사가 없는 경우와 ② 설립무효 또는 설립취소의 판결이 확정된 경우에는 이해관계인의 청구에 의하여, ③ 해산을 명하는 재판이 있는 경우에는 사원 기타의 이해관계인이나 검사의 청구 또는 직권으로 법원이 청산인을 선임하는 사건을 말한다.

2. 합명회사, 합자회사의 경우

① 설립무효 또는 설립취소의 판결이 확정된 경우에는 이해관계인의 청구에 의하여, ② 사원이 1인으로 되어 해산을 하거나, 법원의 해산명령 또는 판결에 의하여 해산된 경우에는 사원 기타 이해관계인이나 검사의 청구 또는 직권으로 법원이 청산인을 선임하는 사건을 말한다.

02 요건

1. 주식회사, 유한회사의 경우

(1) 청산인 선임 사유가 있을 것

① 주식회사의 해산 시 청산인이 될 이사가 없을 것
② 설립무효 또는 설립취소의 판결이 확정된 경우일 것
③ 해산을 명하는 재판이 있는 경우일 것

(2) 청구 또는 법원의 직권에 의하여 선임할 것

(1)의 ①, ②의 경우에는 이해관계인의 청구에 의하여, (1)의 ③의 경우에는 사원 기타의 이해관계인이나 검사의 청구 또는 직권으로 법원이 청산인을 선임한다.

2. 합명회사, 합자회사의 경우

(1) 청산인 선임 사유가 있을 것

① 설립무효 또는 설립취소의 판결이 확정된 경우일 것
② 사원이 1인으로 되어 해산을 하거나, 법원의 해산명령 또는 판결에 의하여 해산된 경우일 것

(2) 청구 또는 법원의 직권에 의하여 선임할 것

(1)의 ① 의 경우에는 이해관계인의 청구에 의하여, (1)의 ②의 경우에는 사원 기타 이해관계인이나 검사의 청구 또는 직권으로 법원이 청산인을 선임한다.

03 절차

1. 관할

(1) 합명회사와 합자회사의 경우
회사의 본점 소재지의 지방법원이 관할한다.

(2) 주식회사와 유한회사의 경우
회사의 본점 소재지의 지방법원 합의부가 관할한다.

2. 신청인
사원 기타 이해관계인이나 검사의 청구로 청산인을 선임하나 법원이 직권으로 청산인을 선임할 수도 있다.

3. 신청방식
일반원칙에 따라 서면 또는 말로 할 수 있다.

4. 심리 및 재판
① 비송사건의 심리는 일반적으로 심문의 방법에 의한다.

② 심문은 임의적이며, 공개하지 아니한다.

③ 재판은 결정으로써 한다.

5. 불복
신청을 인용하는 재판에 대하여는 불복신청을 할 수 없으나, 신청을 각하, 기각하는 재판에 대해서는 법 제20조에 의한 통상항고로써 불복할 수 있다.

04 청산인의 지위

1. 등기 요부
청산인의 선임결정이 있으면 그 선임된 날부터 본점 소재지에서는 2주 내에, 지점 소재지에서는 3주간 내에 청산인의 성명·주민등록번호 및 주소를 등기하여야 한다.

2. 보 수

(1) 의 의
법원은 청산인을 선임한 경우 회사로 하여금 그 보수를 지급하게 할 수 있다.

(2) 보수액 결정
보수액은 법원이 이사와 감사의 의견을 들어 정한다.

(3) 즉시항고
보수에 관한 재판에 대하여는 즉시항고를 할 수 있다.

주제 52 채권평가를 위한 감정인의 선임허가사건

01 의의
청산중인 법인이 조건부채권 또는 존속기간이 불확정한 채권 기타 가액이 불확정한 채권에 대하여 법원이 선임한 감정인의 평가에 의하여 변제하고자 감정인의 선임을 법원에 청구하는 사건을 말한다.

02 요건
1. 조건부채권 또는 존속기간이 불확정한 채권 기타 가액이 불확정한 채권이 있을 것
2. 청산중인 법인이 감정인의 평가에 의하여 변제하고자 할 것
3. 청산중인 법인이 법원에 감정인의 선임을 청구할 것

03 절차

1. 관할
회사의 본점 소재지의 지방법원이 관할한다.

2. 신청인
신청인에 관하여 명문규정은 없으나, 변제를 하는 것은 청산인이므로 신청권자는 청산인이다.

3. 신청방식
일반원칙에 따라 서면 또는 말로 할 수 있다.

4. 심리 및 재판
① 비송사건의 심리는 일반적으로 심문의 방법에 의한다.
② 심문은 임의적이며, 공개하지 아니한다.
③ 사건의 심리에는 검사가 관여하지 않는다.
④ 재판은 결정으로써 한다.

5. 불복
신청을 인용하는 재판에 대하여는 불복신청을 할 수 없으나, 신청을 각하, 기각하는 재판에 대해서는 법 제20조에 의한 통상항고로써 불복할 수 있다.

[제4절] 과태료 사건

주제 53 과태료 약식재판

01 서설

1. 과태료의 의의

비송사건절차법상 과태료란 법원이 법령을 위반한 국민에게 부과하는 금전적인 제재이다. 법원의 과태료 재판에는 정식재판과 약식재판이 있다.

2. 과태료 약식재판의 의의

법원이 타당하다고 인정할 때 당사자의 진술을 듣지 아니하고 과태료 재판을 하는 것을 말한다.

02 요건

1. 고의·과실을 요하지 않는다.
2. 위반자에게 법률의 부지 또는 착오를 인정하지 않는다.

03 절차

1. 관할

다른 법령에 특별한 규정이 있는 경우를 제외하고는 과태료를 부과받을 자의 주소지의 지방법원이 관할한다.

2. 신청인

법원이 직권으로 절차를 개시한다.

3. 신청방식

절차 개시의 방식은 별도의 규정이 없고, 법원이 과태료에 처할 사실이 있음을 안 때 절차가 개시되나, 실무상으로 법원이 스스로 위반사실의 발생을 알 수 없는 경우가 대부분이므로 관할법원에 위반사실을 통지함으로써 절차가 개시된다. 이 경우 통지는 법원의 직권발동을 촉구하는 의미이다.

4. 심리 및 재판

① 서면심리에 의하며, 비공개로 한다.

② 재판은 이유를 붙인 결정으로써 하며, 고지에 의하여 효력이 발생한다.

5. 불복(이의신청)

① 당사자와 검사는 과태료 재판의 고지를 받은 날부터 1주일 내에 이의신청을 할 수 있다.

② 과태료 재판은 이의신청에 의하여 효력을 잃고, 법원은 당사자의 진술을 듣고 다시 재판하여야 한다(정식재판).

③ 정식재판을 받는 경우 불이익변경금지의 원칙이 적용되지 않아 과태료 금액이 증액될 수 있다.

04 비용의 부담

과태료 재판 절차의 비용은 과태료를 부과하는 선고가 있는 경우에는 그 선고를 받은 자가 부담하고, 그 밖의 경우에는 국고에서 부담한다.

05 재판의 집행

1. 과태료 재판은 검사의 명령으로써 집행한다.
2. 검사의 명령은 집행력 있는 집행권원과 같은 효력이 있다.
3. 집행을 하기 전에 재판의 송달은 하지 아니한다.

주제 54 과태료 정식재판

01 서설

1. 과태료의 의의

비송사건절차법상 과태료란 법원이 법령을 위반한 국민에게 부과하는 금전적인 제재이다.

2. 과태료 정식재판의 의의

법원이 재판하기 전에 당사자의 진술을 듣고 검사의 의견을 구하는 절차를 거치는 것을 말한다.

02 요건

1. 고의·과실을 요하지 않는다.
2. 위반자에게 법률의 부지 또는 착오를 인정하지 않는다.

03 절차

1. 관할

다른 법령에 특별한 규정이 있는 경우를 제외하고는 과태료를 부과 받을 자의 주소지의 지방법원이 관할한다.

2. 신청인

법원이 직권으로 절차를 개시한다.

3. 신청방식

절차 개시의 방식은 별도의 규정이 없고, 법원이 과태료에 처할 사실이 있음을 안 때 절차가 개시되나, 실무상으로 법원이 스스로 위반사실의 발생을 알 수 없는 경우가 대부분이므로 관할법원에 위반사실을 통지함으로써 절차가 개시된다. 이 경우 통지는 법원의 직권발동을 촉구하는 의미이다.

4. 심리 및 재판

① 심문은 필요적이며, 비공개로 한다.
② 법원은 재판을 하기 전에 당사자의 진술을 듣고 검사의 의견을 들어야 한다(필요적 심문).
③ 과태료 재판은 이유를 붙인 결정으로써 한다.
④ 과태료 재판은 고지에 의하여 그 효력이 생긴다.

5. 불복

① 당사자와 검사는 과태료 재판에 대하여 즉시항고를 할 수 있다. 이 경우 항고는 집행정지의 효력이 있다.
② 항고심에서는 불이익변경금지의 원칙이 적용된다.

04 비용의 부담

과태료 재판 절차의 비용은 과태료를 부과하는 선고가 있는 경우에는 그 선고를 받은 자가 부담하고, 그 밖의 경우에는 국고에서 부담한다.

05 재판의 집행

1. 과태료 재판은 검사의 명령으로써 집행한다.
2. 검사의 명령은 집행력 있는 집행권원과 같은 효력이 있다.
3. 집행을 하기 전에 재판의 송달은 하지 아니한다.
4. 즉시항고가 있는 경우 집행정지의 효력이 있다.

행정사 2차 행정사실무법

제4편

관련 법률

제1장   행정사법
제2장   행정사법 시행령
제3장   행정사법 시행규칙
제4장   행정심판법
제5장   비송사건절차법

제1장 행정사법

행정사법
[시행 2022. 11. 15.] [법률 제19034호, 2022. 11. 15., 일부개정]

제1장 총칙

제1조(목적) 이 법은 행정사(行政士) 제도를 확립하여 행정과 관련한 국민의 편익을 도모(圖謀)하고 행정제도의 건전한 발전에 이바지함을 목적으로 한다.

제2조(업무) ① 행정사는 다른 사람의 위임을 받아 다음 각 호의 업무를 수행한다. 다만, 다른 법률에 따라 제한된 업무는 할 수 없다.
1. 행정기관에 제출하는 서류의 작성
2. 권리·의무나 사실증명에 관한 서류의 작성
3. 행정기관의 업무에 관련된 서류의 번역
4. 제1호부터 제3호까지의 규정에 따라 작성된 서류의 제출 대행(代行)
5. 인가·허가 및 면허 등을 받기 위하여 행정기관에 하는 신청·청구 및 신고 등의 대리(代理)
6. 행정 관계 법령 및 행정에 대한 상담 또는 자문에 대한 응답
7. 법령에 따라 위탁받은 사무의 사실 조사 및 확인

② 제1항에 따른 업무의 내용과 범위는 대통령령으로 정한다.

제3조(행정사가 아닌 사람에 대한 금지 사항) ① 행정사가 아닌 사람은 다른 법률에 따라 허용되는 경우를 제외하고는 제2조에 따른 업무를 업(業)으로 하지 못한다.

② 행정사가 아닌 사람은 행정사 또는 이와 비슷한 명칭을 사용하지 못한다.

제4조(행정사의 종류) 행정사는 소관 업무에 따라 일반행정사, 해사행정사 및 외국어번역행정사로 구분하고, 종류별 업무의 범위와 내용은 대통령령으로 정한다. 〈개정 2020. 6. 9.〉

제2장 행정사의 자격과 시험

제5조(행정사의 자격) 행정사 자격시험에 합격한 사람은 행정사 자격이 있다.

제6조(결격사유) 다음 각 호의 어느 하나에 해당하는 사람은 행정사가 될 수 없다. 〈개정 2016. 1. 27.〉
1. 피성년후견인 또는 피한정후견인
2. 파산선고를 받고 복권(復權)되지 아니한 사람
3. 금고 이상의 실형을 선고받고 그 집행이 끝나거나(집행이 끝난 것으로 보는 경우를 포함한다) 집행이 면제된 날부터 3년이 지나지 아니한 사람
4. 금고 이상의 형의 집행유예를 선고받고 그 유예기간이 끝난 날부터 2년이 지나지 아니한 사람
5. 금고 이상의 형의 선고유예를 받고 그 유예기간에 있는 사람
6. 공무원으로서 징계처분에 따라 파면되거나 해임된 후 3년이 지나지 아니한 사람
7. 제30조에 따라 행정사 자격이 취소된 후 3년이 지나지 아니한 사람

제7조(행정사자격심의위원회) ① 행정사 자격의 취득과 관련된 다음 각 호의 사항을 심의하기 위하여 행정안전부에 행정사자격심의위원회를 둘 수 있다. 〈개정 2013. 3. 23., 2014. 11. 19., 2017. 7. 26.〉
1. 행정사 자격시험 과목 등 시험에 관한 사항

2. 행정사 자격시험 선발 인원의 결정에 관한 사항
3. 행정사 자격시험의 일부면제 대상자의 요건에 관한 사항
4. 그 밖에 행정사 자격의 취득과 관련한 중요 사항

② 행정사자격심의위원회의 구성 및 운영에 필요한 사항은 대통령령으로 정한다.

제8조(행정사 자격시험) ① 행정사 자격시험은 행정안전부장관이 실시한다. 〈개정 2013. 3. 23., 2014. 11. 19., 2017. 7. 26.〉
② 행정사 자격시험은 제1차시험과 제2차시험으로 구분하여 실시한다.
③ 행정안전부장관은 행정사 자격시험의 관리에 관한 업무를 「한국산업인력공단법」에 따른 한국산업인력공단에 위탁할 수 있다. 〈개정 2013. 3. 23., 2014. 11. 19., 2017. 7. 26.〉
④ 행정사 자격시험의 시험과목, 시험방법, 그 밖에 시험에 관하여 필요한 사항은 대통령령으로 정한다.

제9조(시험의 일부 면제) ① 다음 각 호의 어느 하나에 해당하는 사람은 제1차시험을 면제한다. 〈개정 2016. 12. 2., 2020. 6. 9.〉
1. 공무원으로 재직한 사람 중 다음 각 목의 어느 하나에 해당하는 사람
  가. 경력직공무원(특정직공무원 중 대통령령으로 정하는 공무원은 제외한다. 이하 같다)으로 10년 이상 근무한 사람 중 7급(이에 상당하는 계급을 포함한다) 이상의 직에 5년 이상 근무한 사람
  나. 대통령령으로 정하는 특수경력직공무원으로 10년 이상 근무한 사람 중 7급 이상에 상당하는 직에 5년 이상 근무한 사람
2. 「고등교육법」에 따른 대학에서 외국어 전공 학사학위를 받은 후 그 외국어 번역 업무에 5년 이상 종사한 경력이 있는 사람
3. 「고등교육법」에 따른 대학원에서 외국어 전공 석사학위 또는 박사학위를 받은 후 그 외국어 번역 업무에 3년 이상 종사한 경력이 있는 사람
4. 행정사 자격이 있는 사람으로서 다른 종류의 행정사 자격시험에 응시하는 사람

② 다음 각 호의 어느 하나에 해당하는 사람은 제1차시험의 전과목과 제2차시험의 과목 중 2분의 1을 넘지 아니하는 범위에서 대통령령으로 정하는 과목을 면제한다. 〈개정 2020. 6. 9.〉
1. 경력직공무원으로서 다음 각 목의 어느 하나에 해당하는 사람
  가. 15년 이상 근무한 사람 중 6급(이에 상당하는 계급을 포함한다) 이상의 직에 8년 이상 근무한 사람
  나. 10년 이상 근무한 사람 중 5급(이에 상당하는 계급을 포함한다) 이상의 직에 5년 이상 근무한 사람
2. 대통령령으로 정하는 특수경력직공무원으로서 다음 각 목의 어느 하나에 해당하는 사람
  가. 15년 이상 근무한 사람 중 6급 이상에 상당하는 직에 8년 이상 근무한 사람
  나. 10년 이상 근무한 사람 중 5급 이상에 상당하는 직에 5년 이상 근무한 사람
3. 「고등교육법」에 따른 대학에서 외국어 전공 학사학위를 받은 후 그 외국어 번역 업무에 7년 이상 종사한 경력이 있는 사람
4. 「고등교육법」에 따른 대학원에서 외국어 전공 석사학위 또는 박사학위를 받은 후 그 외국어 번역 업무에 5년 이상 종사한 경력이 있는 사람

③ 다음 각 호의 어느 하나에 해당하는 사람에게는 제1항 및 제2항을 적용하지 아니한다. 〈신설 2015. 5. 18.〉
1. 공무원으로 근무 중 탄핵된 사람 또는 징계처분에 따라 그 직에서 파면되거나 해임된 사람
2. 공무원으로 근무 중 금전, 물품, 부동산, 향응 또는 그 밖에 대통령령으로 정하는 재산상 이익을 취득하거나 제공한 사유로 강등 또는 정직에 해당하는 징계처분을 받은 사람
3. 공무원으로 근무 중 다음 각 목에 해당하는 것을 횡령(橫領), 배임(背任), 절도, 사기 또는 유용(流用)한 사유로 강등 또는 정직에 해당하

는 징계처분을 받은 사람
　가. 「국가재정법」에 따른 예산 및 기금
　나. 「지방재정법」에 따른 예산 및 「지방자치단체 기금관리기본법」에 따른 기금
　다. 「국고금 관리법」 제2조제1호에 따른 국고금
　라. 「보조금 관리에 관한 법률」 제2조제1호에 따른 보조금
　마. 「국유재산법」 제2조제1호에 따른 국유재산 및 「물품관리법」 제2조제1항에 따른 물품
　바. 「공유재산 및 물품 관리법」 제2조제1호 및 제2호에 따른 공유재산 및 물품
　사. 그 밖에 가목부터 바목까지에 준하는 것으로서 대통령령으로 정하는 것
④ 제1항 및 제2항에 따른 외국어 번역 업무에 종사한 경력 등 자격인정에 필요한 사항은 대통령령으로 정한다. 〈개정 2015. 5. 18.〉
⑤ 제1차시험에 합격한 사람에 대하여는 다음 회의 시험에서만 제1차시험을 면제한다. 〈개정 2015. 5. 18.〉 [제목개정 2020. 6. 9.]

제9조의2(시험부정행위자에 대한 조치) ① 행정안전부장관은 제8조에 따른 행정사 자격시험에서 부정행위를 한 사람에 대하여는 그 시험을 정지시키거나 무효로 처리한다. 〈개정 2017. 7. 26.〉
② 제1항에 따라 시험이 정지되거나 무효로 처리된 사람은 그 처분이 있은 날부터 5년간 행정사 자격시험에 응시하지 못한다.
[본조신설 2016. 1. 27.]

제3장 업무신고

제10조(행정사의 업무신고) ① 행정사 자격이 있는 사람이 행정사로서 업무를 하려면 대통령령으로 정하는 바에 따라 주된 사무소의 소재지를 관할하는 특별자치시장·특별자치도지사·시장·군수 또는 자치구의 구청장(이하 "시장등"이라 한다)에게 대통령령으로 정하는 행정사 업무신고 기준을 갖추어 신고(이하 "행정사업무신고"라 한다)하여야 한다. 신고한 사항을 변경할 때도 또한 같다. 〈개정 2020. 6. 9.〉
② 행정사업무신고의 기준 및 절차 등에 관하여 필요한 사항은 대통령령으로 정한다. 〈개정 2020. 6. 9.〉 [제목개정 2020. 6. 9.]

제11조(업무신고의 수리 거부) ① 시장등은 행정사업무신고를 하려는 사람이 행정사업무신고 기준을 갖추지 아니한 경우에는 그 행정사업무신고의 수리를 거부할 수 있다. 이 경우 지체 없이 행정사업무신고의 수리 거부 사실 및 그 사유를 당사자에게 알려야 한다. 〈개정 2020. 6. 9.〉
② 시장등이 업무신고를 받은 날부터 3개월이 지날 때까지 제12조에 따른 행정사업무신고확인증(이하 "신고확인증"이라 한다)을 발급하지 아니하거나 행정사업무신고의 수리 거부 통지를 하지 아니하면 3개월이 되는 날의 다음 날에 행정사업무신고가 수리된 것으로 본다. 〈개정 2020. 6. 9.〉
③ 제1항에 따라 행정사업무신고의 수리가 거부된 사람은 그 통지를 받은 날부터 3개월 이내에 행정사업무신고의 수리 거부에 대한 불복(不服)의 이유를 밝혀 시장등에게 이의신청을 할 수 있다. 〈개정 2020. 6. 9.〉
④ 시장등은 제3항에 따른 이의신청이 이유 있다고 인정하면 신고확인증을 발급하여야 한다.
⑤ 제3항에 따른 이의신청에 필요한 사항은 행정안전부령으로 정한다. 〈개정 2013. 3. 23., 2014. 11. 19., 2017. 7. 26.〉

제12조(신고확인증의 발급) ① 시장등은 행정사업무신고를 받은 때에는 그 내용을 확인한 후 행정안전부령으로 정하는 바에 따라 신고확인증을 행정사에게 발급하여야 한다. 〈개정 2013. 3. 23., 2014. 11. 19., 2017. 7. 26., 2020. 6. 9.〉
② 제1항에 따라 신고확인증을 발급받은 사람은 신고확인증을 잃어버리거나 못쓰게 된 경우에는 행정안전부령으로 정하는 바에 따라 시장등에게 재발급을 신청할 수 있다. 〈개정 2013. 3. 23., 2014. 11.

19., 2017. 7. 26.〉

제13조(신고확인증의 대여 등의 금지) ① 행정사는 다른 사람에게 신고확인증을 대여하여서는 아니 된다. 〈개정 2020. 6. 9.〉
② 누구든지 다른 사람의 신고확인증을 대여받아 사용하여서는 아니 된다. 〈개정 2020. 6. 9.〉
③ 누구든지 제1항 및 제2항에 따른 신고확인증의 대여를 알선하여서는 아니 된다. 〈신설 2020. 6. 9.〉

제14조(사무소의 설치 등) ① 행정사는 제2조에 따른 업무를 하기 위한 사무소를 하나만 설치할 수 있다. 〈개정 2020. 6. 9.〉
② 행정사는 그 업무를 효율적으로 수행하고 공신력(公信力)을 높이기 위하여 2명 이상의 행정사로 구성된 합동사무소를 설치할 수 있으며, 행정사합동사무소를 구성하는 행정사의 수를 넘지 아니하는 범위에서 주사무소와 분사무소(分事務所)를 설치할 수 있다. 이 경우 주사무소와 분사무소에는 행정사합동사무소를 구성하는 행정사가 각각 1명 이상 상근하여야 한다. 〈개정 2020. 6. 9., 2022. 11. 15.〉
③ 행정사가 사무소를 이전한 때에는 10일 이내에 이전 후의 사무소 소재지를 관할하는 시장등에게 신고하여야 한다. 〈개정 2020. 6. 9.〉
④ 제3항에 따라 이전신고를 받은 시장등은 이전신고한 행정사에게 신고확인증을 발급하여야 하며, 종전의 사무소 소재지를 관할하는 시장등에게 사무소의 이전 사실을 통지하여야 한다. 〈개정 2020. 6. 9.〉
⑤ 제3항에 따른 신고 전에 발생한 사유로 인한 행정사에 대한 행정처분은 제3항에 따라 신고를 받은 시장등이 행한다. 〈개정 2020. 6. 9.〉
⑥ 사무소의 설치·운영 및 신고와 그 밖에 필요한 사항은 행정안전부령으로 정한다. 〈개정 2013. 3. 23., 2014. 11. 19., 2017. 7. 26.〉
[제목개정 2020. 6. 9.]

제15조(사무소의 명칭 등) ① 행정사는 그 사무소의 종류별로 사무소의 명칭 중에 행정사사무소 또는 행정사합동사무소라는 글자를 사용하고, 행정사합동사무소의 분사무소에는 그 분사무소임을 표시하여야 한다.
② 행정사가 아닌 사람은 행정사사무소 또는 이와 비슷한 명칭을 사용하지 못하며, 행정사합동사무소나 그 분사무소가 아니면 행정사합동사무소나 그 분사무소 또는 이와 비슷한 명칭을 사용하지 못한다.

제16조(폐업신고) ① 행정사가 폐업한 경우에는 본인이, 사망한 경우에는 가족이나 동거인 또는 그 사무직원이 지체 없이 그 사실을 시장등에게 신고하여야 한다. 폐업한 행정사가 업무를 다시 시작할 때에도 또한 같다.
② 제1항에 따른 신고에 필요한 사항은 행정안전부령으로 정한다. 〈개정 2013. 3. 23., 2014. 11. 19., 2017. 7. 26.〉

제17조(휴업신고) ① 행정사가 3개월이 넘도록 휴업(업무신고를 하고 업무를 시작하지 아니하는 경우를 포함한다. 이하 같다)하거나 휴업한 행정사가 업무를 다시 시작하려면 시장등에게 신고하여야 한다.
② 시장등은 제1항에 따른 업무재개신고를 받은 날부터 15일 이내에 신고수리 여부를 신고인에게 통지하여야 한다. 〈신설 2020. 6. 9.〉
③ 시장등은 제2항에서 정한 기간 내에 신고수리 여부 또는 민원 처리 관련 법령에 따른 처리기간의 연장을 신고인에게 통지하지 아니하면 그 기간(민원 처리 관련 법령에 따라 처리기간이 연장 또는 재연장된 경우에는 해당 처리기간을 말한다)이 끝난 날의 다음 날에 신고를 수리한 것으로 본다. 〈신설 2020. 6. 9.〉
④ 제1항에 따라 휴업한 행정사가 2년이 지나도 업무를 다시 시작하지 아니하는 경우에는 폐업한 것으로 본다. 〈개정 2020. 6. 9.〉
⑤ 제1항에 따른 휴업신고 및 업무재개신고에 필요한 사항은 행정안전부령으로 정한다.
〈개정 2013. 3. 23., 2014. 11. 19., 2017. 7. 26., 2020. 6. 9.〉

제4장 행정사의 권리·의무

제18조(사무직원) ① 행정사는 사무직원을 둘 수 있으며, 소속 사무직원을 지도·감독할 책임이 있다.
② 사무직원의 직무상 행위는 그를 고용한 행정사의 행위로 본다.
③ 삭제 〈2015. 5. 18.〉

제19조(보수) ① 행정사는 업무를 위임한 자로부터 보수를 받는다.
② 행정사와 그 사무직원은 업무에 관하여 제1항에 따른 보수 외에 어떠한 명목으로도 위임인으로부터 금전 또는 재산상의 이익이나 그 밖의 반대급부(反對給付)를 받지 못한다.

제20조(증명서의 발급) ① 행정사는 업무에 관련된 사실의 확인증명서를 발급할 수 있다.
② 외국어번역행정사는 그가 번역한 번역문에 대하여 번역확인증명서를 발급할 수 있다.
③ 제1항과 제2항에 따른 증명서 발급의 범위는 대통령령으로 정한다.

제21조(행정사의 의무와 책임) ① 행정사는 품위를 유지하고 신의와 성실로써 공정하게 직무를 수행하여야 한다. 〈개정 2020. 6. 9.〉
② 행정사가 위임받은 업무를 수행하면서 고의 또는 과실로 위임인에게 재산상의 손해를 입힌 경우에는 그 손해를 배상할 책임이 있다. 〈개정 2020. 6. 9.〉

제21조의2(수임제한) ① 공무원직에 있다가 퇴직한 행정사는 퇴직 전 1년부터 퇴직할 때까지 근무한 행정기관에 대한 제2조제1항제5호에 따른 업무를 퇴직한 날부터 1년 동안 수임할 수 없다.
② 제1항의 수임제한은 제25조의7에 따른 법인구성원 또는 소속행정사로 지정되는 경우를 포함한다.
③ 제1항에 따른 행정기관의 범위는 대통령령으로 정한다.
　[본조신설 2020. 6. 9.]

제22조(금지행위) 행정사와 그 사무직원은 다음 각 호의 행위를 하여서는 아니 된다. 〈개정 2020. 6. 9.〉

1. 정당한 사유 없이 업무에 관한 위임을 거부하는 행위
2. 당사자 중 어느 한 쪽의 위임을 받아 취급하는 업무에 관하여 이해관계를 달리하는 상대방으로부터 같은 업무를 위임받는 행위. 다만, 당사자 양쪽이 동의한 경우는 제외한다.
3. 행정사의 업무 범위를 벗어나서 타인의 소송이나 그 밖의 권리관계분쟁 또는 민원사무처리과정에 개입하는 행위
4. 업무수임 또는 수행 과정에서 관련 공무원과의 연고(緣故) 등 사적인 관계를 드러내며 영향력을 미칠 수 있는 것으로 선전하는 행위
5. 행정사의 업무에 관하여 거짓된 내용을 표시하거나 객관적 사실을 과장 또는 누락하여 소비자를 오도(誤導)하거나 오해를 불러일으킬 우려가 있는 내용의 광고행위
6. 행정사 업무의 알선을 업으로 하는 자를 이용하거나 그 밖의 부당한 방법으로 행정사 업무의 위임을 유치(誘致)하는 행위

제23조(비밀엄수) 행정사 또는 행정사이었던 사람(행정사의 사무직원 또는 사무직원이었던 사람을 포함한다)은 정당한 사유 없이 직무상 알게 된 사실을 다른 사람에게 누설하여서는 아니 된다.

제24조(업무처리부 작성) ① 행정사는 업무를 위임받으면 대통령령으로 정하는 바에 따라 업무처리부(業務處理簿)를 작성하여 보관하여야 한다.
② 제1항에 따른 업무처리부에는 다음 각 호의 사항을 적어야 한다.
1. 일련번호
2. 위임받은 연월일
3. 위임받은 업무의 개요
4. 보수액
5. 위임인의 주소와 성명
6. 그 밖에 위임받은 업무의 처리에 필요한 사항

제25조(행정사의 교육) ① 행정사 자격이 있는 사람이 행정사 업무를 시작하려면 대통령령으로 정하는 바

에 따라 행정안전부장관이 시행하는 실무교육을 받아야 한다. 〈개정 2020. 6. 9.〉
② 행정사의 사무소(행정사합동사무소 또는 행정사법인의 경우에는 주사무소를 말한다)의 소재지를 관할하는 특별시장·광역시장·특별자치시장·도지사·특별자치도지사(이하 "시·도지사"라 한다)는 행정사의 자질과 업무수행능력 향상을 위하여 직접 또는 대통령령으로 정하는 기관·단체 등에 위탁하여 행정사에 대한 연수교육을 실시하여야 한다. 〈개정 2013. 3. 23., 2014. 11. 19., 2017. 7. 26., 2020. 6. 9.〉
③ 행정사는 제2항에 따른 연수교육을 받아야 한다. 〈개정 2020. 6. 9.〉
④ 제1항에 따른 실무교육 및 제2항에 따른 연수교육의 과목·시기·기간 및 이수방법 등에 관하여 필요한 사항은 대통령령으로 정한다. 〈개정 2020. 6. 9.〉

제4장의2 행정사법인 〈신설 2020. 6. 9.〉

제25조의2(행정사법인의 설립) 행정사는 제2조에 따른 업무를 조직적이고 전문적으로 수행하기 위하여 3명 이상의 행정사를 구성원으로 하는 행정사법인을 설립할 수 있다.

[본조신설 2020. 6. 9.]

제25조의3(설립 절차) ① 행정사법인을 설립하려면 행정사법인의 구성원이 될 행정사가 정관(定款)을 작성하여 대통령령으로 정하는 바에 따라 행정안전부장관의 인가(이하 "설립인가"라 한다)를 받아야 한다. 정관을 변경할 때에도 또한 같다.
② 행정사법인의 정관에는 다음 각 호의 사항을 적어야 한다.
 1. 목적, 명칭, 주사무소 및 분사무소의 소재지
 2. 행정사법인을 구성하는 행정사(이하 "법인구성원"이라 한다)의 성명과 주소
 3. 법인구성원의 출자에 관한 사항
 4. 법인구성원 회의에 관한 사항
 5. 자산 및 회계에 관한 사항
 6. 행정사법인의 대표에 관한 사항
 7. 존립시기, 해산사유를 정한 경우에는 그 시기 또는 사유
 8. 그 밖에 대통령령으로 정하는 사항
③ 행정사법인은 대통령령으로 정하는 바에 따라 등기하여야 한다.
④ 행정사법인은 그 주사무소의 소재지에서 설립등기를 함으로써 성립한다.

[본조신설 2020. 6. 9.]

제25조의4(행정사법인의 업무신고 등) ① 행정사법인이 제2조에 따른 업무를 하려면 대통령령으로 정하는 바에 따라 주사무소의 소재지를 관할하는 시장등에게 대통령령으로 정하는 행정사법인 업무신고 기준을 갖추어 신고(이하 "법인업무신고"라 한다)하여야 한다. 신고한 사항을 변경할 때에도 또한 같다.
② 시장등은 법인업무신고를 하려는 자가 법인업무신고 기준을 갖추지 아니한 경우에는 그 법인업무신고의 수리를 거부할 수 있다. 이 경우 지체 없이 법인업무신고의 수리 거부 사실 및 그 사유를 당사자에게 알려야 한다.
③ 시장등은 법인업무신고를 받은 때에는 그 내용을 확인한 후 행정안전부령으로 정하는 바에 따라 법인업무신고확인증을 행정사법인에 발급하여야 한다.
④ 법인업무신고의 기준 및 절차 등에 관하여 필요한 사항은 대통령령으로 정한다.

[본조신설 2020. 6. 9.]

제25조의5(행정사법인의 사무소 등) ① 행정사법인은 법인구성원의 수를 넘지 아니하는 범위에서 주사무소와 분사무소를 설치할 수 있다. 이 경우 주사무소와 분사무소에는 각각 1명 이상의 법인구성원이 상근하여야 한다.
② 행정사법인은 사무소의 명칭 중에 행정사법인이라는 글자를 사용하여야 하고, 행정사법인의 분사무소에는 그 분사무소임을 표시하여야 한다.
③ 행정사법인이 아닌 자는 행정사법인 또는 이와 비슷한 명칭을 사용하지 못하며, 행정사법인의 사무소나 그

분사무소가 아니면 행정사법인이나 그 분사무소 또는 이와 비슷한 명칭을 사용하지 못한다.
 [본조신설 2020. 6. 9.]

제25조의6(행정사법인의 소속행정사 등) ① 행정사법인은 행정사를 고용할 수 있다.
② 행정사법인은 제1항에 따라 행정사를 고용한 경우에는 주사무소 소재지의 시장등에게 행정안전부령으로 정하는 바에 따라 신고하여야 하며, 그 변경이 있는 경우에도 또한 같다.
③ 제1항에 따라 고용된 행정사(이하 "소속행정사"라 한다) 및 법인구성원은 업무정지 중이거나 휴업 중인 사람이 아니어야 한다.
④ 소속행정사 및 법인구성원은 그 행정사법인의 사무소 외에 따로 사무소를 둘 수 없다.
⑤ 법인업무신고를 한 행정사법인은 제25조제1항에 따른 실무교육을 받지 아니한 사람을 소속행정사로 고용하거나 법인구성원으로 할 수 없다.
⑥ 행정사법인이 제25조의2 또는 그 밖의 이 법에 따른 법인구성원에 관한 요건을 갖추지 못하게 된 경우에는 6개월 이내에 이를 보충하여야 한다.
 [본조신설 2020. 6. 9.]

제25조의7(업무수행 방법) ① 행정사법인은 법인의 명의로 업무를 수행하여야 하며, 수임한 업무마다 그 업무를 담당할 법인구성원 또는 소속행정사(이하 "담당행정사"라 한다)를 지정하여야 한다. 다만, 소속행정사를 담당행정사로 지정할 경우에는 법인구성원과 공동으로 지정하여야 한다.
② 행정사법인이 수임한 업무에 대하여 담당행정사를 지정하지 아니한 경우에는 법인구성원 모두를 담당행정사로 지정한 것으로 본다.
③ 담당행정사는 지정된 업무에 관하여 그 법인을 대표한다.
④ 행정사법인이 그 업무에 관하여 작성하는 서면(書面)에는 행정사법인의 명의를 표시하고 담당행정사가 기명날인하여야 한다.
 [본조신설 2020. 6. 9.]

제25조의8(해산) ① 행정사법인은 다음 각 호의 사유로 해산한다.
 1. 정관에서 정하는 해산 사유의 발생
 2. 법인구성원 전원의 동의
 3. 합병 또는 파산
 4. 설립인가의 취소
② 행정사법인이 해산하면 청산인은 지체 없이 그 사유를 대통령령으로 정하는 바에 따라 행정안전부장관에게 신고하여야 한다.
 [본조신설 2020. 6. 9.]

제25조의9(합병) ① 행정사법인은 법인구성원 전원의 동의가 있으면 다른 행정사법인과 합병할 수 있다.
② 제1항의 경우에는 제25조의3을 준용한다.
 [본조신설 2020. 6. 9.]

제25조의10(설립인가의 취소) 행정안전부장관은 행정사법인이 다음 각 호의 어느 하나에 해당하는 경우에는 대통령령으로 정하는 바에 따라 설립인가를 취소할 수 있다. 다만, 제1호의 경우에는 설립인가를 취소하여야 한다.
 1. 거짓이나 그 밖의 부정한 방법으로 설립인가를 받은 경우
 2. 제25조의6제6항을 위반하여 법인구성원에 관한 요건을 6개월 이내에 보충하지 아니한 경우
 3. 제32조에 따른 업무정지처분을 받고 그 업무정지 기간 중에 업무를 수행한 경우
 4. 법령을 위반하여 업무를 수행한 경우
 [본조신설 2020. 6. 9.]

제25조의11(경업의 금지) ① 법인구성원 또는 소속행정사는 자기 또는 제3자를 위하여 그 행정사법인의 업무범위에 속하는 업무를 수행하거나 다른 행정사법인의 법인구성원 또는 소속행정사가 되어서는 아니 된다.
② 행정사법인의 법인구성원 또는 소속행정사이었던 사람은 그 행정사법인에 소속한 기간 중에 그 행정사

법인의 담당행정사로서 수행하고 있었거나 수행을 승낙한 업무에 관하여는 퇴직 후 행정사의 업무를 수행할 수 없다. 다만, 그 행정사법인의 동의가 있는 경우에는 그러하지 아니하다.
[본조신설 2020. 6. 9.]

제25조의12(손해배상책임의 보장) 행정사법인은 그 직무를 수행하면서 고의나 과실로 의뢰인에게 손해를 입힌 경우 그 손해에 대한 배상책임을 보장하기 위하여 대통령령으로 정하는 바에 따라 손해배상준비금 적립이나 보험가입 등 필요한 조치를 하여야 한다.
[본조신설 2020. 6. 9.]

제25조의13(준용규정) ① 행정사법인에 관하여는 그 성질에 반하지 아니하는 범위에서 제11조제2항부터 제5항까지, 제12조제2항, 제13조, 제14조제3항부터 제6항까지, 제16조부터 제21조까지 및 제22조부터 제24조까지의 규정을 준용한다.
② 행정사법인에 관하여 이 법에서 정한 것 외에는 「상법」 중 합명회사(合名會社)에 관한 규정을 준용한다.
[본조신설 2020. 6. 9.]

제5장 대한행정사회 〈개정 2020. 6. 9.〉

제26조(대한행정사회의 설립 등) ① 행정사의 품위 향상과 직무의 개선·발전을 도모하기 위하여 대한행정사회(이하 "행정사회"라 한다)를 둔다. 〈개정 2020. 6. 9.〉
② 행정사회는 법인으로 한다. 〈개정 2020. 6. 9.〉
③ 행정사회는 정관을 정하여 행정안전부장관의 인가를 받아 설립등기를 함으로써 성립한다. 〈개정 2020. 6. 9.〉
④ 행정사회의 설립·운영 및 설립인가 신청 등에 필요한 사항은 대통령령으로 정한다. 〈개정 2020. 6. 9.〉
[제목개정 2020. 6. 9.]

제26조의2(행정사회의 가입 의무) 행정사(법인구성원 및 소속행정사를 포함한다)로서 개업하려면 행정사회에 가입하여야 한다.
[본조신설 2020. 6. 9.]

제26조의3(행정사회의 공익활동 의무) 행정사회는 취약계층의 지원 등 공익활동에 적극 참여하여야 한다.
[본조신설 2020. 6. 9.]

제27조(행정사회의 정관) ① 행정사회의 정관에는 다음 각 호의 사항이 포함되어야 한다. 〈개정 2020. 6. 9.〉
1. 목적·명칭과 사무소의 소재지
2. 대표자와 그 밖의 임원에 관한 사항
3. 회의에 관한 사항
4. 행정사의 품위유지와 업무 및 교육에 관한 사항
5. 회원의 가입·탈퇴 및 지도·감독에 관한 사항
6. 회계 및 회비부담에 관한 사항
7. 자산에 관한 사항
8. 그 밖에 행정사회의 목적을 달성하기 위하여 필요한 사항

② 정관을 변경하려면 행정안전부장관의 인가를 받아야 한다. 〈개정 2013. 3. 23., 2014. 11. 19., 2017. 7. 26.〉
[제목개정 2020. 6. 9.]

제28조(「민법」의 준용) 행정사회에 관하여 이 법에서 규정하지 아니한 사항에 대하여는 「민법」 중 사단법인에 관한 규정을 준용한다. 〈개정 2020. 6. 9.〉

제29조(행정사회에 대한 감독 등) ① 행정사회는 행정안전부장관의 감독을 받는다. 〈개정 2013. 3. 23., 2014. 11. 19., 2017. 7. 26., 2020. 6. 9.〉
② 행정안전부장관은 감독을 위하여 필요하다고 인정하면 행정사회에 대하여 그 업무에 관한 사항을 보고하게 하거나 자료의 제출 또는 그 밖에 필요한 명령을 할 수 있으며, 소속 공무원으로 하여금 행정사회의 사무소에 출입하여 업무상황과 그 밖의 서류 등을 검사하게 할 수 있다. 〈개정 2013. 3. 23., 2014. 11. 19., 2017. 7. 26., 2020. 6. 9.〉
③ 제2항에 따라 출입·검사 등을 하는 공무원은 행정안전부령으로 정하는 증표를 지니고 상대방에게 이를 보여주어야 한다. 〈개정 2013. 3. 23., 2014.

11. 19., 2017. 7. 26.〉
[제목개정 2020. 6. 9.]

제6장 지도·감독

제30조(자격의 취소) ① 행정안전부장관은 행정사가 다음 각 호의 어느 하나에 해당하는 경우에는 그 자격을 취소하여야 한다. 〈개정 2013. 3. 23., 2014. 11. 19., 2017. 7. 26.〉

1. 거짓이나 그 밖의 부정한 방법으로 행정사 자격을 취득한 경우
2. 제13조제1항을 위반하여 신고확인증을 양도하거나 대여한 경우
3. 제32조에 따른 업무정지처분을 받고 그 업무정지 기간에 행정사 업무를 한 경우
4. 이 법을 위반하여 징역형이 확정된 경우

② 행정안전부장관은 제1항에 따라 행정사 자격을 취소하려는 경우에는 청문을 하여야 한다. 〈개정 2013. 3. 23., 2014. 11. 19., 2017. 7. 26.〉

제31조(감독상 명령 등) ① 행정안전부장관 또는 행정사의 사무소(행정사합동사무소 또는 행정사법인의 경우에는 주사무소를 말한다)의 소재지를 관할하는 시장등은 행정사 또는 행정사법인에 대한 감독을 위하여 필요하다고 인정하면 해당 행정사 또는 행정사법인에 대하여 업무에 관한 사항을 보고하게 하거나 업무처리부 등 자료의 제출 또는 그 밖에 필요한 명령을 할 수 있으며, 소속 공무원으로 하여금 그 사무소에 출입하여 장부·서류 등을 검사하거나 질문하게 할 수 있다. 〈개정 2020. 6. 9.〉

② 제1항에 따라 출입·검사 등을 하는 공무원은 행정안전부령으로 정하는 증표를 지니고 상대방에게 이를 보여주어야 한다. 〈개정 2013. 3. 23., 2014. 11. 19., 2017. 7. 26.〉

제32조(업무의 정지) ① 행정사 사무소(행정사합동사무소 또는 행정사법인의 경우에는 주사무소를 말한다)의 소재지를 관할하는 시장등은 행정사 또는 행정사법인이 다음 각 호의 어느 하나에 해당하는 경우에는 6개월의 범위에서 기간을 정하여 업무의 정지를 명할 수 있다. 〈개정 2020. 6. 9.〉

1. 제14조제1항을 위반하여 두 개 이상의 사무실을 설치한 경우
2. 제14조제2항 후단 또는 제25조의5제1항 후단을 위반하여 행정사합동사무소를 구성하는 행정사 또는 법인구성원이 상근하지 아니한 경우
3. 제17조제1항(제25조의13제1항에서 준용하는 경우를 포함한다)에 따른 휴업신고를 하지 아니한 경우
4. 제19조제2항(제25조의13제1항에서 준용하는 경우를 포함한다)을 위반하여 위임인으로부터 보수 외에 금전 또는 재산상 이익이나 그 밖의 반대급부를 받은 경우
5. 제25조의6제4항을 위반하여 따로 사무소를 둔 경우
6. 제31조제1항에 따른 보고 또는 업무처리부 자료 제출 등의 명령에 따르지 아니하거나 검사 또는 질문을 거부·방해 또는 기피한 경우

② 제1항에 따른 업무정지에 관한 기준은 행정안전부령으로 정한다. 〈개정 2013. 3. 23., 2014. 11. 19., 2017. 7. 26.〉

③ 제1항에 따른 업무정지처분은 그 사유가 발생한 날부터 3년이 지나면 할 수 없다.

제33조(행정제재처분효과의 승계 등) ① 제16조(제25조의13제1항에서 준용하는 경우를 포함한다)에 따라 폐업신고를 한 후 업무를 다시 시작하는 신고를 한 행정사(행정사법인을 포함한다. 이하 이 조에서 같다)는 폐업신고 전 행정사의 지위를 승계한다. 〈개정 2020. 6. 9.〉

② 제1항의 경우 폐업신고 전의 행정사에 대하여 제32조제1항 각 호의 위반행위를 사유로 한 행정처분의 효과는 그 처분일부터 1년간 업무를 다시 시작하는 신고를 한 행정사에게 승계된다.

③ 제1항의 경우 업무를 다시 시작하는 신고를 한 행정사에 대하여 폐업신고 전 행정사의 제32조제1항

각 호의 위반행위를 사유로 행정처분을 할 수 있다. 다만, 폐업신고를 한 날부터 업무를 다시 시작하는 신고를 한 날까지의 기간이 1년을 넘은 경우는 그러하지 아니하다.

④ 제3항에 따라 행정처분을 하는 경우에는 폐업한 기간과 폐업의 사유 등을 고려하여 업무정지의 기간을 정하여야 한다.

제7장 보칙

제34조(위임 및 위탁) ① 이 법에 따른 행정안전부장관의 권한은 그 일부를 대통령령으로 정하는 바에 따라 시·도지사에게 위임할 수 있다. 〈개정 2013. 3. 23., 2014. 11. 19., 2017. 7. 26.〉
② 이 법에 따른 행정안전부장관의 업무는 그 일부를 대통령령으로 정하는 바에 따라 행정사회에 위탁할 수 있다. 〈개정 2013. 3. 23., 2014. 11. 19., 2017. 7. 26., 2020. 6. 9.〉

제35조(응시 수수료) 제8조에 따른 행정사 자격시험에 응시하려는 사람은 행정안전부령으로 정하는 바에 따라 수수료를 내야 한다. 〈개정 2013. 3. 23., 2014. 11. 19., 2017. 7. 26.〉

제35조의2(규제의 재검토) 행정안전부장관은 제38조에 따른 과태료 부과기준에 대하여 2015년 6월 1일을 기준으로 2년마다(매 2년이 되는 해의 기준일과 같은 날 전까지를 말한다) 폐지, 완화 또는 유지 등의 타당성을 검토하여야 한다. 〈개정 2017. 7. 26.〉 [본조신설 2015. 5. 18.]

제8장 벌칙

제36조(벌칙) ① 다음 각 호의 어느 하나에 해당하는 자는 3년 이하의 징역 또는 3천만원 이하의 벌금에 처한다. 〈개정 2016. 1. 27., 2020. 6. 9.〉
 1. 제3조제1항을 위반하여 제2조제1항 각 호의 업무를 업으로 한 자
 2. 제13조(제25조의13제1항에서 준용하는 경우를 포함한다)를 위반하여 신고확인증을 다른 자에게 대여한 행정사, 행정사법인과 이를 대여받은 자 또는 대여를 알선한 자

② 다음 각 호의 어느 하나에 해당하는 자는 1년 이하의 징역 또는 1천만원 이하의 벌금에 처한다. 〈개정 2016. 1. 27., 2020. 6. 9.〉
 1. 행정사업무신고 또는 법인업무신고를 하지 아니하고 행정사 업무를 한 자
 2. 제21조의2에 따른 수임제한 규정을 위반한 사람
 3. 제22조제4호(제25조의13제1항에서 준용하는 경우를 포함한다)를 위반하여 사적인 관계를 드러내며 영향력을 미칠 수 있는 것으로 선전한 자
 4. 제22조제5호(제25조의13제1항에서 준용하는 경우를 포함한다)를 위반하여 소비자를 오도하거나 오해를 불러일으킬 우려가 있는 내용의 광고행위를 한 자
 5. 제23조(제25조의13제1항에서 준용하는 경우를 포함한다)를 위반하여 업무상 알게 된 사실을 다른 사람에게 누설한 자
 6. 제32조에 따른 업무정지처분을 받고 그 업무정지 기간에 행정사 업무를 한 자

③ 다음 각 호의 어느 하나에 해당하는 자는 100만원 이하의 벌금에 처한다. 〈개정 2020. 6. 9.〉
 1. 제19조제2항(제25조의13제1항에서 준용하는 경우를 포함한다)을 위반하여 위임인으로부터 보수 외에 금전 또는 재산상 이익이나 그 밖의 반대급부를 받은 자
 2. 제22조제1호(제25조의13제1항에서 준용하는 경우를 포함한다)를 위반하여 정당한 사유 없이 업무에 관한 위임을 거부한 자
 3. 제22조제2호(제25조의13제1항에서 준용하는 경우를 포함한다)를 위반하여 당사자 양쪽으로부터 같은 업무에 관한 위임을 받은 자
 4. 제22조제3호(제25조의13제1항에서 준용하는 경우를 포함한다)를 위반하여 타인의 소송

이나 그 밖의 권리관계분쟁 또는 민원사무처리과정에 개입한 자

5. 제22조제6호(제25조의13제1항에서 준용하는 경우를 포함한다)를 위반하여 알선을 업으로 하는 자를 이용하거나 그 밖의 부당한 방법으로 행정사 업무의 위임을 유치한 자

6. 제25조의11을 위반하여 경업(競業)을 한 자

제37조(양벌규정) 행정사 또는 행정사법인의 사무직원이나 소속행정사가 행정사 또는 행정사법인의 업무와 관련하여 제36조를 위반하면 그 행위자를 벌하는 외에 그 행정사 또는 행정사법인에도 해당 조문의 벌금형을 과(科)한다. 다만, 행정사 또는 행정사법인이 그 위반행위를 방지하기 위하여 해당 업무에 관하여 상당한 주의와 감독을 게을리하지 아니한 경우에는 그러하지 아니하다. 〈개정 2020. 6. 9.〉

제38조(과태료) ① 다음 각 호의 어느 하나에 해당하는 자에게는 500만원 이하의 과태료를 부과한다. 〈개정 2020. 6. 9.〉

1. 제3조제2항을 위반하여 행정사 또는 이와 비슷한 명칭을 사용한 자
2. 제15조제2항 또는 제25조의5제3항을 위반하여 행정사사무소, 행정사합동사무소 또는 그 분사무소나 행정사법인 또는 그 분사무소와 비슷한 명칭을 사용한 자

2의2. 제25조의12에 따른 조치를 취하지 아니한 행정사법인

3. 정당한 사유 없이 제29조제2항 및 제31조제1항에 따른 보고 또는 자료제출을 하지 아니하거나, 거짓으로 보고·자료제출을 하거나, 출입·검사를 방해·거부 또는 기피한 자

② 다음 각 호의 어느 하나에 해당하는 자에게는 100만원 이하의 과태료를 부과한다. 〈개정 2020. 6. 9.〉

1. 제14조제3항(제25조의13제1항에서 준용하는 경우를 포함한다)에 따른 사무소 이전신고를 하지 아니한 자
2. 제15조제1항 또는 제25조의5제2항을 위반하여 행정사사무소, 행정사합동사무소 또는 행정사법인이라는 글자를 사용하지 아니하거나 그 분사무소임을 표시하지 아니한 자
3. 제24조(제25조의13제1항에서 준용하는 경우를 포함한다)를 위반하여 업무처리부를 작성하지 아니하거나 거짓으로 작성한 자
4. 제25조제3항을 위반하여 연수교육을 받지 아니하고 행정사 업무를 수행한 사람

③ 제1항 및 제2항에 따른 과태료는 대통령령으로 정하는 바에 따라 행정안전부장관, 시·도지사 또는 시장등이 부과·징수한다. 〈개정 2013. 3. 23., 2014. 11. 19., 2017. 7. 26.〉

부칙 〈제19034호, 2022. 11. 15.〉

제1조(시행일) 이 법은 공포한 날부터 시행한다.
제2조(행정사합동사무소 설치에 관한 적용례) 제14조제2항의 개정규정은 이 법 시행 이후 행정사합동사무소를 설치하기 위한 신고를 하는 경우부터 적용한다.

제2장 행정사법 시행령

행정사법 시행령

[시행 2023. 6. 27.] [대통령령 제33575호, 2023. 6. 27., 타법개정]

제1조(목적) 이 영은 「행정사법」에서 위임된 사항과 그 시행에 필요한 사항을 규정함을 목적으로 한다.

제2조(업무의 내용과 범위) 「행정사법」(이하 "법"이라 한다) 제2조제1항 각 호에 따른 행정사 업무의 내용과 범위는 다음 각 호와 같다.
 1. 법 제2조제1항제1호의 사무: 행정기관에 제출하는 다음 각 목의 서류를 작성하는 일
  가. 진정·건의·질의·청원 및 이의신청에 관한 서류
  나. 출생·혼인·사망 등 가족관계의 발생 및 변동 사항에 관한 신고 등의 각종 서류
 2. 법 제2조제1항제2호의 사무: 개인(법인을 포함한다. 이하 이 호에서 같다) 간 또는 국가나 지방자치단체와 개인 간의 다음 각 목의 서류를 작성하는 일
  가. 각종 계약·협약·확약 및 청구 등 거래에 관한 서류
  나. 그 밖에 권리관계에 관한 각종 서류 또는 일정한 사실관계가 존재함을 증명하는 각종 서류
 3. 법 제2조제1항제3호의 사무: 행정기관에 제출하는 각종 서류를 번역하는 일
 4. 법 제2조제1항제4호의 사무: 다른 사람의 위임에 따라 행정사가 제1호부터 제3호까지의 규정에 따라 작성하거나 번역한 서류를 행정기관 등에 제출하는 일
 5. 법 제2조제1항제5호의 사무: 다른 사람의 위임을 받아 인가·허가·면허 및 승인의 신청·청구 등 행정기관에 일정한 행위를 요구하거나 신고하는 일을 대리하는 일
 6. 법 제2조제1항제6호의 사무: 행정 관계 법령 및 제도·절차 등 행정업무에 대하여 설명하거나 자료를 제공하는 일
 7. 법 제2조제1항제7호의 사무: 법령에 따라 위탁받은 사무의 사실을 조사하거나 확인하고 그 결과를 서면으로 작성하여 위탁한 사람에게 제출하는 일

제3조(행정사의 종류별 업무의 범위와 내용) 법 제4조에 따른 행정사의 종류별 업무의 범위와 내용은 다음 각 호와 같다. 〈개정 2021. 6. 8.〉
 1. 일반행정사: 법 제2조제1항 각 호(제3호는 제외한다)의 업무(해운 또는 해양안전심판에 관한 업무는 제외한다)
 2. 해사행정사: 해운 또는 해양안전심판에 관한 법 제2조제1항 각 호(제3호는 제외한다)의 업무
 3. 외국어번역행정사: 법 제2조제1항제3호 및 제4호의 업무

제4조(행정사자격심의위원회의 구성 등) ① 법 제7조에 따른 행정사자격심의위원회(이하 "심의위원회"라 한다)는 위원장 1명과 부위원장 1명을 포함한 11명 이내의 위원으로 구성한다. 이 경우 제2항제2호에 따른 위원(이하 "위촉위원"이라 한다)이 전체 위원의 과반수가 되도록 해야 한다. 〈개정 2021. 6. 8.〉
② 위원장은 행정안전부에서 행정사 관련 업무를 담당하는 실장급 공무원이 되고, 부위원장은 행정안전부에서 행정사 관련 업무를 담당하는 국장급 공무원이 되며, 위원은 다음 각 호의 사람이 된다. 〈개정

2013. 3. 23., 2014. 2. 18., 2014. 11. 19., 2017. 7. 26., 2021. 6. 8.〉
1. 행정안전부 소속 3급 공무원 또는 고위공무원단에 속하는 일반직공무원 중에서 행정안전부장관이 임명하는 사람
2. 다음 각 목의 사람 중에서 행정안전부장관이 성별을 고려하여 위촉하는 사람
    가. 법 제26조에 따른 대한행정사회(이하 "행정사회"라 한다)의 장이 추천하는 행정사
    나. 「고등교육법」 제2조제1호부터 제6호까지의 규정에 따른 학교에서 조교수 이상의 직에 재직하고 있는 사람
    다. 행정사 제도에 관한 학식과 경험이 풍부한 사람
③ 위촉위원의 임기는 2년으로 하며, 한 번만 연임할 수 있다.
④ 심의위원회에 간사 1명을 두며, 간사는 행정안전부 소속 공무원 중에서 위원장이 임명한다. 〈개정 2013. 3. 23., 2014. 11. 19., 2017. 7. 26.〉

제4조의2(위원의 제척·기피·회피 등) ① 심의위원회 위원(이하 "위원"이라 한다)이 다음 각 호의 어느 하나에 해당하는 경우에는 심의위원회의 심의·의결에서 제척(除斥)된다.
1. 위원 또는 그 배우자나 배우자였던 사람이 해당 안건의 당사자(당사자가 법인·단체 등인 경우에는 그 임원 또는 직원을 포함한다. 이하 이 호 및 제2호에서 같다)가 되거나 그 안건의 당사자와 공동권리자 또는 공동의무자인 경우
2. 위원이 해당 안건의 당사자와 친족이거나 친족이었던 경우
3. 위원이 해당 안건에 대하여 증언, 진술, 자문, 조사, 연구, 용역 또는 감정을 한 경우
4. 위원이나 위원이 속한 법인·단체 등이 해당 안건의 당사자의 대리인이거나 대리인이었던 경우
5. 위원이 해당 안건의 당사자와 같은 행정사법인 또는 행정사사무소에 소속된 경우
② 해당 안건의 당사자는 위원에게 제1항에 따른 제척사유가 있거나 공정한 심의·의결을 기대하기 어려운 사정이 있는 경우에는 심의위원회에 기피 신청을 할 수 있고, 심의위원회는 의결로 기피 여부를 결정한다. 이 경우 기피 신청의 대상인 위원은 그 의결에 참여할 수 없다.
③ 위원 본인이 제1항 각 호에 따른 제척 사유에 해당하는 경우에는 스스로 해당 안건의 심의·의결에서 회피(回避)해야 한다.
[본조신설 2021. 6. 8.]

제4조의3(위원의 해임·해촉) 행정안전부장관은 제4조제2항 각 호의 위원이 다음 각 호의 어느 하나에 해당하는 경우에는 해당 위원을 해임 또는 해촉(解囑)할 수 있다.
1. 장기간의 심신장애로 직무를 수행할 수 없게 된 경우
2. 직무와 관련된 비위사실이 있는 경우
3. 직무태만, 품위손상이나 그 밖의 사유로 위원으로 적합하지 않다고 인정되는 경우
4. 제4조의2제1항 각 호의 어느 하나에 해당하는 데에도 불구하고 회피하지 않은 경우
5. 위원 스스로 직무를 수행하는 것이 곤란하다고 의사를 밝히는 경우
[본조신설 2021. 6. 8.]

제5조(위원장의 직무) ① 위원장은 심의위원회를 대표하고, 심의위원회의 업무를 총괄한다.
② 위원장이 직무를 수행할 수 없을 때에는 부위원장이 그 직무를 대행하며, 위원장과 부위원장이 모두 직무를 수행할 수 없을 때에는 위원장이 미리 지명한 위원이 그 직무를 대행한다.

제6조(심의위원회의 회의) ① 위원장은 심의위원회의 회의를 소집하고, 그 의장이 된다.
② 심의위원회의 회의는 재적위원 과반수의 출석으로 열고, 출석위원 과반수의 찬성으로 의결한다.

제7조(운영세칙) 이 영에서 규정한 사항 외에 심의위원회의 운영에 필요한 사항은 심의위원회의 의결을 거쳐 위원장이 정한다.

제8조(시험의 실시 및 공고) ① 법 제8조에 따른 행정사 자격시험(이하 "시험"이라 한다)은 매년 한 번 실시한다.
② 행정안전부장관은 다음 각 호의 사항을 시험 시행일 90일 전까지 일간신문·관보 및 인터넷 홈페이지 등에 공고하여야 한다. 〈개정 2012. 5. 1., 2013. 3. 23., 2014. 11. 19., 2017. 7. 26.〉
　1. 시험의 방법 및 일시
　2. 시험과목
　3. 합격자 발표의 일시 및 방법
　4. 응시원서의 교부 및 접수 방법과 기간
　5. 응시수수료의 납입 및 반환에 관한 사항
　6. 최소선발인원(제3항에 따라 최소선발인원을 정한 경우만 해당한다)
　7. 그 밖에 시험의 시행에 필요한 사항
③ 행정안전부장관은 행정사의 수급 상황 등을 고려하여 심의위원회의 심의를 거쳐 행정사의 종류별로 최소선발인원을 정할 수 있다. 이 경우 외국어번역행정사에 대해서는 외국어별로 최소선발인원을 정할 수 있다. 〈개정 2013. 3. 23., 2014. 11. 19., 2017. 7. 26.〉

제9조(시험의 과목 및 방법) ① 제1차시험 및 제2차시험의 과목은 별표 1과 같다.
② 제1차시험은 선택형 필기시험으로 실시하고, 제2차시험은 논술형 필기시험으로 실시한다. 다만, 제2차시험의 경우에는 선택형·기입형 또는 단답형을 포함할 수 있다.
③ 외국어번역행정사의 제2차시험 중 영어, 일본어, 중국어, 스페인어, 프랑스어, 독일어 및 러시아어 시험은 원서접수 마감일 전 2년 이내에 실시된 외국어능력검정시험(별표 2에 규정된 시험으로 한정한다)으로 대체한다.

제10조(시험위원의 임명 또는 위촉) ① 행정안전부장관은 다음 각 호의 사람 중에서 시험문제의 출제·선정·검토 및 채점을 담당할 사람(이하 "시험위원"이라 한다)을 시험과목별로 2명 이상 임명하거나 위촉하여야 한다. 〈개정 2013. 3. 23., 2014. 11. 19., 2017. 7. 26.〉
　1. 4급 이상 공무원
　2. 「고등교육법」 제2조제1호부터 제6호까지의 규정에 따른 학교에서 조교수 이상의 직에 재직하고 있는 사람
　3. 판사, 변호사 등 분야별 전문가
② 제1항에 따라 시험위원으로 임명되거나 위촉된 사람은 행정안전부장관이 요구하는 시험문제의 출제·선정·검토 또는 채점상의 유의사항과 서약서 등의 준수사항을 성실히 지켜야 한다. 〈개정 2013. 3. 23., 2014. 11. 19., 2017. 7. 26.〉
③ 행정안전부장관은 제2항을 위반하여 시험의 신뢰도를 크게 떨어뜨리는 행위를 한 시험위원이 있을 때에는 그 명단을 해당 시험위원의 소속 기관·단체의 장에게 통보하여야 한다. 〈개정 2013. 3. 23., 2014. 11. 19., 2017. 7. 26.〉
④ 제3항에 따라 행정안전부장관이 그 명단을 통보한 시험위원은 통보한 날부터 5년간 시험위원으로 임명되거나 위촉될 수 없다. 〈개정 2013. 3. 23., 2014. 11. 19., 2017. 7. 26.〉

제11조(시험위원 등에 대한 수당) 시험위원 및 시험감독 업무를 담당한 사람에게는 예산의 범위에서 수당과 여비를 지급할 수 있다.

제12조(시험 관리 업무의 위탁) 행정안전부장관은 법 제8조제3항에 따라 다음 각 호의 시험 관리 업무를 「한국산업인력공단법」에 따른 한국산업인력공단에 위탁한다. 〈개정 2013. 3. 23., 2014. 11. 19., 2017. 7. 26.〉
　1. 제8조에 따른 시험의 실시 및 공고
　2. 제10조에 따른 시험위원의 위촉
　3. 제11조에 따른 수당과 여비의 지급
　4. 제16조에 따른 응시원서의 접수
　5. 제17조에 따른 합격자 결정 및 공고
　6. 제19조에 따른 부정행위자에 대한 조치

제13조(시험면제 대상 공무원 및 면제되는 시험의 범위) ① 법 제9조제1항제1호가목에서 "특정직공무원

중 대통령령으로 정하는 공무원"이란 다음 각 호의 공무원을 말한다.
1. 법관 및 검사
2. 지원에 의하지 아니하고 임용된 하사와 병(兵)인 군인
3. 「국가공무원법」 제2조제2항제2호 및 「지방공무원법」 제2조제2항제2호에 따른 특정직공무원 중 특수 분야의 업무를 담당하는 공무원으로서 「국가공무원법」 및 「지방공무원법」 외의 법률에서 특정직공무원으로 지정한 공무원

② 법 제9조제1항제1호나목 및 같은 조 제2항제2호 각 목 외의 부분에서 "대통령령으로 정하는 특수경력직공무원"이란 각각 「국가공무원법」 제2조제3항제2호 및 「지방공무원법」 제2조제3항제2호에 따른 별정직공무원을 말한다.

③ 법 제9조제2항 각 호 외의 부분에서 "대통령령으로 정하는 과목"이란 별표 1 제3호에 규정된 과목을 말한다.

④ 법 제9조제3항제2호에서 "대통령령으로 정하는 재산상 이익"이란 다음 각 호의 어느 하나에 해당하는 것을 말한다. 〈신설 2015. 12. 30.〉
1. 유가증권, 숙박권, 회원권, 입장권, 할인권, 초대권, 관람권, 부동산 등의 사용권 등 일체의 재산상 이익
2. 골프 등의 접대 또는 교통·숙박 등의 편의 제공
3. 채무면제, 취업제공, 이권(利權)부여 등 유형·무형의 경제적 이익

제14조(시험면제 대상 자격의 인정범위 등) ① 법 제9조제1항 및 제2항에 따른 외국어 번역 업무 종사 경력은 다음 각 호의 어느 하나에 해당하는 기관·단체에서 종사한 경력만 해당한다.
1. 국가기관 및 지방자치단체
2. 대한민국 재외공관 및 주한 외국공관
3. 「공공기관의 운영에 관한 법률」 제4조에 따른 공공기관 중 별표 3에서 규정한 기관
4. 「지방공기업법」에 따른 지방공사 및 지방공단
5. 「교육공무원법」 제2조제2항 및 제3항에 따른 교육기관·교육행정기관 및 그 부설 연구기관
6. 외국 법인 및 외국 회사
7. 대한민국에 주재하는 외국 군대

② 법 제9조제1항 및 제2항에 따라 해사행정사의 시험이 면제되는 공무원은 해운 또는 해양안전심판 업무에 직접 종사한 사람으로 한정한다. 〈개정 2021. 6. 8.〉

③ 법 제9조제1항 및 제2항에 따라 시험의 면제 여부를 판단할 때 일반직공무원 또는 별정직공무원이 아닌 사람의 직급 환산 기준은 행정안전부령으로 정한다. 〈개정 2013. 3. 23., 2014. 11. 19., 2017. 7. 26.〉

④ 법 제9조제1항 및 제2항에 따른 경력은 응시원서 접수 마감일을 기준으로 산정한다.

⑤ 제9조제3항에 따라 외국어능력검정시험으로 대체되는 외국어시험의 경우 해당 외국어능력검정시험에서 별표 2에 규정된 기준 점수를 얻지 못한 사람은 제2차시험에 응시할 수 없다.

제15조(행정사 종류별 시험 면제대상 범위) 법 제9조제1항 및 제2항에 따른 시험 면제의 대상 범위는 행정사의 종류에 따라 다음 각 호와 같다. 〈개정 2021. 6. 8.〉
1. 일반행정사 및 해사행정사: 법 제9조제1항제1호, 같은 조 제2항제1호·제2호에 해당하는 사람
2. 외국어번역행정사: 법 제9조제1항제2호·제3호, 같은 조 제2항제3호·제4호에 해당하는 사람

제16조(응시원서 및 수수료) ① 시험에 응시하려는 사람은 행정안전부령으로 정하는 바에 따라 응시원서를 제출하여야 한다. 〈개정 2013. 3. 23., 2014. 11. 19., 2017. 7. 26.〉

② 제1항에 따라 응시원서를 제출할 때에는 행정안전부령으로 정하는 바에 따라 결정된 수수료를 현금 또는 정보통신망을 이용한 전자화폐·전자결제 등의 방법으로 내야 한다. 다만, 법률 제10441호 행정사법 전부개정법률 부칙 제3조에 따라 시험이 전부 면제되는 사람에 대해서는 수수료를 감면할 수 있다.

〈개정 2013. 3. 23., 2014. 11. 19., 2017. 7. 26.〉
③ 행정안전부장관은 과오납(過誤納), 응시의사 철회 등 행정안전부령으로 정하는 사유가 있는 경우에는 행정안전부령으로 정하는 바에 따라 제2항에 따라 수납한 수수료의 전부 또는 일부를 반환하여야 한다. 〈개정 2013. 3. 23., 2014. 11. 19., 2017. 7. 26.〉

제17조(합격자 결정) ① 제1차시험 합격자는 과목당 100점을 만점으로 하여 모든 과목의 점수가 40점 이상이고, 전 과목 평균점수가 60점 이상인 사람으로 한다.
② 제2차시험 합격자는 과목(제9조제3항에 따라 외국어시험을 외국어능력검정시험으로 대체하는 경우에는 해당 외국어시험을 제외한다. 이하 이 조에서 같다)당 100점을 만점으로 하여 모든 과목의 점수가 40점 이상이고, 전 과목 평균점수가 60점 이상인 사람으로 한다.
③ 제8조제2항 및 제3항에 따라 최소선발인원을 정하여 공고한 경우로서 제2차시험 합격자가 최소선발인원보다 적은 경우에는 최소선발인원이 될 때까지 모든 과목의 점수가 40점 이상인 사람 중에서 전 과목 평균점수가 높은 순으로 합격자를 추가로 결정한다. 이 경우 동점자가 있어 최소선발인원을 초과하는 경우에는 그 동점자 모두를 합격자로 한다. 〈개정 2014. 2. 18.〉
④ 행정안전부장관은 최종 시험합격자가 결정되면 관보와 인터넷 홈페이지에 공고하여야 한다. 〈개정 2013. 3. 23., 2014. 11. 19., 2017. 7. 26.〉

제18조(자격증의 발급) ① 행정안전부장관은 법 제5조에 따른 행정사의 자격이 있는 사람에게 행정안전부령으로 정하는 바에 따라 행정사 자격증을 발급하여야 한다. 〈개정 2013. 3. 23., 2014. 11. 19., 2017. 7. 26.〉
② 제1항에 따라 행정사 자격증을 발급받은 사람은 행정사 자격증을 잃어버리거나 못쓰게 된 경우에는 행정안전부령으로 정하는 바에 따라 행정안전부장관에게 재발급을 신청할 수 있다. 〈개정 2013. 3. 23., 2014. 11. 19., 2017. 7. 26.〉

제19조(부정행위자에 대한 조치) ① 행정안전부장관은 시험에서 부정행위를 한 사람에 대해서는 해당 시험을 정지시키거나 무효로 처리한다. 〈개정 2013. 3. 23., 2014. 11. 19., 2017. 7. 26.〉
② 제1항에 따라 시험이 정지되거나 무효 처리된 사람은 그 처분이 있은 날부터 5년간 시험에 응시하지 못한다.

제20조(행정사의 업무신고) ① 법 제10조제1항에서 "대통령령으로 정하는 행정사 업무신고 기준"이란 다음 각 호의 기준을 말한다. 〈개정 2021. 6. 8.〉
  1. 법 제6조 각 호의 결격사유에 해당하지 않을 것
  2. 법 제25조제1항에 따른 실무교육(이하 "실무교육"이라 한다)을 이수했을 것
  3. 제18조에 따른 행정사 자격증이 있을 것
  4. 행정사회에 가입했을 것
② 법 제10조제1항에 따라 행정사 업무 신고를 하려는 사람은 행정안전부령으로 정하는 신고서에 다음 각 호의 서류를 첨부하여 주된 사무소의 소재지를 관할하는 특별자치시장·특별자치도지사·시장·군수 또는 자치구의 구청장(이하 "시장등"이라 한다)에게 제출해야 한다. 〈개정 2021. 6. 8.〉
  1. 행정사 자격증 사본 1부
  2. 실무교육 수료증 사본 1부
  3. 행정사회 회원증 1부
[제목개정 2021. 6. 8.]

제21조(증명서 발급의 범위 등) 행정사가 법 제20조제1항 및 제2항에 따라 발급할 수 있는 증명서의 범위는 자신이 행한 업무에 관련된 사실과 자신이 번역한 번역문으로 한정한다.

제21조의2(수임제한 대상 행정기관의 범위) ① 법 제21조의2제1항에 따른 행정기관의 범위는「민원 처리에 관한 법률」제2조제3호가목의 기관으로 한다.
② 제1항에도 불구하고 공무원직에 있다가 퇴직한 행정사가 파견, 교육훈련, 휴직, 출산휴가 또는 징

계 등으로 퇴직 전 1년간 행정기관에 실제로 근무하지 않은 경우 그 행정기관은 법 제21조의2제1항에 따른 수임제한 대상 행정기관으로 보지 않는다.

③ 제1항에도 불구하고 공무원직에 있다가 퇴직한 행정사가 둘 이상의 기관에 소속되었던 경우 실제로 근무하지 않은 행정기관은 법 제21조의2제1항에 따른 수임제한 대상 행정기관으로 보지 않는다.

④ 제1항에도 불구하고 공무원직에 있다가 퇴직한 행정사가 퇴직 전 1년부터 퇴직한 때까지 일시적 직무대리, 겸임발령 등으로 소속된 행정기관에서의 근무기간이 1개월 이하인 경우 그 행정기관은 법 제21조의2제1항에 따른 수임제한 대상 행정기관으로 보지 않는다.

[본조신설 2021. 6. 8.]

제22조(업무처리부의 보관 등) ① 법 제24조제1항에 따른 업무처리부는 「전자문서 및 전자거래 기본법」 제2조제1호에 따른 전자문서로 작성할 수 있다. 〈개정 2012. 8. 31.〉

② 행정사는 법 제24조제1항에 따라 작성한 업무처리부를 1년간 보관하여야 한다. 〈개정 2014. 12. 3.〉

제23조(행정사의 교육) ① 실무교육은 기본소양교육과 실무수습교육으로 구분한다.

② 제1항에 따른 기본소양교육은 20시간 실시하며, 실무수습교육은 40시간 동안 행정사 사무소 또는 행정안전부장관이 지정하는 장소에서 실시한다. 〈개정 2013. 3. 23., 2014. 11. 19., 2014. 12. 3., 2017. 7. 26.〉

③ 행정안전부장관은 다음 각 호의 사항을 포함한 실무교육계획을 수립하여 교육 실시 30일전까지 인터넷 홈페이지 등에 공고해야 한다. 〈개정 2013. 3. 23., 2014. 11. 19., 2017. 7. 26., 2021. 6. 8.〉

　1. 교육시기 및 교육기간
　2. 민원처리 관련 법령·행정절차 기본소양 등 교육과목
　3. 교육의 이수방법
　4. 그 밖에 필요한 사항

④ 법 제25조제1항에 따른 실무교육은 집합교육 또는 온라인 교육으로 실시한다. 〈개정 2021. 6. 8.〉

⑤ 법 제25조제2항에서 "대통령령으로 정하는 기관·단체 등"이란 다음 각 호의 기관 및 단체를 말한다. 〈개정 2021. 6. 8.〉

　1. 행정사회
　2. 「고등교육법」 제2조제1호에 따른 대학(행정학과 또는 법학과가 개설된 대학으로 한정한다)

⑥ 행정사는 전문성과 윤리의식을 높이기 위하여 다음 각 호의 구분에 따른 날(각 호 중 둘 이상에 해당하는 경우에는 가장 빠른 날을 말한다)부터 2년(휴업 기간 및 업무의 정지 기간은 제외한다)마다 16시간의 연수교육을 받아야 한다. 〈신설 2021. 6. 8.〉

　1. 법 제14조에 따른 사무소 또는 합동사무소를 설치한 행정사의 경우: 법 제12조에 따른 행정사업무신고확인증을 발급받은 날
　2. 법 제25조의3제2항제2호에 따른 행정사법인을 구성하는 행정사(이하 "법인구성원"이라 한다)의 경우: 법 제25조의4제3항에 따른 법인업무신고 확인증을 발급 받은 날
　3. 법 제25조의6제1항에 따라 고용된 행정사(이하 "소속행정사"라 한다)의 경우: 법 제25조의6제2항에 따라 행정사법인이 해당 소속행정사의 고용을 신고한 날

⑦ 특별시장·광역시장·특별자치시장·도지사·특별자치도지사(이하 "시·도지사"라 한다)는 다음 각 호의 사항을 포함한 연수교육계획을 수립하여 교육 실시 30일 전까지 인터넷 홈페이지 등에 공고해야 한다. 〈신설 2021. 6. 8.〉

　1. 교육시기 및 교육기간
　2. 민원처리와 관련하여 변경된 법령·제도·절차 및 기본소양 과목 등 교육과목
　3. 교육의 이수방법
　4. 그 밖에 필요한 사항

⑧ 법 제25조제3항에 따른 연수교육의 실시방법에 관하여는 제4항을 준용한다. 〈신설 2021. 6. 8.〉

제23조의2(행정사법인의 설립인가 신청) ① 법 제25조의3제1항 전단에 따라 행정사법인의 설립인가를 받으려는 행정사법인의 구성원이 될 행정사는 행정안전부령으로 정하는 신청서에 다음 각 호의 서류를 첨부하여 행정안전부장관에게 제출해야 한다.
  1. 정관
  2. 업무계획서 및 예산서
  3. 그 밖에 행정안전부령으로 정하는 서류

② 행정안전부장관은 행정사법인의 설립을 인가하는 경우 행정안전부령으로 정하는 바에 따라 행정사법인 인가대장에 다음 각 호의 내용을 적고, 신청인에게 설립인가증을 발급해야 한다.
  1. 인가 번호 및 인가 연월일
  2. 행정사법인의 명칭
  3. 주사무소 및 분사무소의 소재지
  4. 법인구성원 및 소속행정사의 성명 및 자격증 번호
  5. 그 밖에 행정안전부장관이 필요하다고 인정하는 사항

[본조신설 2021. 6. 8.]

제23조의3(정관의 기재사항) 법 제25조의3제2항제8호에서 "대통령령으로 정하는 사항"이란 다음 각 호의 사항을 말한다.
  1. 행정사법인의 업무를 수행하는 행정사의 권리·의무제한에 관한 사항
  2. 법인구성원의 가입·탈퇴에 관한 사항

[본조신설 2021. 6. 8.]

제23조의4(행정사법인의 설립등기) ① 법 제25조의3제3항에 따른 행정사법인의 설립등기는 제23조의2제2항에 따른 설립인가증을 받은 날부터 14일 이내에 주사무소 소재지의 관할 등기소에서 해야 한다.

② 제1항에 따른 설립등기에는 다음 각 호의 사항이 포함되어야 한다.
  1. 목적
  2. 명칭
  3. 법인구성원의 성명 및 주소
  4. 주사무소와 분사무소의 소재지
  5. 법인구성원의 출자 종류, 재산출자의 경우에는 그 가격과 이행한 부분
  6. 존립기간, 그 밖에 해산 사유를 정한 경우에는 그 기간 또는 사유
  7. 행정사법인을 대표하는 법인구성원을 정한 경우에는 그 성명

③ 행정사법인의 설립등기는 행정사법인의 구성원이 될 행정사 전원이 공동으로 신청해야 하며, 그 신청서에는 다음 각 호의 서류를 첨부해야 한다.
  1. 정관
  2. 행정사법인 설립인가증 사본
  3. 재산출자에 관하여 이행한 부분을 증명하는 서면

④ 행정안전부장관은 제1항에 따라 법인이 설립등기한 내용을 확인해야 한다. 이 경우 행정안전부장관은 「전자정부법」 제36조제1항에 따른 행정정보의 공동이용을 통하여 법인 등기사항증명서를 확인할 수 있다.

[본조신설 2021. 6. 8.]

제23조의5(행정사법인의 업무신고) ① 법 제25조의4제1항 전단에서 "대통령령으로 정하는 행정사법인 업무신고 기준"이란 다음 각 호의 기준을 말한다.
  1. 법인구성원 및 소속행정사가 법 제6조 각 호의 결격사유에 해당하지 않을 것
  2. 법인구성원 및 소속행정사가 법 제25조제1항에 따른 실무교육을 이수했을 것
  3. 법인구성원 및 소속행정사가 제18조제1항에 따른 행정사 자격증을 보유하고 있을 것
  4. 법인구성원 및 소속행정사가 법 제26조의2에 따라 대한행정사회에 가입했을 것
  5. 법 제25조의3제1항 및 제4항에 따라 행정안전부장관의 인가를 받고 설립등기를 했을 것

② 법 제25조의4제1항에 따라 행정사법인 업무신고(이하 "법인업무신고"라 한다)를 하려는 자는 행정안전부령으로 정하는 신고서를 시장등에게 제출해야 한다.

[본조신설 2021. 6. 8.]

제23조의6(행정사법인의 해산 신고) 법 제25조의8제2항에 따른 청산인은 행정사법인이 해산하면 지체 없이 행정안전부령으로 정하는 신고서에 다음 각 호의 서류를 첨부하여 행정안전부장관에게 제출해야 한다.
1. 해산 이유서
2. 해산에 관한 총회 회의록
[본조신설 2021. 6. 8.]

제23조의7(설립인가의 취소) 행정안전부장관은 법 제25조의10 각 호 외의 부분 본문에 따라 행정사법인의 설립인가를 취소하려는 경우에는 청문을 해야 한다.
[본조신설 2021. 6. 8.]

제23조의8(손해배상책임 보장) ① 행정사법인은 법 제25조의12에 따라 법인업무신고 후 15일 이내에 다음 각 호의 어느 하나에 해당하는 손해배상책임 보장조치를 해야 한다.
1. 보험 가입
2. 주사무소 소재지를 관할하는 공탁기관에 현금 또는 국공채의 공탁
② 행정사법인이 제1항 각 호에 따른 손해배상책임 보장조치를 하는 경우 그 금액은 행정사법인의 법인구성원과 소속행정사의 수에 1천만원을 곱하여 산출한 금액 이상 또는 행정사법인당 1억원 이상으로 한다.
[본조신설 2021. 6. 8.]

제24조(행정사회의 설립인가 신청) 법 제26조제3항에 따라 행정사회의 설립인가를 받으려는 행정사는 행정안전부령으로 정하는 신청서에 다음 각 호의 서류를 첨부하여 행정안전부장관에게 제출해야 한다. 〈개정 2013. 3. 23., 2014. 11. 19., 2017. 7. 26., 2021. 6. 8.〉
1. 발기인이 서명하거나 날인한 명부 및 이력서 각 1부
2. 정관 1부
3. 해당 사업연도의 사업계획 및 수지예산을 적은 서류 1부
4. 임원 취임예정자의 취임승낙서 1부
5. 창립총회 회의록 1부

[제목개정 2021. 6. 8.]

제25조(권한의 위임) 행정안전부장관은 법 제34조제1항에 따라 실무교육에 관한 권한을 시·도지사에게 위임한다. 〈개정 2013. 3. 23., 2014. 11. 19., 2017. 7. 26., 2021. 6. 8.〉

제26조(고유식별정보의 처리) 행정안전부장관 및 「한국산업인력공단법」에 따른 한국산업인력공단 이사장은 이 영에 따른 다음 각 호의 사무를 수행하기 위하여 불가피한 경우에는 「개인정보 보호법 시행령」 제19조제1호에 따른 주민등록번호, 같은 조 제2호에 따른 여권번호 또는 같은 조 제4호에 따른 외국인등록번호가 포함된 자료를 처리할 수 있다. 〈개정 2013. 3. 23., 2014. 11. 19., 2017. 7. 26.〉
1. 시험의 시행
2. 시험 합격자의 관리
3. 행정사 자격증의 발급 및 관리

제26조의2(규제의 재검토) 행정안전부장관은 제23조에 따른 행정사의 교육 기간 및 장소 등에 대하여 2015년 1월 1일을 기준으로 2년마다(매 2년이 되는 해의 1월 1일 전까지를 말한다) 그 타당성을 검토하여 개선 등의 조치를 해야 한다.
[전문개정 2021. 3. 2.]

제27조(과태료 부과기준) 법 제38조제1항 및 제2항에 따른 과태료의 부과기준은 별표 4와 같다.

부칙 〈제33575호, 2023. 6. 27.〉 (행정업무의 운영 및 혁신에 관한 규정)

제1조(시행일) 이 영은 공포한 날부터 시행한다. 〈단서 생략〉

제2조 생략

제3조(다른 법령의 개정) ①부터 ⑫까지 생략
⑬ 행정사법 시행령 일부를 다음과 같이 개정한다.
별표 1 중 "행정 효율과 협업 촉진에 관한 규정"을 각각 "행정업무의 운영 및 혁신에 관한 규정"으로 한다.

⑭ 및 ⑮ 생략

제3장 행정사법 시행규칙

행정사법 시행규칙

[시행 2021. 6. 10.] [행정안전부령 제257호, 2021. 6. 9., 일부개정]

제1조(목적) 이 규칙은 「행정사법」 및 같은 법 시행령에서 위임된 사항과 그 시행에 필요한 사항을 규정함을 목적으로 한다.

제2조(직급 환산 기준) 「행정사법 시행령」(이하 "영"이라 한다) 제14조제3항에 따른 일반직공무원 또는 별정직공무원이 아닌 사람의 직급 환산 기준은 다음 각 호와 같다. 〈개정 2013. 3. 23., 2014. 11. 19., 2017. 7. 26., 2021. 6. 9.〉
  1. 국가공무원인 경우: 「공무원임용령」 제31조제9항에 따라 인사혁신처장이 정한 기준
  2. 지방공무원인 경우: 「지방공무원 평정규칙」 별표 1
  3. 교육공무원인 경우: 「교육감 소속 지방공무원 평정규칙」 별표 1

제3조(응시원서의 제출 등) ① 「행정사법」(이하 "법"이라 한다) 제8조에 따른 행정사 자격시험(이하 "시험"이라 한다)에 응시하려는 사람은 영 제16조제1항에 따라 별지 제1호서식의 응시원서에 다음 각 호의 서류를 첨부하여 「한국산업인력공단법」에 따른 한국산업인력공단(이하 "한국산업인력공단"이라 한다)에 제출하여야 한다.
  1. 경력증명서 또는 학위증명서 1부(시험이 면제되는 사람만 해당한다)
  2. 외국어능력검정시험 성적표 1부(영 제9조제3항에 따라 외국어시험을 외국어능력검정시험으로 대체하는 경우만 해당한다)

② 한국산업인력공단은 제1항에 따른 응시원서를 접수하면 별지 제2호서식의 행정사 자격시험 응시자 명부에 해당 사실을 기록하여야 한다.

제4조(수수료의 결정 및 반환) ① 영 제16조제2항에 따른 응시수수료는 한국산업인력공단 이사장이 행정안전부장관의 승인을 받아 정한다. 〈개정 2013. 3. 23., 2014. 11. 19., 2017. 7. 26.〉
② 영 제16조제3항에서 "과오납(過誤納), 응시의사 철회 등 행정안전부령으로 정하는 사유"란 다음 각 호의 경우를 말한다. 〈개정 2013. 3. 23., 2014. 11. 19., 2017. 7. 26., 2021. 6. 9.〉
  1. 수수료를 과오납한 경우
  2. 한국산업인력공단에 책임이 있는 사유로 시험에 응시하지 못하는 경우
  3. 응시원서 접수기간에 접수를 취소하는 경우
  4. 시험시행일 10일 전까지 접수를 취소하는 경우
③ 제2항제1호부터 제3호까지의 경우에는 과오납하거나 납입한 수수료의 전부를 반환하고, 같은 항 제4호의 경우에는 납입한 수수료의 100분의 50을 반환한다.

제5조(합격자 명부의 작성) 한국산업인력공단 이사장은 영 제17조에 따라 제1차시험 및 제2차시험 합격자가 결정되면 별지 제3호서식의 행정사 자격시험 합격자 명부를 작성하여야 한다.

제6조(자격증의 발급 및 재발급) ① 영 제18조제1항에 따라 행정사 자격증을 발급받으려는 사람은 별지 제4호서식의 신청서에 다음 각 호의 서류를 첨부하여 행정안전부장관에게 제출하여야 한다. 〈개정 2013. 3. 23., 2014. 11. 19., 2016. 1. 15., 2017. 7. 26.〉
  1. 신분증(주민등록증, 여권, 운전면허증, 장애

인등록증만 해당한다) 사본 1부
2. 사진(신청일 전 6개월 이내에 모자를 쓰지 않은 상태에서 배경 없이 찍은 상반신 사진으로서 가로 3센티미터, 세로 4센티미터인 것을 말한다. 이하 같다) 2장

② 행정안전부장관은 제1항에 따른 신청인이 시험 합격자로서 법 제6조에 따른 결격사유에 해당되지 아니한 것이 확인되면 별지 제5호서식의 행정사 자격증을 신청인에게 발급하여야 한다. 〈개정 2013. 3. 23., 2014. 11. 19., 2017. 7. 26.〉

③ 영 제18조제2항에 따라 자격증을 재발급받으려는 사람은 별지 제6호서식의 신청서(전자문서로 된 신청서를 포함한다)에 다음 각 호의 서류(전자문서를 포함한다)를 첨부하여 행정안전부장관에게 제출[「전자정부법」 제9조제3항에 따른 통합전자민원창구(이하 "통합전자민원창구"라 한다)를 이용한 제출을 포함한다]해야 한다. 〈개정 2013. 3. 23., 2014. 11. 19., 2017. 7. 26., 2019. 3. 29.〉

1. 신분증(주민등록증, 여권, 운전면허증, 장애인등록증만 해당한다) 사본 1부(통합전자민원창구를 이용하여 제출하는 경우는 제외한다)
2. 행정사 자격증(잃어버린 경우는 제외한다)
3. 사진 1장

④ 행정안전부장관은 제2항 및 제3항에 따라 자격증을 발급하였을 때에는 별지 제7호서식의 행정사 자격증 발급 대장에 해당 사실을 기록하여야 한다. 〈개정 2013. 3. 23., 2014. 11. 19., 2017. 7. 26.〉

제7조(업무신고) ① 영 제20조제2항에 따른 신고서는 별지 제8호서식과 같다.
② 법 제10조제1항 후단에 따라 신고한 사항을 변경하려는 행정사는 별지 제9호서식의 신고서에 다음 각 호의 서류를 첨부하여 특별자치시장·특별자치도지사·시장·군수 또는 자치구의 구청장(이하 "시장등"이라 한다. 이하 같다)에게 제출해야 한다. 〈개정 2021. 6. 9.〉

1. 행정사 자격증 사본 1부

2. 법 제12조제1항에 따른 행정사업무신고확인증

③ 제1항 및 제2항에도 불구하고 합동사무소나 분사무소를 설치하려는 경우 또는 설치한 경우에는 제10조에 따른다.

제8조(행정사업무신고 수리 거부에 대한 이의신청) 법 제11조제3항에 따른 이의신청은 별지 제10호서식에 따른다.

[제목개정 2021. 6. 9.]

제9조(행정사업무신고확인증의 발급) ① 법 제12조제1항에 따른 행정사업무신고확인증(이하 "신고확인증"이라 한다)은 별지 제11호서식 및 별지 제12호서식과 같다.

② 시장등은 법 제12조제1항에 따라 신고확인증을 발급한 경우에는 다음 각 호의 대장에 해당 사항을 기록하여야 한다.

1. 별지 제13호서식의 행정사 업무 신고대장
2. 별지 제14호서식의 행정사 관리 대장

③ 법 제12조제2항에 따라 신고확인증을 재발급받으려는 행정사 또는 합동사무소의 대표 행정사는 별지 제15호서식의 신청서에 다음 각 호의 서류를 첨부하여 시장등에게 제출하여야 한다.

1. 행정사 자격증 사본 1부
2. 신고확인증(잃어버린 경우는 제외한다)

제10조(합동사무소 설치 등) ① 행정사가 법 제14조제2항에 따라 합동사무소 또는 분사무소를 설치하려는 경우에는 별지 제16호서식의 신고서를 주된 사무소 소재지의 시장등에게 제출하여야 한다. 이 경우 합동사무소를 설치하려는 경우에는 다음 각 호의 서류를 첨부해야 한다. 〈개정 2016. 12. 30., 2021. 6. 9.〉

1. 소속 행정사의 행정사 자격증 사본 각 1부
2. 소속 행정사의 실무교육 수료증 사본 각 1부
3. 소속 행정사의 사진 각 1장
   3의2. 소속 행정사의 법 제26조제1항에 따른 대한행정사회(이하 "행정사회"라 한다) 회원

증 사본 각 1부
    4. 합동사무소 운영규약 1부
② 제1항제4호에 따른 합동사무소 운영규약에는 다음 각 호의 사항이 포함되어야 한다.
    1. 합동사무소 및 분사무소의 명칭
    2. 합동사무소 및 분사무소의 주소
    3. 조직 및 운영에 관한 사항
    4. 구성원의 가입과 탈퇴에 관한 사항
③ 분사무소에는 소속 행정사를 책임자로 두어야 한다.
④ 합동사무소의 대표 행정사는 다음 각 호의 어느 하나에 해당하는 사유가 발생하였을 때에는 30일 이내에 별지 제9호서식의 신고서에 신고확인증과 다음 각 호의 구분에 따른 서류를 첨부하여 주된 사무소 소재지의 시장등에게 제출해야 한다. 이 경우 제9조제2항을 준용한다. 〈개정 2016. 12. 30., 2021. 6. 9.〉
    1. 소속 행정사가 변경된 경우
        가. 변경된 행정사의 행정사 자격증 사본 각 1부
        나. 변경된 행정사의 실무교육 수료증 사본 각 1부
        다. 변경된 소속 행정사의 사진 각 1장
        라. 변경된 소속 행정사의 행정사회 회원증 사본 각 1부
    2. 합동사무소 운영규약이 변경된 경우: 변경된 합동사무소 운영규약 1부
    3. 합동사무소나 분사무소의 명칭이 변경된 경우

제11조(사무소의 이전) ① 법 제14조제3항에 따른 사무소 이전신고는 별지 제9호서식에 따른다.
② 삭제 〈2021. 6. 9.〉

제12조(폐업신고 및 휴업신고 등) ① 법 제16조에 따른 폐업신고를 하거나 법 제17조에 따른 휴업신고를 하려는 행정사 또는 합동사무소의 대표 행정사는 별지 제9호서식의 신고서에 다음 각 호의 서류를 첨부하여 주된 사무소 소재지의 시장등에게 제출하여야 한다. 다만, 폐업 신고를 할 때 행정사 자격증 또는 신고확인증을 잃어버려 해당 서류를 제출할 수 없는 경우에는 별지 제9호서식의 신고서에 분실 사유를 작성한 경우에는 해당 서류를 제출하지 않아도 된다. 〈개정 2019. 3. 29.〉
    1. 행정사 자격증 사본 1부
    2. 신고확인증
② 제1항에 따라 휴업신고를 한 행정사 또는 합동사무소의 대표 행정사가 업무를 다시 시작하려면 법 제17조제1항에 따라 별지 제9호서식의 신고서에 행정사 자격증 사본 1부를 첨부하여 주된 사무소 소재지의 시장등에게 제출하여야 한다.
③ 제1항 및 제2항에 따라 신고를 받은 시장등은 다음 각 호의 대장에 해당 사항을 기록해야 하며, 제2항에 따라 업무재개를 신고한 행정사 또는 합동사무소의 대표 행정사에게는 별지 제11호서식 또는 별지 제12호서식의 신고확인증을 발급해야 한다. 〈개정 2021. 6. 9.〉
    1. 별지 제13호서식의 행정사 업무 신고대장
    2. 별지 제14호서식의 행정사 관리 대장

제13조(증명서의 발급) ① 영 제21조에 따른 증명서를 발급받으려는 사람은 해당 업무를 처리한 행정사에게 신청하여야 하며, 발급신청을 받은 행정사는 특별한 사유가 없으면 객관적인 사실에 입각하여 즉시 발급하여야 한다.
② 영 제21조에 따른 증명서의 서식은 다음 각 호와 같다.
    1. 법 제20조제1항에 따른 사실확인증명서: 별지 제17호서식
    2. 법 제20조제2항에 따른 번역확인증명서: 별지 제18호서식

제14조(업무처리부) 영 제22조에 따른 업무처리부는 별지 제19호서식과 같다.

제15조(실무교육) 특별시장·광역시장·특별자치시장·도지사 또는 특별도지사는 법 제25조제1항 및 영 제23조에 따른 실무교육이 끝나면 그 교육과정을 마친 행정사에게 수료증을 발급하고, 지체 없이 교육수료

자 명단을 행정안전부장관에게 제출해야 한다. 〈개정 2013. 3. 23., 2014. 11. 19., 2017. 7. 26.〉

제15조의2(행정사법인 설립인가 신청) ① 영 제23조의2제1항에 따른 행정사법인 설립인가신청서는 별지 제19호의2서식에 따른다.
② 영 제23조의2제1항제3호에서 "행정안전부령으로 정하는 서류"란 다음 각 호의 서류를 말한다.
　1. 법 제25조의3제2항제2호에 따른 행정사법인을 구성하는 행정사(이하 "법인구성원"이라 한다) 및 제25조의6제1항에 따라 고용된 행정사(이하 "소속행정사"라 한다)의 행정사 자격증 사본 각 1부
　2. 자본금 납입을 증명하는 서류
　3. 주사무소와 분사무소(분사무소를 두는 경우에만 해당한다)의 설치 예정지가 기재된 서류
③ 영 제23조의2제2항에 따른 행정사법인 설립인가대장 및 행정사법인 설립인가증은 각각 별지 제19호의3서식 및 별지 제19호의4서식에 따른다.
　[본조신설 2021. 6. 9.]

제15조의3(행정사법인의 업무신고) ① 영 제23조의5제2항에 따라 행정사법인 업무신고(이하 "법인업무신고"라 한다)를 하려는 자는 별지 제19호의5서식의 행정사법인 업무신고서에 다음 각 호의 서류를 첨부하여 시장등에게 제출해야 한다.
　1. 법인구성원 및 소속행정사의 행정사 자격증 사본 각 1부
　2. 법인구성원 및 소속행정사의 실무교육 수료증 사본 각 1부
　3. 법인구성원 및 소속행정사의 사진 각 1장
　4. 법인구성원 및 소속행정사의 행정사회 회원증 사본 각 1부
　5. 행정사법인 정관 1부
　6. 행정사법인 설립인가증 사본 및 등기부등본 각 1부
② 행정사법인이 법 제25조의4제1항 후단에 따라 변경신고를 하려는 경우에는 같은 항 전단에 따라 신고한 사항의 변경이 발생한 날부터 30일 이내에 별지 제9호서식의 신고서에 행정사법인 업무신고확인증과 다음 각 호의 구분에 따른 서류를 첨부하여 시장등에게 제출해야 한다.
　1. 법인구성원 또는 소속행정사가 변경된 경우
　　가. 변경된 법인구성원 또는 소속행정사의 행정사 자격증 사본 각 1부
　　나. 변경된 법인구성원 또는 소속행정사의 실무교육 수료증 각 1부
　　다. 변경된 법인구성원 또는 소속행정사의 사진 각 1장
　　라. 변경된 법인구성원 또는 소속행정사의 행정사회 회원증 사본 각 1부
　2. 행정사법인의 정관이 변경된 경우: 변경된 정관 1부
③ 법 제25조의4제3항에 따른 법인업무신고확인증은 별지 제19호의6서식에 따른다.
④ 시장등은 법 제25조의4제3항에 따라 법인업무신고확인증을 발급하는 경우 다음 각 호의 대장에 이를 기록해야 한다.
　1. 별지 제19호의7서식의 행정사법인 업무 신고대장
　2. 별지 제19호의8서식의 행정사법인 관리대장
⑤ 시장등은 행정사법인이 제2항 각 호의 구분에 따른 변경사항을 제출하는 경우 그 변경사항을 제4항 각 호에 따른 대장에 기록해야 한다.
　[본조신설 2021. 6. 9.]

제15조의4(행정사법인의 해산 신고) 영 제23조의6에 따른 행정사법인의 해산 신고서는 별지 제19호의9서식에 따른다.
　[본조신설 2021. 6. 9.]

제16조(행정사회의 설립인가 신청) 영 제24조에 따른 행정사회 설립인가 신청서는 별지 제20호서식과 같다. 〈개정 2021. 6. 9.〉
　[제목개정 2021. 6. 9.]

제17조(증표) 법 제29조제3항 및 제31조제2항에서

"행정안전부령으로 정하는 증표"란 각각 별지 제21호서식의 증표를 말한다. 〈개정 2013. 3. 23., 2014. 11. 19., 2017. 7. 26.〉

제18조(업무정지처분 기준) 법 제32조제2항에 따른 업무정지처분 기준은 별표와 같다.

제19조 삭제 〈2021. 6. 9.〉

부칙 〈제257호, 2021. 6. 9.〉

이 규칙은 2021년 6월 10일부터 시행한다.

제4장 행정심판법

행정심판법

[시행 2023. 3. 21.] [법률 제19269호, 2023. 3. 21., 일부개정]

제1장 총칙

제1조(목적) 이 법은 행정심판 절차를 통하여 행정청의 위법 또는 부당한 처분(處分)이나 부작위(不作爲)로 침해된 국민의 권리 또는 이익을 구제하고, 아울러 행정의 적정한 운영을 꾀함을 목적으로 한다.

제2조(정의) 이 법에서 사용하는 용어의 뜻은 다음과 같다.
1. "처분"이란 행정청이 행하는 구체적 사실에 관한 법집행으로서의 공권력의 행사 또는 그 거부, 그 밖에 이에 준하는 행정작용을 말한다.
2. "부작위"란 행정청이 당사자의 신청에 대하여 상당한 기간 내에 일정한 처분을 하여야 할 법률상 의무가 있는데도 처분을 하지 아니하는 것을 말한다.
3. "재결(裁決)"이란 행정심판의 청구에 대하여 제6조에 따른 행정심판위원회가 행하는 판단을 말한다.
4. "행정청"이란 행정에 관한 의사를 결정하여 표시하는 국가 또는 지방자치단체의 기관, 그 밖에 법령 또는 자치법규에 따라 행정권한을 가지고 있거나 위탁을 받은 공공단체나 그 기관 또는 사인(私人)을 말한다.

제3조(행정심판의 대상) ① 행정청의 처분 또는 부작위에 대하여는 다른 법률에 특별한 규정이 있는 경우 외에는 이 법에 따라 행정심판을 청구할 수 있다.
② 대통령의 처분 또는 부작위에 대하여는 다른 법률에서 행정심판을 청구할 수 있도록 정한 경우 외에는 행정심판을 청구할 수 없다.

제4조(특별행정심판 등) ① 사안(事案)의 전문성과 특수성을 살리기 위하여 특히 필요한 경우 외에는 이 법에 따른 행정심판을 갈음하는 특별한 행정불복절차(이하 "특별행정심판"이라 한다)나 이 법에 따른 행정심판 절차에 대한 특례를 다른 법률로 정할 수 없다.
② 다른 법률에서 특별행정심판이나 이 법에 따른 행정심판 절차에 대한 특례를 정한 경우에도 그 법률에서 규정하지 아니한 사항에 관하여는 이 법에서 정하는 바에 따른다.
③ 관계 행정기관의 장이 특별행정심판 또는 이 법에 따른 행정심판 절차에 대한 특례를 신설하거나 변경하는 법령을 제정·개정할 때에는 미리 중앙행정심판위원회와 협의하여야 한다.

제5조(행정심판의 종류) 행정심판의 종류는 다음 각 호와 같다.
1. 취소심판: 행정청의 위법 또는 부당한 처분을 취소하거나 변경하는 행정심판
2. 무효등확인심판: 행정청의 처분의 효력 유무 또는 존재 여부를 확인하는 행정심판
3. 의무이행심판: 당사자의 신청에 대한 행정청의 위법 또는 부당한 거부처분이나 부작위에 대하여 일정한 처분을 하도록 하는 행정심판

제2장 심판기관

제6조(행정심판위원회의 설치) ① 다음 각 호의 행정청 또는 그 소속 행정청(행정기관의 계층구조와 관계없이 그 감독을 받거나 위탁을 받은 모든 행정청을 말하되, 위탁을 받은 행정청은 그 위탁받은 사무에 관하여는 위탁한 행정청의 소속 행정청으로 본다.

이하 같다)의 처분 또는 부작위에 대한 행정심판의 청구(이하 "심판청구"라 한다)에 대하여는 다음 각 호의 행정청에 두는 행정심판위원회에서 심리·재결한다. 〈개정 2016. 3. 29.〉
1. 감사원, 국가정보원장, 그 밖에 대통령령으로 정하는 대통령 소속기관의 장
2. 국회사무총장·법원행정처장·헌법재판소사무처장 및 중앙선거관리위원회사무총장
3. 국가인권위원회, 그 밖에 지위·성격의 독립성과 특수성 등이 인정되어 대통령령으로 정하는 행정청

② 다음 각 호의 행정청의 처분 또는 부작위에 대한 심판청구에 대하여는 「부패방지 및 국민권익위원회의 설치와 운영에 관한 법률」에 따른 국민권익위원회(이하 "국민권익위원회"라 한다)에 두는 중앙행정심판위원회에서 심리·재결한다. 〈개정 2012. 2. 17.〉
1. 제1항에 따른 행정청 외의 국가행정기관의 장 또는 그 소속 행정청
2. 특별시장·광역시장·특별자치시장·도지사·특별자치도지사(특별시·광역시·특별자치시·도 또는 특별자치도의 교육감을 포함한다. 이하 "시·도지사"라 한다) 또는 특별시·광역시·특별자치시·도·특별자치도(이하 "시·도"라 한다)의 의회(의장, 위원회의 위원장, 사무처장 등 의회 소속 모든 행정청을 포함한다)
3. 「지방자치법」에 따른 지방자치단체조합 등 관계 법률에 따라 국가·지방자치단체·공공법인 등이 공동으로 설립한 행정청. 다만, 제3항제3호에 해당하는 행정청은 제외한다.

③ 다음 각 호의 행정청의 처분 또는 부작위에 대한 심판청구에 대하여는 시·도지사 소속으로 두는 행정심판위원회에서 심리·재결한다.
1. 시·도 소속 행정청
2. 시·도의 관할구역에 있는 시·군·자치구의 장, 소속 행정청 또는 시·군·자치구의 의회(의장, 위원회의 위원장, 사무국장, 사무과장 등 의회 소속 모든 행정청을 포함한다)
3. 시·도의 관할구역에 있는 둘 이상의 지방자치단체(시·군·자치구를 말한다)·공공법인 등이 공동으로 설립한 행정청

④ 제2항제1호에도 불구하고 대통령령으로 정하는 국가행정기관 소속 특별지방행정기관의 장의 처분 또는 부작위에 대한 심판청구에 대하여는 해당 행정청의 직근 상급행정기관에 두는 행정심판위원회에서 심리·재결한다.

제7조(행정심판위원회의 구성) ① 행정심판위원회(중앙행정심판위원회는 제외한다. 이하 이 조에서 같다)는 위원장 1명을 포함하여 50명 이내의 위원으로 구성한다. 〈개정 2016. 3. 29.〉

② 행정심판위원회의 위원장은 그 행정심판위원회가 소속된 행정청이 되며, 위원장이 없거나 부득이한 사유로 직무를 수행할 수 없거나 위원장이 필요하다고 인정하는 경우에는 다음 각 호의 순서에 따라 위원이 위원장의 직무를 대행한다.
1. 위원장이 사전에 지명한 위원
2. 제4항에 따라 지명된 공무원인 위원(2명 이상인 경우에는 직급 또는 고위공무원단에 속하는 공무원의 직무등급이 높은 위원 순서로, 직급 또는 직무등급도 같은 경우에는 위원 재직기간이 긴 위원 순서로, 재직기간도 같은 경우에는 연장자 순서로 한다)

③ 제2항에도 불구하고 제6조제3항에 따라 시·도지사 소속으로 두는 행정심판위원회의 경우에는 해당 지방자치단체의 조례로 정하는 바에 따라 공무원이 아닌 위원을 위원장으로 정할 수 있다. 이 경우 위원장은 비상임으로 한다.

④ 행정심판위원회의 위원은 해당 행정심판위원회가 소속된 행정청이 다음 각 호의 어느 하나에 해당하는 사람 중에서 성별을 고려하여 위촉하거나 그 소속 공무원 중에서 지명한다. 〈개정 2016. 3. 29.〉
1. 변호사 자격을 취득한 후 5년 이상의 실무 경험이 있는 사람
2. 「고등교육법」 제2조제1호부터 제6호까지의

규정에 따른 학교에서 조교수 이상으로 재직하거나 재직하였던 사람
3. 행정기관의 4급 이상 공무원이었거나 고위공무원단에 속하는 공무원이었던 사람
4. 박사학위를 취득한 후 해당 분야에서 5년 이상 근무한 경험이 있는 사람
5. 그 밖에 행정심판과 관련된 분야의 지식과 경험이 풍부한 사람

⑤ 행정심판위원회의 회의는 위원장과 위원장이 회의마다 지정하는 8명의 위원(그중 제4항에 따른 위촉위원은 6명 이상으로 하되, 제3항에 따라 위원장이 공무원이 아닌 경우에는 5명 이상으로 한다)으로 구성한다. 다만, 국회규칙, 대법원규칙, 헌법재판소규칙, 중앙선거관리위원회규칙 또는 대통령령(제6조제3항에 따라 시·도지사 소속으로 두는 행정심판위원회의 경우에는 해당 지방자치단체의 조례)로 정하는 바에 따라 위원장과 위원장이 회의마다 지정하는 6명의 위원(그중 제4항에 따른 위촉위원은 5명 이상으로 하되, 제3항에 따라 공무원이 아닌 위원이 위원장인 경우에는 4명 이상으로 한다)으로 구성할 수 있다.

⑥ 행정심판위원회는 제5항에 따른 구성원 과반수의 출석과 출석위원 과반수의 찬성으로 의결한다.

⑦ 행정심판위원회의 조직과 운영, 그 밖에 필요한 사항은 국회규칙, 대법원규칙, 헌법재판소규칙, 중앙선거관리위원회규칙 또는 대통령령으로 정한다.

제8조(중앙행정심판위원회의 구성) ① 중앙행정심판위원회는 위원장 1명을 포함하여 70명 이내의 위원으로 구성하되, 위원 중 상임위원은 4명 이내로 한다. 〈개정 2016. 3. 29.〉

② 중앙행정심판위원회의 위원장은 국민권익위원회의 부위원장 중 1명이 되며, 위원장이 없거나 부득이한 사유로 직무를 수행할 수 없거나 위원장이 필요하다고 인정하는 경우에는 상임위원(상임으로 재직한 기간이 긴 위원 순서로, 재직기간이 같은 경우에는 연장자 순서로 한다)이 위원장의 직무를 대행한다.

③ 중앙행정심판위원회의 상임위원은 일반직공무원으로서 「국가공무원법」 제26조의5에 따른 임기제공무원으로 임명하되, 3급 이상 공무원 또는 고위공무원단에 속하는 일반직공무원으로 3년 이상 근무한 사람이나 그 밖에 행정심판에 관한 지식과 경험이 풍부한 사람 중에서 중앙행정심판위원회 위원장의 제청으로 국무총리를 거쳐 대통령이 임명한다. 〈개정 2014. 5. 28.〉

④ 중앙행정심판위원회의 비상임위원은 제7조제4항 각 호의 어느 하나에 해당하는 사람 중에서 중앙행정심판위원회 위원장의 제청으로 국무총리가 성별을 고려하여 위촉한다. 〈개정 2016. 3. 29.〉

⑤ 중앙행정심판위원회의 회의(제6항에 따른 소위원회 회의는 제외한다)는 위원장, 상임위원 및 위원장이 회의마다 지정하는 비상임위원을 포함하여 총 9명으로 구성한다.

⑥ 중앙행정심판위원회는 심판청구사건(이하 "사건"이라 한다) 중 「도로교통법」에 따른 자동차운전면허 행정처분에 관한 사건(소위원회가 중앙행정심판위원회에서 심리·의결하도록 결정한 사건은 제외한다)을 심리·의결하게 하기 위하여 4명의 위원으로 구성하는 소위원회를 둘 수 있다.

⑦ 중앙행정심판위원회 및 소위원회는 각각 제5항 및 제6항에 따른 구성원 과반수의 출석과 출석위원 과반수의 찬성으로 의결한다.

⑧ 중앙행정심판위원회는 위원장이 지정하는 사건을 미리 검토하도록 필요한 경우에는 전문위원회를 둘 수 있다.

⑨ 중앙행정심판위원회, 소위원회 및 전문위원회의 조직과 운영 등에 필요한 사항은 대통령령으로 정한다.

제9조(위원의 임기 및 신분보장 등) ① 제7조제4항에 따라 지명된 위원은 그 직에 재직하는 동안 재임한다.

② 제8조제3항에 따라 임명된 중앙행정심판위원회 상임위원의 임기는 3년으로 하며, 1차에 한하여 연임할 수 있다.

③ 제7조제4항 및 제8조제4항에 따라 위촉된 위원

의 임기는 2년으로 하되, 2차에 한하여 연임할 수 있다. 다만, 제6조제1항제2호에 규정된 기관에 두는 행정심판위원회의 위촉위원의 경우에는 각각 국회규칙, 대법원규칙, 헌법재판소규칙 또는 중앙선거관리위원회규칙으로 정하는 바에 따른다.
④ 다음 각 호의 어느 하나에 해당하는 사람은 제6조에 따른 행정심판위원회(이하 "위원회"라 한다)의 위원이 될 수 없으며, 위원이 이에 해당하게 된 때에는 당연히 퇴직한다.
　1. 대한민국 국민이 아닌 사람
　2. 「국가공무원법」 제33조 각 호의 어느 하나에 해당하는 사람
⑤ 제7조제4항 및 제8조제4항에 따라 위촉된 위원은 금고(禁錮) 이상의 형을 선고받거나 부득이한 사유로 장기간 직무를 수행할 수 없게 되는 경우 외에는 임기 중 그의 의사와 다르게 해촉(解囑)되지 아니한다.

제10조(위원의 제척·기피·회피) ① 위원회의 위원은 다음 각 호의 어느 하나에 해당하는 경우에는 그 사건의 심리·의결에서 제척(除斥)된다. 이 경우 제척결정은 위원회의 위원장(이하 "위원장"이라 한다)이 직권으로 또는 당사자의 신청에 의하여 한다.
　1. 위원 또는 그 배우자나 배우자이었던 사람이 사건의 당사자이거나 사건에 관하여 공동 권리자 또는 의무자인 경우
　2. 위원이 사건의 당사자와 친족이거나 친족이었던 경우
　3. 위원이 사건에 관하여 증언이나 감정(鑑定)을 한 경우
　4. 위원이 당사자의 대리인으로서 사건에 관여하거나 관여하였던 경우
　5. 위원이 사건의 대상이 된 처분 또는 부작위에 관여한 경우
② 당사자는 위원에게 공정한 심리·의결을 기대하기 어려운 사정이 있으면 위원장에게 기피신청을 할 수 있다.
③ 위원에 대한 제척신청이나 기피신청은 그 사유를 소명(疏明)한 문서로 하여야 한다. 다만, 불가피한 경우에는 신청한 날부터 3일 이내에 신청 사유를 소명할 수 있는 자료를 제출하여야 한다. 〈개정 2016. 3. 29.〉
④ 제척신청이나 기피신청이 제3항을 위반하였을 때에는 위원장은 결정으로 이를 각하한다. 〈신설 2016. 3. 29.〉
⑤ 위원장은 제척신청이나 기피신청의 대상이 된 위원에게서 그에 대한 의견을 받을 수 있다. 〈개정 2016. 3. 29.〉
⑥ 위원장은 제척신청이나 기피신청을 받으면 제척 또는 기피 여부에 대한 결정을 하고, 지체 없이 신청인에게 결정서 정본(正本)을 송달하여야 한다. 〈개정 2016. 3. 29.〉
⑦ 위원회의 회의에 참석하는 위원이 제척사유 또는 기피사유에 해당되는 것을 알게 되었을 때에는 스스로 그 사건의 심리·의결에서 회피할 수 있다. 이 경우 회피하고자 하는 위원은 위원장에게 그 사유를 소명하여야 한다. 〈개정 2016. 3. 29.〉
⑧ 사건의 심리·의결에 관한 사무에 관여하는 위원 아닌 직원에게도 제1항부터 제7항까지의 규정을 준용한다. 〈개정 2016. 3. 29.〉

제11조(벌칙 적용 시의 공무원 의제) 위원 중 공무원이 아닌 위원은 「형법」과 그 밖의 법률에 따른 벌칙을 적용할 때에는 공무원으로 본다.

제12조(위원회의 권한 승계) ① 당사자의 심판청구 후 위원회가 법령의 개정·폐지 또는 제17조제5항에 따른 피청구인의 경정 결정에 따라 그 심판청구에 대하여 재결할 권한을 잃게 된 경우에는 해당 위원회는 심판청구서와 관계 서류, 그 밖의 자료를 새로 재결할 권한을 갖게 된 위원회에 보내야 한다.
② 제1항의 경우 송부를 받은 위원회는 지체 없이 그 사실을 다음 각 호의 자에게 알려야 한다.
　1. 행정심판 청구인(이하 "청구인"이라 한다)
　2. 행정심판 피청구인(이하 "피청구인"이라 한다)
　3. 제20조 또는 제21조에 따라 심판참가를 하는 자(이하 "참가인"이라 한다)

제3장 당사자와 관계인

제13조(청구인 적격) ① 취소심판은 처분의 취소 또는 변경을 구할 법률상 이익이 있는 자가 청구할 수 있다. 처분의 효과가 기간의 경과, 처분의 집행, 그 밖의 사유로 소멸된 뒤에도 그 처분의 취소로 회복되는 법률상 이익이 있는 자의 경우에도 또한 같다.
② 무효등확인심판은 처분의 효력 유무 또는 존재 여부의 확인을 구할 법률상 이익이 있는 자가 청구할 수 있다.
③ 의무이행심판은 처분을 신청한 자로서 행정청의 거부처분 또는 부작위에 대하여 일정한 처분을 구할 법률상 이익이 있는 자가 청구할 수 있다.

제14조(법인이 아닌 사단 또는 재단의 청구인 능력) 법인이 아닌 사단 또는 재단으로서 대표자나 관리인이 정하여져 있는 경우에는 그 사단이나 재단의 이름으로 심판청구를 할 수 있다.

제15조(선정대표자) ① 여러 명의 청구인이 공동으로 심판청구를 할 때에는 청구인들 중에서 3명 이하의 선정대표자를 선정할 수 있다.
② 청구인들이 제1항에 따라 선정대표자를 선정하지 아니한 경우에 위원회는 필요하다고 인정하면 청구인들에게 선정대표자를 선정할 것을 권고할 수 있다.
③ 선정대표자는 다른 청구인들을 위하여 그 사건에 관한 모든 행위를 할 수 있다. 다만, 심판청구를 취하하려면 다른 청구인들의 동의를 받아야 하며, 이 경우 동의받은 사실을 서면으로 소명하여야 한다.
④ 선정대표자가 선정되면 다른 청구인들은 그 선정대표자를 통해서만 그 사건에 관한 행위를 할 수 있다.
⑤ 선정대표자를 선정한 청구인들은 필요하다고 인정하면 선정대표자를 해임하거나 변경할 수 있다. 이 경우 청구인들은 그 사실을 지체 없이 위원회에 서면으로 알려야 한다.

제16조(청구인의 지위 승계) ① 청구인이 사망한 경우에는 상속인이나 그 밖에 법령에 따라 심판청구의 대상에 관계되는 권리나 이익을 승계한 자가 청구인의 지위를 승계한다.
② 법인인 청구인이 합병(合倂)에 따라 소멸하였을 때에는 합병 후 존속하는 법인이나 합병에 따라 설립된 법인이 청구인의 지위를 승계한다.
③ 제1항과 제2항에 따라 청구인의 지위를 승계한 자는 위원회에 서면으로 그 사유를 신고하여야 한다. 이 경우 신고서에는 사망 등에 의한 권리·이익의 승계 또는 합병 사실을 증명하는 서면을 함께 제출하여야 한다.
④ 제1항 또는 제2항의 경우에 제3항에 따른 신고가 있을 때까지 사망자나 합병 전의 법인에 대하여 한 통지 또는 그 밖의 행위가 청구인의 지위를 승계한 자에게 도달하면 지위를 승계한 자에 대한 통지 또는 그 밖의 행위로서의 효력이 있다.
⑤ 심판청구의 대상과 관계되는 권리나 이익을 양수한 자는 위원회의 허가를 받아 청구인의 지위를 승계할 수 있다.
⑥ 위원회는 제5항의 지위 승계 신청을 받으면 기간을 정하여 당사자와 참가인에게 의견을 제출하도록 할 수 있으며, 당사자와 참가인이 그 기간에 의견을 제출하지 아니하면 의견이 없는 것으로 본다.
⑦ 위원회는 제5항의 지위 승계 신청에 대하여 허가 여부를 결정하고, 지체 없이 신청인에게는 결정서 정본을, 당사자와 참가인에게는 결정서 등본을 송달하여야 한다.
⑧ 신청인은 위원회가 제5항의 지위 승계를 허가하지 아니하면 결정서 정본을 받은 날부터 7일 이내에 위원회에 이의신청을 할 수 있다.

제17조(피청구인의 적격 및 경정) ① 행정심판은 처분을 한 행정청(의무이행심판의 경우에는 청구인의 신청을 받은 행정청)을 피청구인으로 하여 청구하여야 한다. 다만, 심판청구의 대상과 관계되는 권한이 다른 행정청에 승계된 경우에는 권한을 승계한 행정청을 피청구인으로 하여야 한다.
② 청구인이 피청구인을 잘못 지정한 경우에는 위원회는 직권으로 또는 당사자의 신청에 의하여 결정으로써 피청구인을 경정(更正)할 수 있다.

③ 위원회는 제2항에 따라 피청구인을 경정하는 결정을 하면 결정서 정본을 당사자(종전의 피청구인과 새로운 피청구인을 포함한다. 이하 제6항에서 같다)에게 송달하여야 한다.
④ 제2항에 따른 결정이 있으면 종전의 피청구인에 대한 심판청구는 취하되고 종전의 피청구인에 대한 행정심판이 청구된 때에 새로운 피청구인에 대한 행정심판이 청구된 것으로 본다.
⑤ 위원회는 행정심판이 청구된 후에 제1항 단서의 사유가 발생하면 직권으로 또는 당사자의 신청에 의하여 결정으로써 피청구인을 경정한다. 이 경우에는 제3항과 제4항을 준용한다.
⑥ 당사자는 제2항 또는 제5항에 따른 위원회의 결정에 대하여 결정서 정본을 받은 날부터 7일 이내에 위원회에 이의신청을 할 수 있다.

제18조(대리인의 선임)
① 청구인은 법정대리인 외에 다음 각 호의 어느 하나에 해당하는 자를 대리인으로 선임할 수 있다.
1. 청구인의 배우자, 청구인 또는 배우자의 사촌 이내의 혈족
2. 청구인이 법인이거나 제14조에 따른 청구인 능력이 있는 법인이 아닌 사단 또는 재단인 경우 그 소속 임직원
3. 변호사
4. 다른 법률에 따라 심판청구를 대리할 수 있는 자
5. 그 밖에 위원회의 허가를 받은 자

② 피청구인은 그 소속 직원 또는 제1항제3호부터 제5호까지의 어느 하나에 해당하는 자를 대리인으로 선임할 수 있다.
③ 제1항과 제2항에 따른 대리인에 관하여는 제15조제3항 및 제5항을 준용한다.

제18조의2(국선대리인)
① 청구인이 경제적 능력으로 인해 대리인을 선임할 수 없는 경우에는 위원회에 국선대리인을 선임하여 줄 것을 신청할 수 있다.
② 위원회는 제1항의 신청에 따른 국선대리인 선정 여부에 대한 결정을 하고, 지체 없이 청구인에게 그 결과를 통지하여야 한다. 이 경우 위원회는 심판청구가 명백히 부적법하거나 이유 없는 경우 또는 권리의 남용이라고 인정되는 경우에는 국선대리인을 선정하지 아니할 수 있다.
③ 국선대리인 신청절차, 국선대리인 지원 요건, 국선대리인의 자격·보수 등 국선대리인 운영에 필요한 사항은 국회규칙, 대법원규칙, 헌법재판소규칙, 중앙선거관리위원회규칙 또는 대통령령으로 정한다.
[본조신설 2017. 10. 31.]

제19조(대표자 등의 자격)
① 대표자·관리인·선정대표자 또는 대리인의 자격은 서면으로 소명하여야 한다.
② 청구인이나 피청구인은 대표자·관리인·선정대표자 또는 대리인이 그 자격을 잃으면 그 사실을 서면으로 위원회에 신고하여야 한다. 이 경우 소명 자료를 함께 제출하여야 한다.

제20조(심판참가)
① 행정심판의 결과에 이해관계가 있는 제3자나 행정청은 해당 심판청구에 대한 제7조제6항 또는 제8조제7항에 따른 위원회나 소위원회의 의결이 있기 전까지 그 사건에 대하여 심판참가를 할 수 있다.
② 제1항에 따른 심판참가를 하려는 자는 참가의 취지와 이유를 적은 참가신청서를 위원회에 제출하여야 한다. 이 경우 당사자의 수만큼 참가신청서 부본을 함께 제출하여야 한다.
③ 위원회는 제2항에 따라 참가신청서를 받으면 참가신청서 부본을 당사자에게 송달하여야 한다.
④ 제3항의 경우 위원회는 기간을 정하여 당사자와 다른 참가인에게 제3자의 참가신청에 대한 의견을 제출하도록 할 수 있으며, 당사자와 다른 참가인이 그 기간에 의견을 제출하지 아니하면 의견이 없는 것으로 본다.
⑤ 위원회는 제2항에 따라 참가신청을 받으면 허가 여부를 결정하고, 지체 없이 신청인에게는 결정서 정본을, 당사자와 다른 참가인에게는 결정서 등본을 송달하여야 한다.
⑥ 신청인은 제5항에 따라 송달을 받은 날부터 7일 이내에 위원회에 이의신청을 할 수 있다.

제21조(심판참가의 요구) ① 위원회는 필요하다고 인정하면 그 행정심판 결과에 이해관계가 있는 제3자나 행정청에 그 사건 심판에 참가할 것을 요구할 수 있다.
② 제1항의 요구를 받은 제3자나 행정청은 지체 없이 그 사건 심판에 참가할 것인지 여부를 위원회에 통지하여야 한다.

제22조(참가인의 지위) ① 참가인은 행정심판 절차에서 당사자가 할 수 있는 심판절차상의 행위를 할 수 있다.
② 이 법에 따라 당사자가 위원회에 서류를 제출할 때에는 참가인의 수만큼 부본을 제출하여야 하고, 위원회가 당사자에게 통지를 하거나 서류를 송달할 때에는 참가인에게도 통지하거나 송달하여야 한다.
③ 참가인의 대리인 선임과 대표자 자격 및 서류 제출에 관하여는 제18조, 제19조 및 이 조 제2항을 준용한다.

제4장 행정심판 청구

제23조(심판청구서의 제출) ① 행정심판을 청구하려는 자는 제28조에 따라 심판청구서를 작성하여 피청구인이나 위원회에 제출하여야 한다. 이 경우 피청구인의 수만큼 심판청구서 부본을 함께 제출하여야 한다.
② 행정청이 제58조에 따른 고지를 하지 아니하거나 잘못 고지하여 청구인이 심판청구서를 다른 행정기관에 제출한 경우에는 그 행정기관은 그 심판청구서를 지체 없이 정당한 권한이 있는 피청구인에게 보내야 한다.
③ 제2항에 따라 심판청구서를 보낸 행정기관은 지체 없이 그 사실을 청구인에게 알려야 한다.
④ 제27조에 따른 심판청구 기간을 계산할 때에는 제1항에 따른 피청구인이나 위원회 또는 제2항에 따른 행정기관에 심판청구서가 제출되었을 때에 행정심판이 청구된 것으로 본다.

제24조(피청구인의 심판청구서 등의 접수·처리) ① 피청구인이 제23조제1항·제2항 또는 제26조제1항에 따라 심판청구서를 접수하거나 송부받으면 10일 이내에 심판청구서(제23조제1항·제2항의 경우만 해당된다)와 답변서를 위원회에 보내야 한다. 다만, 청구인이 심판청구를 취하한 경우에는 그러하지 아니하다.
② 제1항에도 불구하고 심판청구가 그 내용이 특정되지 아니하는 등 명백히 부적법하다고 판단되는 경우에 피청구인은 답변서를 위원회에 보내지 아니할 수 있다. 이 경우 심판청구서를 접수하거나 송부받은 날부터 10일 이내에 그 사유를 위원회에 문서로 통보하여야 한다. 〈신설 2023. 3. 21.〉
③ 제2항에도 불구하고 위원장이 심판청구에 대하여 답변서 제출을 요구하면 피청구인은 위원장으로부터 답변서 제출을 요구받은 날부터 10일 이내에 위원회에 답변서를 제출하여야 한다. 〈신설 2023. 3. 21.〉
④ 피청구인은 처분의 상대방이 아닌 제3자가 심판청구를 한 경우에는 지체 없이 처분의 상대방에게 그 사실을 알려야 한다. 이 경우 심판청구서 사본을 함께 송달하여야 한다. 〈개정 2023. 3. 21.〉
⑤ 피청구인이 제1항 본문에 따라 심판청구서를 보낼 때에는 심판청구서에 위원회가 표시되지 아니하였거나 잘못 표시된 경우에도 정당한 권한이 있는 위원회에 보내야 한다. 〈개정 2023. 3. 21.〉
⑥ 피청구인은 제1항 본문 또는 제3항에 따라 답변서를 보낼 때에는 청구인의 수만큼 답변서 부본을 함께 보내되, 답변서에는 다음 각 호의 사항을 명확하게 적어야 한다. 〈개정 2023. 3. 21.〉
  1. 처분이나 부작위의 근거와 이유
  2. 심판청구의 취지와 이유에 대응하는 답변
  3. 제4항에 해당하는 경우에는 처분의 상대방의 이름·주소·연락처와 제4항의 의무 이행 여부
⑦ 제4항과 제5항의 경우에 피청구인은 송부 사실을 지체 없이 청구인에게 알려야 한다. 〈개정 2023. 3. 21.〉
⑧ 중앙행정심판위원회에서 심리·재결하는 사건인 경우 피청구인은 제1항 또는 제3항에 따라 위원회에

심판청구서 또는 답변서를 보낼 때에는 소관 중앙행정기관의 장에게도 그 심판청구·답변의 내용을 알려야 한다. 〈개정 2023. 3. 21.〉

제25조(피청구인의 직권취소등) ① 제23조제1항·제2항 또는 제26조제1항에 따라 심판청구서를 받은 피청구인은 그 심판청구가 이유 있다고 인정하면 심판청구의 취지에 따라 직권으로 처분을 취소·변경하거나 확인을 하거나 신청에 따른 처분(이하 이 조에서 "직권취소등"이라 한다)을 할 수 있다. 이 경우 서면으로 청구인에게 알려야 한다.
② 피청구인은 제1항에 따라 직권취소등을 하였을 때에는 청구인이 심판청구를 취하한 경우가 아니면 제24조제1항 본문에 따라 심판청구서·답변서를 보내거나 같은 조 제3항에 따라 답변서를 보낼 때 직권취소등의 사실을 증명하는 서류를 위원회에 함께 제출하여야 한다. 〈개정 2023. 3. 21.〉

제26조(위원회의 심판청구서 등의 접수·처리) ① 위원회는 제23조제1항에 따라 심판청구서를 받으면 지체 없이 피청구인에게 심판청구서 부본을 보내야 한다.
② 위원회는 제24조제1항 본문 또는 제3항에 따라 피청구인으로부터 답변서가 제출된 경우 답변서 부본을 청구인에게 송달하여야 한다. 〈개정 2023. 3. 21.〉

제27조(심판청구의 기간) ① 행정심판은 처분이 있음을 알게 된 날부터 90일 이내에 청구하여야 한다.
② 청구인이 천재지변, 전쟁, 사변(事變), 그 밖의 불가항력으로 인하여 제1항에서 정한 기간에 심판청구를 할 수 없었을 때에는 그 사유가 소멸한 날부터 14일 이내에 행정심판을 청구할 수 있다. 다만, 국외에서 행정심판을 청구하는 경우에는 그 기간을 30일로 한다.
③ 행정심판은 처분이 있었던 날부터 180일이 지나면 청구하지 못한다. 다만, 정당한 사유가 있는 경우에는 그러하지 아니하다.
④ 제1항과 제2항의 기간은 불변기간(不變期間)으로 한다.
⑤ 행정청이 심판청구 기간을 제1항에 규정된 기간보다 긴 기간으로 잘못 알린 경우 그 잘못 알린 기간에 심판청구가 있으면 그 행정심판은 제1항에 규정된 기간에 청구된 것으로 본다.
⑥ 행정청이 심판청구 기간을 알리지 아니한 경우에는 제3항에 규정된 기간에 심판청구를 할 수 있다.
⑦ 제1항부터 제6항까지의 규정은 무효등확인심판청구와 부작위에 대한 의무이행심판청구에는 적용하지 아니한다.

제28조(심판청구의 방식) ① 심판청구는 서면으로 하여야 한다.
② 처분에 대한 심판청구의 경우에는 심판청구서에 다음 각 호의 사항이 포함되어야 한다.
  1. 청구인의 이름과 주소 또는 사무소(주소 또는 사무소 외의 장소에서 송달받기를 원하면 송달장소를 추가로 적어야 한다)
  2. 피청구인과 위원회
  3. 심판청구의 대상이 되는 처분의 내용
  4. 처분이 있음을 알게 된 날
  5. 심판청구의 취지와 이유
  6. 피청구인의 행정심판 고지 유무와 그 내용
③ 부작위에 대한 심판청구의 경우에는 제2항제1호·제2호·제5호의 사항과 그 부작위의 전제가 되는 신청의 내용과 날짜를 적어야 한다.
④ 청구인이 법인이거나 제14조에 따른 청구인 능력이 있는 법인이 아닌 사단 또는 재단이거나 행정심판이 선정대표자나 대리인에 의하여 청구되는 것일 때에는 제2항 또는 제3항의 사항과 함께 그 대표자·관리인·선정대표자 또는 대리인의 이름과 주소를 적어야 한다.
⑤ 심판청구서에는 청구인·대표자·관리인·선정대표자 또는 대리인이 서명하거나 날인하여야 한다.

제29조(청구의 변경) ① 청구인은 청구의 기초에 변경이 없는 범위에서 청구의 취지나 이유를 변경할 수 있다.
② 행정심판이 청구된 후에 피청구인이 새로운 처분

을 하거나 심판청구의 대상인 처분을 변경한 경우에는 청구인은 새로운 처분이나 변경된 처분에 맞추어 청구의 취지나 이유를 변경할 수 있다.
③ 제1항 또는 제2항에 따른 청구의 변경은 서면으로 신청하여야 한다. 이 경우 피청구인과 참가인의 수만큼 청구변경신청서 부본을 함께 제출하여야 한다.
④ 위원회는 제3항에 따른 청구변경신청서 부본을 피청구인과 참가인에게 송달하여야 한다.
⑤ 제4항의 경우 위원회는 기간을 정하여 피청구인과 참가인에게 청구변경 신청에 대한 의견을 제출하도록 할 수 있으며, 피청구인과 참가인이 그 기간에 의견을 제출하지 아니하면 의견이 없는 것으로 본다.
⑥ 위원회는 제1항 또는 제2항의 청구변경 신청에 대하여 허가할 것인지 여부를 결정하고, 지체 없이 신청인에게는 결정서 정본을, 당사자 및 참가인에게는 결정서 등본을 송달하여야 한다.
⑦ 신청인은 제6항에 따라 송달을 받은 날부터 7일 이내에 위원회에 이의신청을 할 수 있다.
⑧ 청구의 변경결정이 있으면 처음 행정심판이 청구되었을 때부터 변경된 청구의 취지나 이유로 행정심판이 청구된 것으로 본다.

제30조(집행정지)
① 심판청구는 처분의 효력이나 그 집행 또는 절차의 속행(續行)에 영향을 주지 아니한다.
② 위원회는 처분, 처분의 집행 또는 절차의 속행 때문에 중대한 손해가 생기는 것을 예방할 필요성이 긴급하다고 인정할 때에는 직권으로 또는 당사자의 신청에 의하여 처분의 효력, 처분의 집행 또는 절차의 속행의 전부 또는 일부의 정지(이하 "집행정지"라 한다)를 결정할 수 있다. 다만, 처분의 효력정지는 처분의 집행 또는 절차의 속행을 정지함으로써 그 목적을 달성할 수 있을 때에는 허용되지 아니한다.
③ 집행정지는 공공복리에 중대한 영향을 미칠 우려가 있을 때에는 허용되지 아니한다.
④ 위원회는 집행정지를 결정한 후에 집행정지가 공공복리에 중대한 영향을 미치거나 그 정지사유가 없어진 경우에는 직권으로 또는 당사자의 신청에 의하여 집행정지 결정을 취소할 수 있다.
⑤ 집행정지 신청은 심판청구와 동시에 또는 심판청구에 대한 제7조제6항 또는 제8조제7항에 따른 위원회나 소위원회의 의결이 있기 전까지, 집행정지 결정의 취소신청은 심판청구에 대한 제7조제6항 또는 제8조제7항에 따른 위원회나 소위원회의 의결이 있기 전까지 신청의 취지와 원인을 적은 서면을 위원회에 제출하여야 한다. 다만, 심판청구서를 피청구인에게 제출한 경우로서 심판청구와 동시에 집행정지 신청을 할 때에는 심판청구서 사본과 접수증명서를 함께 제출하여야 한다.
⑥ 제2항과 제4항에도 불구하고 위원회의 심리·결정을 기다릴 경우 중대한 손해가 생길 우려가 있다고 인정되면 위원장은 직권으로 위원회의 심리·결정을 갈음하는 결정을 할 수 있다. 이 경우 위원장은 지체 없이 위원회에 그 사실을 보고하고 추인(追認)을 받아야 하며, 위원회의 추인을 받지 못하면 위원장은 집행정지 또는 집행정지 취소에 관한 결정을 취소하여야 한다.
⑦ 위원회는 집행정지 또는 집행정지의 취소에 관하여 심리·결정하면 지체 없이 당사자에게 결정서 정본을 송달하여야 한다.

제31조(임시처분)
① 위원회는 처분 또는 부작위가 위법·부당하다고 상당히 의심되는 경우로서 처분 또는 부작위 때문에 당사자가 받을 우려가 있는 중대한 불이익이나 당사자에게 생길 급박한 위험을 막기 위하여 임시지위를 정하여야 할 필요가 있는 경우에는 직권으로 또는 당사자의 신청에 의하여 임시처분을 결정할 수 있다.
② 제1항에 따른 임시처분에 관하여는 제30조제3항부터 제7항까지를 준용한다. 이 경우 같은 조 제6항 전단 중 "중대한 손해가 생길 우려"는 "중대한 불이익이나 급박한 위험이 생길 우려"로 본다.
③ 제1항에 따른 임시처분은 제30조제2항에 따른 집행정지로 목적을 달성할 수 있는 경우에는 허용되지 아니한다.

제5장 심리

제32조(보정) ① 위원회는 심판청구가 적법하지 아니하나 보정(補正)할 수 있다고 인정하면 기간을 정하여 청구인에게 보정할 것을 요구할 수 있다. 다만, 경미한 사항은 직권으로 보정할 수 있다.
② 청구인은 제1항의 요구를 받으면 서면으로 보정하여야 한다. 이 경우 다른 당사자의 수만큼 보정서 부본을 함께 제출하여야 한다.
③ 위원회는 제2항에 따라 제출된 보정서 부본을 지체 없이 다른 당사자에게 송달하여야 한다.
④ 제1항에 따른 보정을 한 경우에는 처음부터 적법하게 행정심판이 청구된 것으로 본다.
⑤ 제1항에 따른 보정기간은 제45조에 따른 재결 기간에 산입하지 아니한다.
⑥ 위원회는 청구인이 제1항에 따른 보정기간 내에 그 흠을 보정하지 아니한 경우에는 그 심판청구를 각하할 수 있다. 〈신설 2023. 3. 21.〉

제32조의2(보정할 수 없는 심판청구의 각하) 위원회는 심판청구서에 타인을 비방하거나 모욕하는 내용 등이 기재되어 청구 내용을 특정할 수 없고 그 흠을 보정할 수 없다고 인정되는 경우에는 제32조제1항에 따른 보정요구 없이 그 심판청구를 각하할 수 있다.
[본조신설 2023. 3. 21.]

제33조(주장의 보충) ① 당사자는 심판청구서·보정서·답변서·참가신청서 등에서 주장한 사실을 보충하고 다른 당사자의 주장을 다시 반박하기 위하여 필요하면 위원회에 보충서면을 제출할 수 있다. 이 경우 다른 당사자의 수만큼 보충서면 부본을 함께 제출하여야 한다.
② 위원회는 필요하다고 인정하면 보충서면의 제출 기한을 정할 수 있다.
③ 위원회는 제1항에 따라 보충서면을 받으면 지체 없이 다른 당사자에게 그 부본을 송달하여야 한다.

제34조(증거서류 등의 제출) ① 당사자는 심판청구서·보정서·답변서·참가신청서·보충서면 등에 덧붙여 그 주장을 뒷받침하는 증거서류나 증거물을 제출할 수 있다.
② 제1항의 증거서류에는 다른 당사자의 수만큼 증거서류 부본을 함께 제출하여야 한다.
③ 위원회는 당사자가 제출한 증거서류의 부본을 지체 없이 다른 당사자에게 송달하여야 한다.

제35조(자료의 제출 요구 등) ① 위원회는 사건 심리에 필요하면 관계 행정기관이 보관 중인 관련 문서, 장부, 그 밖에 필요한 자료를 제출할 것을 요구할 수 있다.
② 위원회는 필요하다고 인정하면 사건과 관련된 법령을 주관하는 행정기관이나 그 밖의 관계 행정기관의 장 또는 그 소속 공무원에게 위원회 회의에 참석하여 의견을 진술할 것을 요구하거나 의견서를 제출할 것을 요구할 수 있다.
③ 관계 행정기관의 장은 특별한 사정이 없으면 제1항과 제2항에 따른 위원회의 요구에 따라야 한다.
④ 중앙행정심판위원회에서 심리·재결하는 심판청구의 경우 소관 중앙행정기관의 장은 의견서를 제출하거나 위원회에 출석하여 의견을 진술할 수 있다.

제36조(증거조사) ① 위원회는 사건을 심리하기 위하여 필요하면 직권으로 또는 당사자의 신청에 의하여 다음 각 호의 방법에 따라 증거조사를 할 수 있다.
1. 당사자나 관계인(관계 행정기관 소속 공무원을 포함한다. 이하 같다)을 위원회의 회의에 출석하게 하여 신문(訊問)하는 방법
2. 당사자나 관계인이 가지고 있는 문서·장부·물건 또는 그 밖의 증거자료의 제출을 요구하고 영치(領置)하는 방법
3. 특별한 학식과 경험을 가진 제3자에게 감정을 요구하는 방법
4. 당사자 또는 관계인의 주소·거소·사업장이나 그 밖의 필요한 장소에 출입하여 당사자 또는 관계인에게 질문하거나 서류·물건 등을 조사·검증하는 방법
② 위원회는 필요하면 위원회가 소속된 행정청의 직원이나 다른 행정기관에 촉탁하여 제1항의 증거조사를 하게 할 수 있다.

③ 제1항에 따른 증거조사를 수행하는 사람은 그 신분을 나타내는 증표를 지니고 이를 당사자나 관계인에게 내보여야 한다.
④ 제1항에 따른 당사자 등은 위원회의 조사나 요구 등에 성실하게 협조하여야 한다.

제37조(절차의 병합 또는 분리) 위원회는 필요하면 관련되는 심판청구를 병합하여 심리하거나 병합된 관련 청구를 분리하여 심리할 수 있다.

제38조(심리기일의 지정과 변경) ① 심리기일은 위원회가 직권으로 지정한다.
② 심리기일의 변경은 직권으로 또는 당사자의 신청에 의하여 한다.
③ 위원회는 심리기일이 변경되면 지체 없이 그 사실과 사유를 당사자에게 알려야 한다.
④ 심리기일의 통지나 심리기일 변경의 통지는 서면으로 하거나 심판청구서에 적힌 전화, 휴대전화를 이용한 문자전송, 팩시밀리 또는 전자우편 등 간편한 통지 방법(이하 "간이통지방법"이라 한다)으로 할 수 있다.

제39조(직권심리) 위원회는 필요하면 당사자가 주장하지 아니한 사실에 대하여도 심리할 수 있다.

제40조(심리의 방식) ① 행정심판의 심리는 구술심리나 서면심리로 한다. 다만, 당사자가 구술심리를 신청한 경우에는 서면심리만으로 결정할 수 있다고 인정되는 경우 외에는 구술심리를 하여야 한다.
② 위원회는 제1항 단서에 따라 구술심리 신청을 받으면 그 허가 여부를 결정하여 신청인에게 알려야 한다.
③ 제2항의 통지는 간이통지방법으로 할 수 있다.

제41조(발언 내용 등의 비공개) 위원회에서 위원이 발언한 내용이나 그 밖에 공개되면 위원회의 심리·재결의 공정성을 해칠 우려가 있는 사항으로서 대통령령으로 정하는 사항은 공개하지 아니한다.

제42조(심판청구 등의 취하) ① 청구인은 심판청구에 대하여 제7조제6항 또는 제8조제7항에 따른 의결이 있을 때까지 서면으로 심판청구를 취하할 수 있다.
② 참가인은 심판청구에 대하여 제7조제6항 또는 제8조제7항에 따른 의결이 있을 때까지 서면으로 참가신청을 취하할 수 있다.
③ 제1항 또는 제2항에 따른 취하서에는 청구인이나 참가인이 서명하거나 날인하여야 한다.
④ 청구인 또는 참가인은 취하서를 피청구인 또는 위원회에 제출하여야 한다. 이 경우 제23조제2항부터 제4항까지의 규정을 준용한다.
⑤ 피청구인 또는 위원회는 계속 중인 사건에 대하여 제1항 또는 제2항에 따른 취하서를 받으면 지체 없이 다른 관계 기관, 청구인, 참가인에게 취하 사실을 알려야 한다.

제6장 재결

제43조(재결의 구분) ① 위원회는 심판청구가 적법하지 아니하면 그 심판청구를 각하(却下)한다.
② 위원회는 심판청구가 이유가 없다고 인정하면 그 심판청구를 기각(棄却)한다.
③ 위원회는 취소심판의 청구가 이유가 있다고 인정하면 처분을 취소 또는 다른 처분으로 변경하거나 처분을 다른 처분으로 변경할 것을 피청구인에게 명한다.
④ 위원회는 무효등확인심판의 청구가 이유가 있다고 인정하면 처분의 효력 유무 또는 처분의 존재 여부를 확인한다.
⑤ 위원회는 의무이행심판의 청구가 이유가 있다고 인정하면 지체 없이 신청에 따른 처분을 하거나 처분을 할 것을 피청구인에게 명한다.

제43조의2(조정) ① 위원회는 당사자의 권리 및 권한의 범위에서 당사자의 동의를 받아 심판청구의 신속하고 공정한 해결을 위하여 조정을 할 수 있다. 다만, 그 조정이 공공복리에 적합하지 아니하거나 해당 처분의 성질에 반하는 경우에는 그러하지 아니하다.
② 위원회는 제1항의 조정을 함에 있어서 심판청구된 사건의 법적·사실적 상태와 당사자 및 이해관계자

의 이익 등 모든 사정을 참작하고, 조정의 이유와 취지를 설명하여야 한다.
③ 조정은 당사자가 합의한 사항을 조정서에 기재한 후 당사자가 서명 또는 날인하고 위원회가 이를 확인함으로써 성립한다.
④ 제3항에 따른 조정에 대하여는 제48조부터 제50조까지, 제50조의2, 제51조의 규정을 준용한다.
　[본조신설 2017. 10. 31.]

제44조(사정재결) ① 위원회는 심판청구가 이유가 있다고 인정하는 경우에도 이를 인용(認容)하는 것이 공공복리에 크게 위배된다고 인정하면 그 심판청구를 기각하는 재결을 할 수 있다. 이 경우 위원회는 재결의 주문(主文)에서 그 처분 또는 부작위가 위법하거나 부당하다는 것을 구체적으로 밝혀야 한다.
② 위원회는 제1항에 따른 재결을 할 때에는 청구인에 대하여 상당한 구제방법을 취하거나 상당한 구제방법을 취할 것을 피청구인에게 명할 수 있다.
③ 제1항과 제2항은 무효등확인심판에는 적용하지 아니한다.

제45조(재결 기간) ① 재결은 제23조에 따라 피청구인 또는 위원회가 심판청구서를 받은 날부터 60일 이내에 하여야 한다. 다만, 부득이한 사정이 있는 경우에는 위원장이 직권으로 30일을 연장할 수 있다.
② 위원장은 제1항 단서에 따라 재결 기간을 연장할 경우에는 재결 기간이 끝나기 7일 전까지 당사자에게 알려야 한다.

제46조(재결의 방식) ① 재결은 서면으로 한다.
② 제1항에 따른 재결서에는 다음 각 호의 사항이 포함되어야 한다.
　1. 사건번호와 사건명
　2. 당사자대표자 또는 대리인의 이름과 주소
　3. 주문
　4. 청구의 취지
　5. 이유
　6. 재결한 날짜
③ 재결서에 적는 이유에는 주문 내용이 정당하다는 것을 인정할 수 있는 정도의 판단을 표시하여야 한다.

제47조(재결의 범위) ① 위원회는 심판청구의 대상이 되는 처분 또는 부작위 외의 사항에 대하여는 재결하지 못한다.
② 위원회는 심판청구의 대상이 되는 처분보다 청구인에게 불리한 재결을 하지 못한다.

제48조(재결의 송달과 효력 발생) ① 위원회는 지체 없이 당사자에게 재결서의 정본을 송달하여야 한다. 이 경우 중앙행정심판위원회는 재결 결과를 소관 중앙행정기관의 장에게도 알려야 한다.
② 재결은 청구인에게 제1항 전단에 따라 송달되었을 때에 그 효력이 생긴다.
③ 위원회는 재결서의 등본을 지체 없이 참가인에게 송달하여야 한다.
④ 처분의 상대방이 아닌 제3자가 심판청구를 한 경우 위원회는 재결서의 등본을 지체 없이 피청구인을 거쳐 처분의 상대방에게 송달하여야 한다.

제49조(재결의 기속력 등) ① 심판청구를 인용하는 재결은 피청구인과 그 밖의 관계 행정청을 기속(羈束)한다.
② 재결에 의하여 취소되거나 무효 또는 부존재로 확인되는 처분이 당사자의 신청을 거부하는 것을 내용으로 하는 경우에는 그 처분을 한 행정청은 재결의 취지에 따라 다시 이전의 신청에 대한 처분을 하여야 한다. 〈신설 2017. 4. 18.〉
③ 당사자의 신청을 거부하거나 부작위로 방치한 처분의 이행을 명하는 재결이 있으면 행정청은 지체 없이 이전의 신청에 대하여 재결의 취지에 따라 처분을 하여야 한다. 〈개정 2017. 4. 18.〉
④ 신청에 따른 처분이 절차의 위법 또는 부당을 이유로 재결로써 취소된 경우에는 제2항을 준용한다. 〈개정 2017. 4. 18.〉
⑤ 법령의 규정에 따라 공고하거나 고시한 처분이 재결로써 취소되거나 변경되면 처분을 한 행정청은 지체 없이 그 처분이 취소 또는 변경되었다는 것을 공고하거나 고시하여야 한다. 〈개정 2017. 4. 18.〉

⑥ 법령의 규정에 따라 처분의 상대방 외의 이해관계인에게 통지된 처분이 재결로써 취소되거나 변경되면 처분을 한 행정청은 지체 없이 그 이해관계인에게 그 처분이 취소 또는 변경되었다는 것을 알려야 한다. 〈개정 2017. 4. 18.〉

제50조(위원회의 직접 처분) ① 위원회는 피청구인이 제49조제3항에도 불구하고 처분을 하지 아니하는 경우에는 당사자가 신청하면 기간을 정하여 서면으로 시정을 명하고 그 기간에 이행하지 아니하면 직접.

처분을 할 수 있다. 다만, 그 처분의 성질이나 그 밖의 불가피한 사유로 위원회가 직접 처분을 할 수 없는 경우에는 그러하지 아니하다. 〈개정 2017. 4. 18.〉

② 위원회는 제1항 본문에 따라 직접 처분을 하였을 때에는 그 사실을 해당 행정청에 통보하여야 하며, 그 통보를 받은 행정청은 위원회가 한 처분을 자기가 한 처분으로 보아 관계 법령에 따라 관리·감독 등 필요한 조치를 하여야 한다.

제50조의2(위원회의 간접강제) ① 위원회는 피청구인이 제49조제2항(제49조제4항에서 준용하는 경우를 포함한다) 또는 제3항에 따른 처분을 하지 아니하면 청구인의 신청에 의하여 결정으로 상당한 기간을 정하고 피청구인이 그 기간 내에 이행하지 아니하는 경우에는 그 지연기간에 따라 일정한 배상을 하도록 명하거나 즉시 배상을 할 것을 명할 수 있다.

② 위원회는 사정의 변경이 있는 경우에는 당사자의 신청에 의하여 제1항에 따른 결정의 내용을 변경할 수 있다.

③ 위원회는 제1항 또는 제2항에 따른 결정을 하기 전에 신청 상대방의 의견을 들어야 한다.

④ 청구인은 제1항 또는 제2항에 따른 결정에 불복하는 경우 그 결정에 대하여 행정소송을 제기할 수 있다.

⑤ 제1항 또는 제2항에 따른 결정의 효력은 피청구인인 행정청이 소속된 국가·지방자치단체 또는 공공단체에 미치며, 결정서 정본은 제4항에 따른 소송제기와 관계없이 「민사집행법」에 따른 강제집행에 관하여는 집행권원과 같은 효력을 가진다. 이 경우 집행문은 위원장의 명에 따라 위원회가 소속된 행정청 소속 공무원이 부여한다.

⑥ 간접강제 결정에 기초한 강제집행에 관하여 이 법에 특별한 규정이 없는 사항에 대하여는 「민사집행법」의 규정을 준용한다. 다만, 「민사집행법」 제33조(집행문부여의 소), 제34조(집행문부여 등에 관한 이의신청), 제44조(청구에 관한 이의의 소) 및 제45조(집행문부여에 대한 이의의 소)에서 관할 법원은 피청구인의 소재지를 관할하는 행정법원으로 한다.

[본조신설 2017. 4. 18.]

제51조(행정심판 재청구의 금지) 심판청구에 대한 재결이 있으면 그 재결 및 같은 처분 또는 부작위에 대하여 다시 행정심판을 청구할 수 없다.

제7장 전자정보처리조직을 통한 행정심판 절차의 수행

제52조(전자정보처리조직을 통한 심판청구 등) ① 이 법에 따른 행정심판 절차를 밟는 자는 심판청구서와 그 밖의 서류를 전자문서화하고 이를 정보통신망을 이용하여 위원회에서 지정·운영하는 전자정보처리조직(행정심판 절차에 필요한 전자문서를 작성·제출·송달할 수 있도록 하는 하드웨어, 소프트웨어, 데이터베이스, 네트워크, 보안요소 등을 결합하여 구축한 정보처리능력을 갖춘 전자적 장치를 말한다. 이하 같다)을 통하여 제출할 수 있다.

② 제1항에 따라 제출된 전자문서는 이 법에 따라 제출된 것으로 보며, 부본을 제출할 의무는 면제된다.

③ 제1항에 따라 제출된 전자문서는 그 문서를 제출한 사람이 정보통신망을 통하여 전자정보처리조직에서 제공하는 접수번호를 확인하였을 때에 전자정보처리조직에 기록된 내용으로 접수된 것으로 본다.

④ 전자정보처리조직을 통하여 접수된 심판청구의 경우 제27조에 따른 심판청구 기간을 계산할 때에는 제3항에 따른 접수가 되었을 때 행정심판이 청구된

것으로 본다.
⑤ 전자정보처리조직의 지정내용, 전자정보처리조직을 이용한 심판청구서 등의 접수와 처리 등에 관하여 필요한 사항은 국회규칙, 대법원규칙, 헌법재판소규칙, 중앙선거관리위원회규칙 또는 대통령령으로 정한다.

제53조(전자서명등) ① 위원회는 전자정보처리조직을 통하여 행정심판 절차를 밟으려는 자에게 본인(本人)임을 확인할 수 있는 「전자서명법」 제2조제2호에 따른 전자서명(서명자의 실지명의를 확인할 수 있는 것을 말한다)이나 그 밖의 인증(이하 이 조에서 "전자서명등"이라 한다)을 요구할 수 있다. 〈개정 2020. 6. 9.〉
② 제1항에 따라 전자서명등을 한 자는 이 법에 따른 서명 또는 날인을 한 것으로 본다.
③ 전자서명등에 필요한 사항은 국회규칙, 대법원규칙, 헌법재판소규칙, 중앙선거관리위원회규칙 또는 대통령령으로 정한다.

제54조(전자정보처리조직을 이용한 송달 등) ① 피청구인 또는 위원회는 제52조제1항에 따라 행정심판을 청구하거나 심판참가를 한 자에게 전자정보처리조직과 그와 연계된 정보통신망을 이용하여 재결서나 이 법에 따른 각종 서류를 송달할 수 있다. 다만, 청구인이나 참가인이 동의하지 아니하는 경우에는 그러하지 아니하다.
② 제1항 본문의 경우 위원회는 송달하여야 하는 재결서 등 서류를 전자정보처리조직에 입력하여 등재한 다음 그 등재 사실을 국회규칙, 대법원규칙, 헌법재판소규칙, 중앙선거관리위원회규칙 또는 대통령령으로 정하는 방법에 따라 전자우편 등으로 알려야 한다.
③ 제1항에 따른 전자정보처리조직을 이용한 서류 송달은 서면으로 한 것과 같은 효력을 가진다.
④ 제1항에 따른 서류의 송달은 청구인이 제2항에 따라 등재된 전자문서를 확인한 때에 전자정보처리조직에 기록된 내용으로 도달한 것으로 본다. 다만, 제2항에 따라 그 등재사실을 통지한 날부터 2주 이내(재결서 외의 서류는 7일 이내)에 확인하지 아니하였을 때에는 등재사실을 통지한 날부터 2주가 지난 날(재결서 외의 서류는 7일이 지난 날)에 도달한 것으로 본다.
⑤ 서면으로 심판청구 또는 심판참가를 한 자가 전자정보처리조직의 이용을 신청한 경우에는 제52조·제53조 및 이 조를 준용한다.
⑥ 위원회, 피청구인, 그 밖의 관계 행정기관 간의 서류의 송달 등에 관하여는 제52조·제53조 및 이 조를 준용한다.
⑦ 제1항 본문에 따른 송달의 방법이나 그 밖에 필요한 사항은 국회규칙, 대법원규칙, 헌법재판소규칙, 중앙선거관리위원회규칙 또는 대통령령으로 정한다.

제8장 보칙

제55조(증거서류 등의 반환) 위원회는 재결을 한 후 증거서류 등의 반환 신청을 받으면 신청인이 제출한 문서·장부·물건이나 그 밖의 증거자료의 원본(原本)을 지체 없이 제출자에게 반환하여야 한다.

제56조(주소 등 송달장소 변경의 신고의무) 당사자, 대리인, 참가인 등은 주소나 사무소 또는 송달장소를 바꾸면 그 사실을 바로 위원회에 서면으로 또는 전자정보처리조직을 통하여 신고하여야 한다. 제54조제2항에 따른 전자우편주소 등을 바꾼 경우에도 또한 같다.

제57조(서류의 송달) 이 법에 따른 서류의 송달에 관하여는 「민사소송법」 중 송달에 관한 규정을 준용한다.

제58조(행정심판의 고지) ① 행정청이 처분을 할 때에는 처분의 상대방에게 다음 각 호의 사항을 알려야 한다.
  1. 해당 처분에 대하여 행정심판을 청구할 수 있는지
  2. 행정심판을 청구하는 경우의 심판청구 절차 및 심판청구 기간
② 행정청은 이해관계인이 요구하면 다음 각 호의 사항을 지체 없이 알려 주어야 한다. 이 경우 서면으로

알려 줄 것을 요구받으면 서면으로 알려 주어야 한다.
1. 해당 처분이 행정심판의 대상이 되는 처분인지
2. 행정심판의 대상이 되는 경우 소관 위원회 및 심판청구 기간

제59조(불합리한 법령 등의 개선) ① 중앙행정심판위원회는 심판청구를 심리·재결할 때에 처분 또는 부작위의 근거가 되는 명령 등(대통령령·총리령·부령·훈령·예규·고시·조례·규칙 등을 말한다. 이하 같다)이 법령에 근거가 없거나 상위 법령에 위배되거나 국민에게 과도한 부담을 주는 등 크게 불합리하면 관계 행정기관에 그 명령 등의 개정·폐지 등 적절한 시정조치를 요청할 수 있다. 이 경우 중앙행정심판위원회는 시정조치를 요청한 사실을 법제처장에게 통보하여야 한다. 〈개정 2016. 3. 29.〉
② 제1항에 따른 요청을 받은 관계 행정기관은 정당한 사유가 없으면 이에 따라야 한다.

제60조(조사·지도 등) ① 중앙행정심판위원회는 행정청에 대하여 다음 각 호의 사항 등을 조사하고, 필요한 지도를 할 수 있다.
1. 위원회 운영 실태
2. 재결 이행 상황
3. 행정심판의 운영 현황

② 행정청은 이 법에 따른 행정심판을 거쳐 「행정소송법」에 따른 항고소송이 제기된 사건에 대하여 그 내용이나 결과 등 대통령령으로 정하는 사항을 반기마다 그 다음 달 15일까지 해당 심판청구에 대한 재결을 한 중앙행정심판위원회 또는 제6조제3항에 따라 시·도지사 소속으로 두는 행정심판위원회에 알려야 한다.
③ 제6조제3항에 따라 시·도지사 소속으로 두는 행정심판위원회는 중앙행정심판위원회가 요청하면 제2항에 따라 수집한 자료를 제출하여야 한다.

제61조(권한의 위임) 이 법에 따른 위원회의 권한 중 일부를 국회규칙, 대법원규칙, 헌법재판소규칙, 중앙선거관리위원회규칙 또는 대통령령으로 정하는 바에 따라 위원장에게 위임할 수 있다.

부칙 〈제19269호, 2023. 3. 21.〉

제1조(시행일) 이 법은 공포한 날부터 시행한다.

제2조(행정심판 청구 사건에 대한 적용례) 이 법은 이 법 시행 이후 청구되는 행정심판부터 적용한다.

제5장 비송사건절차법

비송사건절차법
[시행 2020. 8. 5.] [법률 제16912호, 2020. 2. 4., 타법개정]

제1편 총칙
〈개정 2013. 5. 28.〉

제1조(적용 범위) 이 편(編)의 규정은 법원의 관할에 속하는 비송사건(非訟事件, 이하 "사건"이라 한다) 중 이 법 또는 그 밖의 다른 법령에 특별한 규정이 있는 경우를 제외한 모든 사건에 적용한다.
[전문개정 2013. 5. 28.]

제2조(관할법원) ① 법원의 토지 관할이 주소에 의하여 정하여질 경우 대한민국에 주소가 없을 때 또는 대한민국 내의 주소를 알지 못할 때에는 거소지(居所地)의 지방법원이 사건을 관할한다.
② 거소가 없을 때 또는 거소를 알지 못할 때에는 마지막 주소지의 지방법원이 사건을 관할한다.
③ 마지막 주소가 없을 때 또는 그 주소를 알지 못할 때에는 재산이 있는 곳 또는 대법원이 있는 곳을 관할하는 지방법원이 사건을 관할한다.
[전문개정 2013. 5. 28.]

제3조(우선관할 및 이송) 관할법원이 여러 개인 경우에는 최초로 사건을 신청받은 법원이 그 사건을 관할한다. 이 경우 해당 법원은 신청에 의하여 또는 직권으로 적당하다고 인정하는 다른 관할법원에 그 사건을 이송할 수 있다.
[전문개정 2013. 5. 28.]

제4조(관할법원의 지정) ① 관할법원의 지정은 여러 개의 법원의 토지 관할에 관하여 의문이 있을 때에 한다.
② 관할법원의 지정은 관계 법원에 공통되는 바로 위 상급법원이 신청에 의하여 결정(決定)함으로써 한다. 이 결정에 대하여는 불복신청을 할 수 없다.
[전문개정 2013. 5. 28.]

제5조(법원 직원의 제척·기피) 사건에 관하여는 법원 직원의 제척(除斥) 또는 기피(忌避)에 관한 「민사소송법」의 규정을 준용한다.
[전문개정 2013. 5. 28.]

제6조(대리인) ① 사건의 관계인은 소송능력자로 하여금 소송행위를 대리(代理)하게 할 수 있다. 다만, 본인이 출석하도록 명령을 받은 경우에는 그러하지 아니하다.
② 법원은 변호사가 아닌 자로서 대리를 영업으로 하는 자의 대리를 금하고 퇴정(退廷)을 명할 수 있다. 이 명령에 대하여는 불복신청을 할 수 없다.
[전문개정 2013. 5. 28.]

제7조(대리권의 증명) ① 제6조에 따른 대리인에 관하여는 「민사소송법」 제89조를 준용한다.
② 대리인의 권한을 증명하는 사문서(私文書)에 관계 공무원 또는 공증인의 인증(認證)을 받아야 한다는 명령에 대하여는 불복신청을 할 수 없다.
[전문개정 2013. 5. 28.]

제8조(신청 및 진술의 방법) 신청 및 진술에 관하여는 「민사소송법」 제161조를 준용한다.
[전문개정 2013. 5. 28.]

제9조(신청서의 기재사항, 증거서류의 첨부) ① 신청서에는 다음 각 호의 사항을 적고 신청인이나 그 대리인이 기명날인하거나 서명하여야 한다. 〈개정 201

6. 1. 19.〉
1. 신청인의 성명과 주소
2. 대리인에 의하여 신청할 때에는 대리인의 성명과 주소
3. 신청의 취지와 그 원인이 되는 사실
4. 신청 연월일
5. 법원의 표시

② 증거서류가 있을 때에는 그 원본 또는 등본(謄本)을 신청서에 첨부하여야 한다.
[전문개정 2013. 5. 28.]

제10조(「민사소송법」의 준용) 사건에 관하여는 기일(期日), 기간, 소명(疎明) 방법, 인증(人證)과 감정(鑑定)에 관한 「민사소송법」의 규정을 준용한다.
[전문개정 2013. 5. 28.]

제11조(직권에 의한 탐지 및 증거조사) 법원은 직권으로 사실의 탐지와 필요하다고 인정하는 증거의 조사를 하여야 한다.
[전문개정 2013. 5. 28.]

제12조(촉탁할 수 있는 사항) 사실 탐지, 소환, 고지(告知), 재판의 집행에 관한 행위는 촉탁할 수 있다.
[전문개정 2013. 5. 28.]

제13조(심문의 비공개) 심문(審問)은 공개하지 아니한다. 다만, 법원은 심문을 공개함이 적정하다고 인정하는 자에게는 방청을 허가할 수 있다.
[전문개정 2013. 5. 28.]

제14조(조서의 작성) 법원서기관, 법원사무관, 법원주사 또는 법원주사보(이하 "법원사무관등"이라 한다)는 증인 또는 감정인(鑑定人)의 심문에 관하여는 조서(調書)를 작성하고, 그 밖의 심문에 관하여는 필요하다고 인정하는 경우에만 조서를 작성한다.
[전문개정 2013. 5. 28.]

제15조(검사의 의견 진술 및 심문 참여) ① 검사는 사건에 관하여 의견을 진술하고 심문에 참여할 수 있다.
② 사건 및 그에 관한 심문의 기일은 검사에게 통지하여야 한다.
[전문개정 2013. 5. 28.]

제16조(검사에 대한 통지) 법원, 그 밖의 관청, 검사와 공무원은 그 직무상 검사의 청구에 의하여 재판을 하여야 할 경우가 발생한 것을 알았을 때에는 그 사실을 관할법원에 대응한 검찰청 검사에게 통지하여야 한다.
[전문개정 2013. 5. 28.]

제17조(재판의 방식) ① 재판은 결정으로써 한다.
② 재판의 원본에는 판사가 서명날인하여야 한다. 다만, 신청서 또는 조서에 재판에 관한 사항을 적고 판사가 이에 서명날인함으로써 원본을 갈음할 수 있다.
③ 재판의 정본(正本)과 등본에는 법원사무관등이 기명날인하고, 정본에는 법원인(法院印)을 찍어야 한다.
④ 제2항에 따른 서명날인은 기명날인으로 갈음할 수 있다.
[전문개정 2013. 5. 28.]

제18조(재판의 고지) ① 재판은 이를 받은 자에게 고지함으로써 효력이 생긴다.
② 재판의 고지는 법원이 적당하다고 인정하는 방법으로 한다. 다만, 공시송달(公示送達)을 하는 경우에는 「민사소송법」의 규정에 따라야 한다.
③ 법원사무관등은 재판의 원본에 고지의 방법, 장소, 연월일을 부기(附記)하고 도장을 찍어야 한다.
[전문개정 2013. 5. 28.]

제19조(재판의 취소·변경) ① 법원은 재판을 한 후에 그 재판이 위법 또는 부당하다고 인정할 때에는 이를 취소하거나 변경할 수 있다.
② 신청에 의하여만 재판을 하여야 하는 경우에 신청을 각하(却下)한 재판은 신청에 의하지 아니하고는 취소하거나 변경할 수 없다.
③ 즉시항고(卽時抗告)로써 불복할 수 있는 재판은 취소하거나 변경할 수 없다.
[전문개정 2013. 5. 28.]

제20조(항고) ① 재판으로 인하여 권리를 침해당한 자는 그 재판에 대하여 항고할 수 있다.
② 신청에 의하여만 재판을 하여야 하는 경우에 신청을 각하한 재판에 대하여는 신청인만 항고할 수 있다.
 [전문개정 2013. 5. 28.]

제21조(항고의 효력) 항고는 특별한 규정이 있는 경우를 제외하고는 집행정지의 효력이 없다.
 [전문개정 2013. 5. 28.]

제22조(항고법원의 재판) 항고법원의 재판에는 이유를 붙여야 한다.
 [전문개정 2013. 5. 28.]

제23조(항고의 절차) 이 법에 따른 항고에 관하여는 특별한 규정이 있는 경우를 제외하고는 항고에 관한 「민사소송법」의 규정을 준용한다.
 [전문개정 2013. 5. 28.]

제24조(비용의 부담) 재판 전의 절차와 재판의 고지 비용은 부담할 자를 특별히 정한 경우를 제외하고는 사건의 신청인이 부담한다. 다만, 검사가 신청한 경우에는 국고에서 부담한다.
 [전문개정 2013. 5. 28.]

제25조(비용에 관한 재판) 법원은 제24조에 따른 비용에 관하여 재판을 할 필요가 있다고 인정할 때에는 그 금액을 확정하여 사건의 재판과 함께 하여야 한다.
 [전문개정 2013. 5. 28.]

제26조(관계인에 대한 비용 부담 명령) 법원은 특별한 사유가 있을 때에는 이 법에 따라 비용을 부담할 자가 아닌 관계인에게 비용의 전부 또는 일부의 부담을 명할 수 있다.
 [전문개정 2013. 5. 28.]

제27조(비용의 공동 부담) 비용을 부담할 자가 여럿인 경우에는 「민사소송법」 제102조를 준용한다.
 [전문개정 2013. 5. 28.]

제28조(비용의 재판에 대한 불복신청) 비용의 재판에 대하여는 그 부담의 명령을 받은 자만 불복신청을 할 수 있다. 이 경우 독립하여 불복신청을 할 수 없다.
 [전문개정 2013. 5. 28.]

제29조(비용 채권자의 강제집행) ① 비용의 채권자는 비용의 재판에 의하여 강제집행을 할 수 있다.
② 제1항에 따른 강제집행의 경우에는 「민사집행법」의 규정을 준용한다. 다만, 집행을 하기 전에 재판서의 송달은 하지 아니한다.
③ 비용의 재판에 대한 항고가 있을 때에는 「민사소송법」 제448조 및 제500조를 준용한다.
 [전문개정 2013. 5. 28.]

제30조(국고에 의한 비용의 체당) 직권으로 하는 탐지, 사실조사, 소환, 고지, 그 밖에 필요한 처분의 비용은 국고에서 체당(替當)하여야 한다.
 [전문개정 2013. 5. 28.]

제31조(신청의 정의) 이 편에서 "신청"이란 신청과 신고를 말한다.
 [전문개정 2013. 5. 28.]

제2편 민사(民事)비송사건
⟨개정 2013. 5. 28.⟩

제1장 법인에 관한 사건
⟨개정 2013. 5. 28.⟩

제32조(재단법인의 정관 보충 사건의 관할) ① 「민법」 제44조에 따른 사건은 법인설립자 사망 시의 주소지의 지방법원이 관할한다.
② 법인설립자의 주소가 국내에 없을 때에는 그 사망 시의 거소지 또는 법인설립지의 지방법원이 관할한다.
 [전문개정 2013. 5. 28.]

제33조(임시이사 또는 특별대리인의 선임, 법인의 해산·청산의 감독의 관할) ① 임시이사 또는 특별대리인의 선임(選任)은 법인의 주된 사무소 소재지의 지방

법원 합의부가 관할한다.

② 법인의 해산 및 청산에 대한 감독은 그 주된 사무소 소재지의 지방법원이 관할한다.

[전문개정 2013. 5. 28.]

제34조(임시총회 소집 사건에 관한 관할) ① 「민법」 제70조제3항에 따른 사건은 법인의 주된 사무소 소재지의 지방법원 합의부가 관할한다.

② 「민법」 제70조제3항에 따른 임시총회 소집의 허가신청과 그 사건의 재판에 관하여는 제80조 및 제81조를 각각 준용한다.

[전문개정 2013. 5. 28.]

제35조(법인에 대한 검사인의 선임) 법원은 특별히 선임한 자로 하여금 법인의 감독에 필요한 검사(檢査)를 하게 할 수 있다.

[전문개정 2013. 5. 28.]

제36조(청산인) 법인의 청산인(淸算人)에 관하여는 제117조제1항, 제119조 및 제121조를 준용한다.

[전문개정 2013. 5. 28.]

제37조(청산인 또는 검사인의 보수) 법원이 법인의 청산인 또는 제35조에 따라 검사할 자를 선임한 경우에는 제77조 및 제78조를 준용한다.

[전문개정 2013. 5. 28.]

제38조(감정인의 선임 비용 등) 「민법」 제91조제2항에 따른 감정인을 선임하는 경우에는 제124조 및 제125조를 준용한다.

[전문개정 2013. 5. 28.]

제2장 신탁에 관한 사건
〈개정 2013. 5. 28.〉

제39조(관할법원) ① 「신탁법」에 따른 사건(이하 "신탁사건"이라 한다)은 특별한 규정이 있는 경우를 제외하고는 수탁자의 보통재판적이 있는 곳의 지방법원이 관할한다.

② 수탁자의 임무가 종료된 후 신수탁자(新受託者)의 임무가 시작되기 전에는 전수탁자(前受託者)의 보통재판적이 있는 곳의 지방법원이 신탁사건을 관할한다.

③ 수탁자 또는 전수탁자가 여럿인 경우에는 그 중 1인의 보통재판적이 있는 곳의 지방법원이 신탁사건을 관할한다.

④ 「신탁법」 제21조제3항에 따른 사건은 유언자 사망 시 주소지의 지방법원이 관할한다.

⑤ 제1항부터 제4항까지의 규정에 따른 관할법원이 없는 경우에는 신탁재산이 있는 곳(채권의 경우에는 재판상의 청구를 할 수 있는 곳을 그 재산이 있는 곳으로 본다)의 지방법원이 신탁사건을 관할한다.

⑥ 제1항부터 제3항까지 및 제5항에도 불구하고 「신탁법」 제18조제1항제1호 및 제2호에 따른 신탁재산관리인의 선임에 관한 사건은 다음 각 호의 구분에 따른 법원이 관할한다.

1. 「신탁법」 제18조제1항제1호에 따른 신탁재산관리인의 선임에 관한 사건: 「가사소송법」 제2조제1항제2호가목37) 및 제44조에 따라 해당 상속재산관리인의 선임사건을 관할하는 법원
2. 「신탁법」 제18조제1항제2호에 따른 신탁재산관리인의 선임에 관한 사건: 「채무자 회생 및 파산에 관한 법률」 제3조에 따라 해당 파산선고를 관할하는 법원

[전문개정 2013. 5. 28.]

제40조(부정한 목적으로 신탁선언에 의하여 설정된 신탁의 종료 재판) ① 「신탁법」 제3조제3항에 따른 청구에 의한 재판을 하는 경우 법원은 수탁자의 의견을 들어야 한다.

② 제1항에 따른 청구에 대한 재판은 이유를 붙인 결정으로써 하여야 한다.

③ 제1항에 따른 청구에 대한 재판은 수탁자와 수익자에게 고지하여야 한다.

④ 제1항에 따른 청구를 인용(認容)하는 재판에 대하여는 수탁자 또는 수익자가 즉시항고를 할 수 있다. 이 경우 즉시항고는 집행정지의 효력이 있다.

⑤ 제1항에 따른 청구를 기각(棄却)하는 재판에 대하여는 그 청구를 한 자가 즉시항고를 할 수 있다.

[전문개정 2013. 5. 28.]

제41조(수탁자 사임허가의 재판) ① 수탁자가 「신탁법」 제14조제2항에 따른 사임허가의 재판을 신청하는 경우에는 그 사유를 소명하여야 한다.
② 제1항에 따른 신청에 대한 재판에 대하여는 불복신청을 할 수 없다.

[전문개정 2013. 5. 28.]

제42조(수탁자 해임의 재판) ① 「신탁법」 제16조제3항에 따른 수탁자 해임 청구에 대한 재판을 하는 경우 법원은 수탁자를 심문하여야 한다.
② 제1항에 따른 재판은 이유를 붙인 결정으로써 하여야 한다.
③ 제1항에 따른 재판은 위탁자, 수탁자 및 수익자에게 고지하여야 한다.
④ 제1항에 따른 재판에 대하여는 위탁자, 수탁자 또는 수익자가 즉시항고를 할 수 있다.

[전문개정 2013. 5. 28.]

제43조(신탁재산관리인 선임의 재판) ① 수탁자와 수익자 간의 이해가 상반되어 수탁자가 신탁사무를 수행하는 것이 적절하지 아니하다는 이유로 「신탁법」 제17조제1항에 따라 신탁재산관리인을 선임하는 재판을 하는 경우 법원은 수익자와 수탁자의 의견을 들어야 한다.
② 제1항에 따른 재판은 이유를 붙인 결정으로써 하여야 한다.
③ 제1항에 따른 재판은 수익자와 수탁자에게 고지하여야 한다.
④ 제1항에 따른 재판에 대하여는 수익자 또는 수탁자가 즉시항고를 할 수 있다.

[전문개정 2013. 5. 28.]

제44조(신탁재산관리인 선임의 재판) ① 다음 각 호의 어느 하나에 해당하는 재판을 하는 경우 법원은 이해관계인의 의견을 들을 수 있다.
  1. 「신탁법」 제17조제1항에 따른 신탁재산관리인 선임의 재판(수탁자의 임무가 종료되었음을 이유로 하는 재판만 해당한다)
  2. 「신탁법」 제18조제1항에 따른 필수적 신탁재산관리인 선임의 재판
  3. 「신탁법」 제19조제4항에 따른 새로운 신탁재산관리인 선임의 재판

② 제1항에 따른 재판에 대하여는 불복신청을 할 수 없다.

[전문개정 2013. 5. 28.]

제44조의2(신탁재산관리인의 보수 결정 재판) ① 「신탁법」 제17조제6항 및 제18조제3항에 따른 신탁재산관리인의 보수를 정하는 재판을 하는 경우 법원은 수익자 또는 수탁자가 여럿인 경우의 다른 수탁자의 의견을 들어야 한다.
② 제1항에 따른 재판은 수익자와 수탁자가 여럿인 경우의 다른 수탁자에게 고지하여야 한다.
③ 제1항에 따른 재판에 대하여는 수익자 또는 수탁자가 여럿인 경우의 다른 수탁자가 즉시항고를 할 수 있다.

[본조신설 2013. 5. 28.]

제44조의3(신탁재산관리인 사임허가 및 해임의 재판)
① 신탁재산관리인이 「신탁법」 제19조제2항에 따른 사임허가의 재판을 신청하는 경우에는 그 사유를 소명하여야 한다.
② 「신탁법」 제19조제3항에 따라 신탁재산관리인을 해임하는 재판을 하는 경우 법원은 이해관계인의 의견을 들을 수 있다.
③ 제1항 및 제2항에 따른 재판에 대하여는 불복신청을 할 수 없다.

[본조신설 2013. 5. 28.]

제44조의4(신수탁자 선임의 재판) ① 「신탁법」 제21조제2항에 따라 신수탁자의 선임을 청구하는 경우에는 그 사유를 소명하여야 한다.
② 제1항에 따른 청구에 대한 재판을 하는 경우 법원은 이해관계인의 의견을 들을 수 있다.
③ 제1항에 따른 청구에 대한 재판은 위탁자, 수익자 및 수탁자가 여럿인 경우의 다른 수탁자에게 고지하여야 한다.

④ 제1항에 따른 청구에 대한 재판에 대하여는 위탁자, 수익자 또는 수탁자가 여럿인 경우의 다른 수탁자가 즉시항고를 할 수 있다.
　　[본조신설 2013. 5. 28.]

제44조의5(유언신탁의 신수탁자 선임 재판) ① 「신탁법」 제21조제3항에 따라 신수탁자를 선임하는 재판을 하는 경우에는 제44조의4제1항 및 제2항을 준용한다.
② 제1항에 따른 재판에 대하여는 불복신청을 할 수 없다.
　　[본조신설 2013. 5. 28.]

제44조의6(신수탁자의 보수 결정 재판) 「신탁법」 제21조제4항에 따른 신수탁자의 보수를 정하는 재판을 하는 경우 그 절차에 관하여는 제44조의2를 준용한다.
　　[본조신설 2013. 5. 28.]

제44조의7(신탁재산의 첨부로 인한 귀속의 결정) ① 「신탁법」 제28조 단서에 따라 가공(加工)으로 인하여 생긴 물건을 원재료 소유자에게 귀속시키는 재판은 위탁자, 수탁자(신탁재산관리인이 선임된 경우에는 신탁재산관리인을 말한다. 이하 이 조에서 같다) 또는 수익자가 신청할 수 있다. 이 경우 수탁자가 여럿일 때에는 수탁자 각자가 신청할 수 있다.
② 제1항에 따른 신청에 대한 재판의 경우 법원은 위탁자, 수탁자 및 수익자의 의견을 들어야 한다.
③ 제1항에 따른 신청에 대한 재판은 이유를 붙인 결정으로써 하여야 한다.
④ 제1항에 따른 신청에 대한 재판은 위탁자, 수익자 및 수탁자에게 고지하여야 한다. 수탁자가 여럿일 때에는 수탁자 각자에게 고지하여야 한다.
⑤ 제1항에 따른 신청에 대한 재판에 대하여는 위탁자, 수익자 또는 수탁자(수탁자가 가공한 경우에는 다른 수탁자에 한한다)가 즉시항고를 할 수 있다. 이 경우 수탁자가 여럿일 때에는 수탁자 각자가 즉시항고를 할 수 있다.
　　[본조신설 2013. 5. 28.]

제44조의8(이익에 반하는 행위에 대한 법원의 허가) ① 수탁자가 「신탁법」 제34조제2항제3호에 따른 이익에 반하는 행위의 허가를 신청하는 경우에는 그 사유를 소명하여야 한다.
② 제1항에 따른 신청에 대한 재판을 하는 경우 법원은 다른 수탁자(신탁재산관리인이 선임된 경우에는 신탁재산관리인을 말한다. 이하 이 조에서 같다) 및 수익자의 의견을 들어야 한다.
③ 제1항에 따른 신청에 대한 재판은 이유를 붙인 결정으로써 하여야 한다.
④ 제1항에 따른 신청에 대한 재판은 다른 수탁자와 수익자에게 고지하여야 한다.
⑤ 제1항에 따른 신청에 대한 재판에 대하여는 다른 수탁자 또는 수익자가 즉시항고를 할 수 있다. 이 경우 즉시항고는 집행정지의 효력이 있다.
　　[본조신설 2013. 5. 28.]

제44조의9(신탁관리인 선임의 재판) ① 「신탁법」 제67조제1항·제2항 또는 제70조제6항에 따른 신탁관리인 선임의 재판을 하는 경우 법원은 이해관계인의 의견을 들을 수 있다.
② 제1항에 따른 재판에 대하여는 불복신청을 할 수 없다.
　　[본조신설 2013. 5. 28.]

제44조의10(신탁관리인의 보수 결정 재판) ① 「신탁법」 제67조제4항에 따른 신탁관리인의 보수를 정하는 재판을 하는 경우 법원은 수탁자(신탁재산관리인이 선임된 경우에는 신탁재산관리인을 말한다. 이하 이 조에서 같다)의 의견을 들어야 한다.
② 제1항에 따른 재판은 수탁자에게 고지하여야 한다.
③ 제1항에 따른 재판에 대하여는 수탁자가 즉시항고를 할 수 있다.
　　[본조신설 2013. 5. 28.]

제44조의11(신탁관리인 사임허가 및 해임의 재판) ① 신탁관리인이 「신탁법」 제70조제2항에 따른 사임허가의 재판을 신청하는 경우에는 그 사유를 소명하여

야 한다.
② 「신탁법」 제70조제4항에 따라 신탁관리인을 해임하는 재판을 하는 경우 법원은 이해관계인의 의견을 들을 수 있다.
③ 제1항 및 제2항에 따른 재판에 대하여는 불복신청을 할 수 없다.
[본조신설 2013. 5. 28.]

제44조의12(수익자집회 소집허가의 재판) ① 「신탁법」 제72조제4항에 따른 수익자집회 소집의 허가를 신청하는 경우에는 수탁자가 수익자집회의 소집을 게을리한 사실을 소명하여야 한다.
② 제1항에 따른 신청은 서면으로 하여야 한다.
③ 「신탁법」 제72조제4항에 따른 수익자집회 소집의 허가신청과 그 사건의 재판에 관하여는 제81조를 준용한다.
[본조신설 2013. 5. 28.]

제44조의13(신탁사채에 관한 사건) 수탁자가 「신탁법」 제87조제1항에 따라 사채(社債)를 발행한 경우에 관하여는 다음 각 호의 구분에 따른 규정을 준용한다.
  1. 사채모집을 위탁받은 회사의 사임허가 신청과 해임청구 및 그 회사의 사무승계자 선임청구에 대한 재판: 제110조
  2. 사채권자집회의 소집 허가신청: 제112조
  3. 사채권자집회의 결의 인가청구: 제113조
  4. 사채모집을 위탁받은 회사, 대표자 또는 집행자에게 줄 보수와 그 사무처리에 필요한 비용의 신탁재산 부담 허가신청: 제114조
[본조신설 2013. 5. 28.]

제44조의14(신탁변경의 재판) ① 「신탁법」 제88조제3항에 따른 신탁변경의 재판은 서면으로 신청하여야 한다.
② 제1항에 따른 신청에 대한 재판을 하는 경우 법원은 위탁자, 수탁자 및 수익자의 의견을 들어야 한다.
③ 제1항에 따른 신청에 대한 재판은 이유를 붙인 결정으로써 하여야 한다.

④ 제1항에 따른 신청에 대한 재판은 위탁자, 수탁자 및 수익자에게 고지하여야 한다.
⑤ 제1항에 따른 신청에 대한 재판에 대하여는 위탁자, 수탁자 또는 수익자가 즉시항고를 할 수 있다. 이 경우 즉시항고는 집행정지의 효력이 있다.
[본조신설 2013. 5. 28.]

제44조의15(수익권 매수가액의 결정) ① 「신탁법」 제89조제4항, 제91조제3항 또는 제95조제3항에 따른 매수가액 결정의 청구는 서면으로 하여야 한다.
② 제1항에 따른 청구에 대한 재판을 하는 경우 법원은 수탁자와 매수청구를 한 수익자의 의견을 들어야 한다.
③ 제1항에 따른 청구에 대한 재판은 이유를 붙인 결정으로써 하여야 한다.
④ 제1항에 따른 청구에 대한 재판은 수탁자와 매수청구를 한 수익자에게 고지하여야 한다.
⑤ 제1항에 따른 청구에 대한 재판에 대하여는 수탁자 또는 매수청구를 한 수익자가 즉시항고를 할 수 있다. 이 경우 즉시항고는 집행정지의 효력이 있다.
[본조신설 2013. 5. 28.]

제44조의16(사정변경에 의한 신탁종료의 재판) ① 「신탁법」 제100조에 따른 청구에 대한 재판을 하는 경우 법원은 위탁자, 수탁자 및 수익자의 의견을 들어야 한다.
② 제1항에 따른 청구에 대한 재판은 이유를 붙인 결정으로써 하여야 한다.
③ 제1항에 따른 청구에 대한 재판은 위탁자, 수탁자 및 수익자에게 고지하여야 한다.
④ 제1항에 따른 청구에 대한 재판에 대하여는 위탁자, 수탁자 또는 수익자가 즉시항고를 할 수 있다. 이 경우 즉시항고는 집행정지의 효력이 있다.
[본조신설 2013. 5. 28.]

제44조의17(검사인 선임의 재판) ① 「신탁법」 제105조제2항에 따른 검사인(檢査人)의 선임 청구는 서면으로 하여야 한다.
② 제1항에 따른 청구서에는 제9조제1항 각 호의 기

재사항 외에 검사 목적을 적어야 한다.
③ 제1항에 따른 청구에 대한 재판에 대하여는 불복신청을 할 수 없다.
　　[본조신설 2013. 5. 28.]

제44조의18(검사인의 보수) ① 법원은 「신탁법」 제105조제2항에 따라 검사인을 선임한 경우 신탁재산에서 검사인의 보수를 지급하게 할 수 있다.
② 제1항에 따라 검사인의 보수를 정하는 재판을 하는 경우 법원은 수탁자의 의견을 들어야 한다.
③ 제1항에 따른 재판은 수탁자에게 고지하여야 한다.
④ 제1항에 따른 재판에 대하여는 수탁자가 즉시항고를 할 수 있다.
　　[본조신설 2013. 5. 28.]

제44조의19(검사인의 보고) ① 「신탁법」 제105조제2항에 따라 선임된 검사인은 법원에 검사 결과를 서면으로 보고하여야 한다.
② 법원은 검사에 관한 설명이 필요할 때에는 「신탁법」 제105조제2항에 따라 선임된 검사인을 심문할 수 있다.
③ 법원은 제1항에 따른 검사 결과에 따라 수탁자에게 시정을 명할 수 있다.
④ 수탁자는 제3항에 따른 명령을 받은 즉시 그 사실을 수익자에게 알려야 한다.
⑤ 제3항에 따른 명령에 대하여는 불복신청을 할 수 없다.
　　[본조신설 2013. 5. 28.]

제44조의20(유한책임신탁에 관한 신탁사건의 신청) ① 「신탁법」 제114조제1항에 따른 유한책임신탁에 관한 신탁사건의 신청은 서면으로 하여야 한다.
② 제1항에 따른 신청서에는 제9조제1항 각 호의 기재사항 외에 유한책임신탁의 명칭, 수탁자의 성명이나 명칭 또는 「신탁법」 제114조제2항제4호에 따른 신탁사무처리지를 적어야 한다.
　　[본조신설 2013. 5. 28.]

제44조의21(청산수탁자의 변제허가) 「신탁법」 제133조제1항에 따른 청산수탁자가 같은 법 제135조제2항에 따른 변제허가의 신청을 할 때에는 그 사유를 소명하여야 한다.
　　[본조신설 2013. 5. 28.]

제44조의22(감정인 선임의 절차와 비용) ① 「신탁법」 제136조제4항에 따른 감정인 선임의 재판에 대하여는 불복신청을 할 수 없다.
② 「신탁법」 제136조제4항에 따른 감정인 선임절차에 드는 비용은 같은 법 제133조제1항에 따른 청산수탁자가 부담한다. 감정인의 소환 및 심문 비용의 경우에도 또한 같다.
　　[본조신설 2013. 5. 28.]

제44조의23(신탁관리인의 권한) 「신탁법」 제67조제1항 또는 제2항에 따라 신탁관리인이 선임된 경우 이 장(章)의 규정을 적용할 때에는 신탁관리인을 수익자로 본다.
　　[본조신설 2013. 5. 28.]

제44조의24(법원의 감독) ① 법원은 신탁사건의 감독을 위하여 필요하다고 인정할 때에는 이해관계인의 신청에 의하여 또는 직권으로 재산목록, 신탁사무에 관한 장부와 서류의 제출을 명하고, 신탁사무 처리에 관하여 수탁자와 그 밖의 관계인을 심문할 수 있다.
② 제1항에 따른 신청은 서면으로 하여야 한다.
③ 제1항에 따른 재판에 대하여는 불복신청을 할 수 없다.
　　[본조신설 2013. 5. 28.]

제3장 재판상의 대위에 관한 사건
〈개정 2013. 5. 28.〉

제45조(재판상 대위의 신청) 채권자는 자기 채권의 기한 전에 채무자의 권리를 행사하지 아니하면 그 채권을 보전할 수 없거나 보전하는 데에 곤란이 생길 우려가 있을 때에는 재판상의 대위(代位)를 신청할 수 있다.
　　[전문개정 2013. 5. 28.]

제46조(관할법원) 재판상의 대위는 채무자의 보통재판적이 있는 곳의 지방법원이 관할한다.

[전문개정 2013. 5. 28.]

제47조(대위신청의 기재사항) 대위의 신청에는 제9조제1항 각 호의 기재사항 외에 다음 각 호의 사항을 적어야 한다.
1. 채무자와 제3채무자의 성명과 주소
2. 신청인이 보전하려는 채권 및 그가 행사하려는 권리의 표시

[전문개정 2013. 5. 28.]

제48조(대위신청의 허가) 법원은 대위의 신청이 이유있다고 인정한 경우에는 담보를 제공하게 하거나 제공하게 하지 아니하고 허가할 수 있다.

[전문개정 2013. 5. 28.]

제49조(재판의 고지) ① 대위의 신청을 허가한 재판은 직권으로 채무자에게 고지하여야 한다.
② 제1항에 따른 고지를 받은 채무자는 그 권리를 처분할 수 없다.

[전문개정 2013. 5. 28.]

제50조(즉시항고) ① 대위의 신청을 각하한 재판에 대하여는 즉시항고를 할 수 있다.
② 대위의 신청을 허가한 재판에 대하여는 채무자가 즉시항고를 할 수 있다.
③ 제1항 및 제2항에 따른 항고의 기간은 채무자가 재판의 고지를 받은 날부터 기산(起算)한다.

[전문개정 2013. 5. 28.]

제51조(항고 비용의 부담) 항고절차의 비용과 항고인이 부담하게 된 전심(前審)의 비용에 대하여는 신청인과 항고인을 당사자로 보고 「민사소송법」 제98조에 따라 부담할 자를 정한다.

[전문개정 2013. 5. 28.]

제52조(심리의 공개 및 검사의 불참여) 이 장의 규정에 따른 절차에 관하여는 제13조 및 제15조를 적용하지 아니한다.

[전문개정 2013. 5. 28.]

제4장 보존·공탁·보관과 감정에 관한 사건 〈개정 2013. 5. 28.〉

제53조(공탁소의 지정 및 공탁물보관인의 선임) ① 「민법」 제488조제2항에 따른 공탁소의 지정 및 공탁물보관인의 선임은 채무이행지의 지방법원이 관할한다.
② 법원은 제1항에 따른 지정 및 선임에 관한 재판을 하기 전에 채권자와 변제자를 심문하여야 한다.
③ 법원이 제1항에 따른 지정 및 선임을 한 경우에 그 절차의 비용은 채권자가 부담한다.

[전문개정 2013. 5. 28.]

제54조(공탁물보관인의 의무) 제53조에 따른 공탁물보관인의 의무에 관하여는 「민법」 제694조부터 제697조까지 및 제700조를 준용한다. 다만, 「민법」 제696조에 따른 통지는 변제자에게 하여야 한다.

[전문개정 2013. 5. 28.]

제54조의2(공탁물보관인의 사임허가 등) ① 법원은 제53조에 따른 공탁물보관인의 사임을 허가하거나 공탁물보관인을 해임할 수 있다. 공탁물보관인의 사임을 허가하는 경우 법원은 다시 공탁물보관인을 선임하여야 한다.
② 공탁물보관인의 사임허가 절차에 관하여는 제44조의11제1항을 준용한다.

[본조신설 2013. 5. 28.]

제55조(경매 대가의 공탁) 「민법」 제490조에 따른 법원의 허가에 관하여는 제53조를 준용한다.

[전문개정 2013. 5. 28.]

제56조(질물에 의한 변제충당의 허가) ① 「민법」 제338조제2항에 따라 질물(質物)로 직접 변제에 충당할 것을 청구하는 경우에는 제53조제1항 및 제2항을 준용한다.
② 법원이 제1항에 따른 청구를 허가한 경우에는 그 절차의 비용은 질권설정자가 부담한다.

[전문개정 2013. 5. 28.]

제57조(환매권 대위 행사 시의 감정인 선임) ① 「민법」 제593조에 따른 감정인의 선임·소환 및 심문은 물건 소재지의 지방법원이 관할한다.
② 법원이 제1항에 따른 선임을 한 경우에는 그 절차의 비용은 매수인이 부담한다.
[전문개정 2013. 5. 28.]

제58조(검사의 불참여) 이 장의 규정에 따른 절차에 관하여는 제15조를 적용하지 아니한다.
[전문개정 2013. 5. 28.]

제59조(불복신청의 금지) 이 장의 규정에 따라 지정 또는 선임을 하거나 허가를 한 재판에 대하여는 불복신청을 할 수 없다.
[전문개정 2013. 5. 28.]

제5장 법인의 등기
〈개정 2013. 5. 28.〉

제60조(관할등기소) ① 법인등기에 관하여는 법인의 사무소 소재지를 관할하는 지방법원, 그 지원 또는 등기소를 관할등기소로 한다.
② 대한민국에 사무소를 둔 외국법인의 등기에 관하여는 제1항을 준용한다.
[전문개정 2013. 5. 28.]

제61조 삭제 〈2007. 7. 27.〉

제62조(이사·청산인의 등기) 법인의 이사 또는 청산인의 등기를 할 때에는 그 주민등록번호도 등기하여야 한다.
[전문개정 2013. 5. 28.]

제63조(설립등기의 신청) ① 법인설립의 등기는 법인을 대표할 사람이 신청한다.
② 제1항에 따른 등기의 신청서에는 다음 각 호의 서류를 첨부하여야 한다.
  1. 법인의 정관
  2. 이사의 자격을 증명하는 서면
  3. 주무관청의 허가서 또는 그 인증이 있는 등본
  4. 재산목록

[전문개정 2013. 5. 28.]

제64조(변경의 등기) ① 법인 사무소의 신설·이전, 그 밖의 등기사항의 변경등기 신청서에는 사무소의 신설·이전 또는 등기사항의 변경을 증명하는 서면을 첨부하되, 주무관청의 허가가 필요한 사항은 그 허가서 또는 그 인증이 있는 등본을 첨부하여야 한다.
② 임시이사가 제1항에 따른 등기를 신청하는 경우에는 신청서에 그 자격을 증명하는 서면을 첨부하여야 한다.
[전문개정 2013. 5. 28.]

제65조(해산의 등기) 법인의 해산등기 신청서에는 해산의 사유를 증명하는 서면을 첨부하고, 이사가 청산인으로 된 경우를 제외하고는 청산인의 자격을 증명하는 서면을 첨부하여야 한다.
[전문개정 2013. 5. 28.]

제65조의2(등기사항의 공고) 등기한 사항의 공고는 신문에 한 차례 이상 하여야 한다.
[전문개정 2013. 5. 28.]

제65조의3(등기사항을 공고할 신문의 선정) ① 지방법원장은 매년 12월에 다음 해에 등기사항의 공고를 게재할 신문을 관할구역의 신문 중에서 선정하고, 일간신문에 이를 공고하여야 한다.
② 공고를 게재할 신문이 휴간되거나 폐간되었을 때에는 다시 다른 신문을 선정하여 제1항과 같은 방법으로 공고하여야 한다.
[전문개정 2013. 5. 28.]

제65조의4(신문 공고를 갈음하는 게시) 지방법원장은 그 관할구역에 공고를 게재할 적당한 신문이 없다고 인정할 때에는 신문에 게재하는 공고를 갈음하여 등기소와 그 관할구역의 시·군·구의 게시판에 공고할 수 있다.
[전문개정 2013. 5. 28.]

제66조(「상업등기법」의 준용) ① 법인과 대한민국에 사무소를 둔 외국법인의 등기에 관하여는 「상업등기법」 제3조, 제5조부터 제10조까지, 제11조제2항·

제3항, 제12조부터 제22조까지, 제24조, 제25조, 제26조제1호부터 제12호까지 및 제14호·제17호, 제28조, 제75조부터 제80조까지, 제82조부터 제86조까지, 제87조제1항, 제88조, 제89조 및 제91조를 준용한다. 다만, 임시이사의 등기신청에 관하여는 「상업등기법」 제25조제1항 및 제2항을 준용하지 아니한다.
② 법인의 등기에 관하여는 「상업등기법」 제54조부터 제60조까지 및 제81조를 준용한다.
③ 대한민국에 사무소를 둔 외국법인의 등기에 관하여는 「상업등기법」 제23조제3항을 준용한다.
[전문개정 2014. 5. 20.]

제67조(법인등기 규정의 특수법인등기에의 적용 등)
① 이 법 중 법인의 등기에 관한 규정은 「민법」 및 「상법」 외의 법령에 따라 설립된 법인의 등기에 대하여도 적용한다. 다만, 그 법령에 특별한 규정이 있거나 성질상 허용되지 아니하는 경우에는 그러하지 아니하다.
② 제1항에 규정된 법인의 업무에 관하여 재판상 또는 재판 외의 모든 행위를 할 수 있는 대리인에 관하여는 「상업등기법」 제16조 및 제17조 중 지배인에 관한 규정과 같은 법의 회사의 지배인등기에 관한 규정을 준용한다. 〈개정 2014. 5. 20.〉
[전문개정 2013. 5. 28.]

제6장 부부재산 약정의 등기
〈개정 2013. 5. 28.〉

제68조(관할등기소) 부부재산 약정(約定)의 등기에 관하여는 남편이 될 사람의 주소지를 관할하는 지방법원, 그 지원 또는 등기소를 관할등기소로 한다.
[전문개정 2013. 5. 28.]

제69조 삭제 〈2011. 4. 12.〉

제70조(부부재산 약정에 관한 등기신청인) 부부재산 약정에 관한 등기는 약정자 양쪽이 신청한다. 다만, 부부 어느 한쪽의 사망으로 인한 부부재산 약정 소멸의 등기는 다른 한쪽이 신청한다.
[전문개정 2013. 5. 28.]

제71조(「부동산등기법」의 준용) 부부재산 약정의 등기에는 「부동산등기법」 제2조제1호부터 제3호까지, 제6조, 제8조부터 제13조까지, 제14조제2항부터 제4항까지, 제16조부터 제20조까지, 제22조, 제24조제1항제1호 및 같은 조 제2항, 제29조제1호부터 제5호까지 및 제8호부터 제10호까지, 제31조부터 제33조까지, 제58조, 제100조부터 제109조까지, 제109조의2제1항·제3항(제1항에 관련된 부분만 해당한다) 및 제113조를 준용한다.
〈개정 2020. 2. 4.〉 [전문개정 2013. 5. 28.]

제3편 상사(商事)비송사건
〈개정 2013. 5. 28.〉
제1장 회사와 경매에 관한 사건
〈개정 2013. 5. 28.〉

제72조(관할) ① 「상법」 제176조, 제306조, 제335조의5, 제366조제2항, 제374조의2제4항, 제386조제2항, 제432조제2항, 제443조제1항 단서와 그 준용규정에 따른 사건 및 같은 법 제277조제2항, 제298조, 제299조, 제299조의2, 제300조, 제310조제1항, 제391조의3제4항, 제417조, 제422조, 제467조, 제582조, 제607조제3항에 따른 사건은 본점 소재지의 지방법원 합의부가 관할한다.
② 「상법」 제239조제3항과 그 준용규정에 따른 사건은 합병무효의 소(訴)에 관한 제1심 수소법원(受訴法院)이 관할한다.
③ 「상법」 제619조에 따른 사건은 폐쇄를 명하게 될 외국회사 영업소 소재지의 지방법원이 관할한다.
④ 「상법」 제600조제1항에 따른 사건은 합병 후 존속하는 회사 또는 합병으로 인하여 설립되는 회사 본점 소재지의 지방법원이 관할한다.
⑤ 「상법」 제70조제1항 및 제808조제1항에 관한 사건은 경매할 물건 소재지의 지방법원이 관할한다.

⑥ 「상법」 제394조제2항에 관한 사건은 같은 법 제403조에 따른 사건의 관할법원이 관할한다.
[전문개정 2013. 5. 28.]

제73조(검사인 선임신청의 방식) ① 검사인의 선임신청은 서면으로 하여야 한다.
② 제1항에 따른 신청서에는 다음 각 호의 사항을 적고 신청인이 기명날인하여야 한다.
1. 신청의 사유
2. 검사의 목적
3. 신청 연월일
4. 법원의 표시
[전문개정 2013. 5. 28.]

제74조(검사인의 보고) ① 검사인의 보고는 서면으로 하여야 한다.
② 법원은 검사에 관한 설명이 필요할 때에는 검사인을 심문할 수 있다.
[전문개정 2013. 5. 28.]

제75조(변태설립사항의 변경에 관한 재판) ① 「상법」 제300조에 따른 변태설립사항의 변경에 관한 재판은 이유를 붙인 결정으로써 하여야 한다.
② 법원은 재판을 하기 전에 발기인과 이사의 진술을 들어야 한다.
③ 발기인과 이사는 제1항에 따른 재판에 대하여 즉시항고를 할 수 있다.
[전문개정 2013. 5. 28.]

제76조(검사인 선임의 재판) 「상법」 제467조제1항에 따른 검사인의 선임에 관한 재판을 하는 경우 법원은 이사와 감사의 진술을 들어야 한다.
[전문개정 2013. 5. 28.]

제77조(검사인의 보수) 법원은 「상법」 제298조, 제310조제1항, 제422조제1항 또는 제467조제1항에 따라 검사인을 선임한 경우 회사로 하여금 검사인에게 보수를 지급하게 할 수 있다. 이 경우 그 보수액은 이사와 감사의 의견을 들어 법원이 정한다.
[전문개정 2013. 5. 28.]

제78조(즉시항고) 제76조 및 제77조에 따른 재판에 대하여는 즉시항고를 할 수 있다.
[전문개정 2013. 5. 28.]

제79조(업무·재산상태의 검사를 위한 총회 소집) 법원은 「상법」 제467조에 따른 검사를 할 때에 주주총회의 소집이 필요하다고 인정하면 일정 기간 내에 그 소집을 할 것을 명하여야 한다.
[전문개정 2013. 5. 28.]

제80조(업무·재산상태의 검사 및 총회소집 허가의 신청) ① 「상법」 제277조제2항에 따른 검사의 허가를 신청하는 경우에는 검사를 필요로 하는 사유를 소명하고, 같은 법 제366조제2항에 따른 총회 소집의 허가를 신청하는 경우에는 이사가 그 소집을 게을리한 사실을 소명하여야 한다.
② 제1항에 따른 신청은 서면으로 하여야 한다.
[전문개정 2013. 5. 28.]

제81조(업무·재산상태의 검사 등의 신청에 대한 재판) ① 제80조에 따른 신청에 대하여는 법원은 이유를 붙인 결정으로써 재판을 하여야 한다.
② 신청을 인용한 재판에 대하여는 불복신청을 할 수 없다.
[전문개정 2013. 5. 28.]

제82조(납입금의 보관자 등의 변경 허가신청) 「상법」 제306조(「상법」 제425조제1항 및 제516조의9제4항에서 준용하는 경우를 포함한다)에 따른 허가의 신청은 그 사유를 소명하고 발기인 또는 이사가 공동으로 하여야 한다.
[전문개정 2013. 5. 28.]

제83조(단주 매각의 허가신청) 「상법」 제443조제1항 단서(「상법」 제461조제2항 및 제530조제3항에서 준용하는 경우를 포함한다)에 따른 허가의 신청에 관하여는 제82조를 준용한다.
[전문개정 2013. 5. 28.]

제84조(직무대행자 선임의 재판) ① 「상법」 제386조제2항(「상법」 제415조에서 준용하는 경우를 포함한

다)에 따른 직무대행자 선임에 관한 재판을 하는 경우 법원은 이사와 감사의 진술을 들어야 한다.
② 제1항의 경우에는 제77조, 제78조 및 제81조를 준용한다.
 [전문개정 2013. 5. 28.]

제84조의2(소송상 대표자 선임의 재판) ① 「상법」 제394조제2항에 따른 소송상 대표자 선임에 관한 재판을 하는 경우 법원은 이사 또는 감사위원회의 진술을 들어야 한다.
② 제1항의 경우에는 제81조를 준용한다.
 [전문개정 2013. 5. 28.]

제85조(직무대행자의 상무 외 행위의 허가신청) ① 「상법」 제408조제1항 단서에 따른 상무(常務) 외 행위의 허가신청은 직무대행자가 하여야 한다.
② 신청을 인용한 재판에 대하여는 즉시항고를 할 수 있다. 이 경우 항고기간은 직무대행자가 재판의 고지를 받은 날부터 기산한다.
③ 제2항에 따른 항고는 집행정지의 효력이 있다.
 [전문개정 2013. 5. 28.]

제86조(주식의 액면 미달 발행의 인가신청 등) ① 「상법」 제417조에 따른 주식의 액면 미달 발행의 인가신청은 서면으로 하여야 한다.
② 제1항에 따른 신청에 대한 재판은 이유를 붙인 결정으로써 하여야 한다.
③ 법원은 재판을 하기 전에 이사의 진술을 들어야 한다.
④ 제2항에 따른 재판에 대하여는 즉시항고를 할 수 있다.
⑤ 제4항에 따른 항고는 집행정지의 효력이 있다.
 [전문개정 2013. 5. 28.]

제86조의2(주식매도가액 및 주식매수가액 결정의 재판) ① 법원은 「상법」 제335조의5 및 그 준용규정에 따른 주식매도가액의 결정 또는 같은 법 제374조의2제4항 및 그 준용규정에 따른 주식매수가액의 결정에 관한 재판을 하기 전에 주주와 매도청구인 또는 주주와 이사의 진술을 들어야 한다.

② 여러 건의 신청사건이 동시에 계속(係屬) 중일 때에는 심문과 재판을 병합하여야 한다.
③ 제1항에 따른 재판에 관하여는 제86조제1항·제2항·제4항 및 제5항을 준용한다.
 [전문개정 2013. 5. 28.]

제87조 삭제 〈2013. 5. 28.〉

제88조(신주의 발행 무효로 인하여 신주의 주주가 받을 금액의 증감 신청) ① 「상법」 제432조제2항에 따른 신청은 신주발행 무효 판결이 확정된 날부터 6개월 내에 하여야 한다.
② 심문은 제1항에 따른 기간이 경과한 후에만 할 수 있다.
③ 여러 건의 신청사건이 동시에 계속 중일 때에는 심문과 재판을 병합하여야 한다.
④ 법원은 제1항에 따른 신청을 받으면 지체 없이 그 사실을 관보에 공고하여야 한다.
 [전문개정 2013. 5. 28.]

제89조(제88조의 신청에 대한 재판의 효력) ① 제88조제1항에 따른 신청에 대한 재판은 총주주(總株主)에 대하여 효력이 있다.
② 제1항에 따른 재판에 관하여는 제75조제1항, 제76조, 제78조 및 제85조제3항을 준용한다.
 [전문개정 2013. 5. 28.]

제90조(해산을 명하는 재판) ① 「상법」 제176조제1항에 따른 재판에 관하여는 제75조제1항을 준용한다.
② 법원은 재판을 하기 전에 이해관계인의 진술과 검사의 의견을 들어야 한다.
 [전문개정 2013. 5. 28.]

제91조(즉시항고) 회사, 이해관계인 및 검사는 제90조에 따른 재판에 대하여 즉시항고를 할 수 있다. 이 경우 항고는 집행정지의 효력이 있다.
 [전문개정 2013. 5. 28.]

제92조(해산명령신청의 공고와 그 방법) 「상법」 제176조제1항에 따른 해산명령의 신청이 있는 경우에는 제88조제4항을 준용한다.

[전문개정 2013. 5. 28.]

제93조(해산재판의 확정과 등기촉탁) 회사의 해산을 명한 재판이 확정되면 법원은 회사의 본점과 지점 소재지의 등기소에 그 등기를 촉탁하여야 한다.
[전문개정 2013. 5. 28.]

제94조(해산명령 전의 회사재산 보전에 필요한 처분)
① 「상법」 제176조제2항에 따라 관리인의 선임, 그 밖에 회사재산의 보전에 필요한 처분을 하는 경우에는 제44조의9, 제77조 및 제78조를 준용한다.
② 제1항에 따른 관리인에 관하여는 「민법」 제681조, 제684조, 제685조 및 제688조를 준용한다.
[전문개정 2013. 5. 28.]

제94조의2(관리인의 사임허가 등) ① 법원은 제94조에 따른 관리인의 사임을 허가하거나 관리인을 해임할 수 있다. 관리인의 사임을 허가하는 경우 법원은 다시 관리인을 선임하여야 한다.
② 관리인의 사임허가 또는 해임 절차에 관하여는 제44조의11을 준용한다.
[본조신설 2013. 5. 28.]

제95조(회사관리인의 회사 재산상태 보고 등) ① 법원은 그 선임한 관리인에게 재산상태를 보고하고 관리계산(管理計算)을 할 것을 명할 수 있다. 이 재판에 대하여는 불복신청을 할 수 없다.
② 이해관계인은 제1항에 따른 보고와 계산에 관한 서류의 열람을 신청하거나 수수료를 내고 그 등본의 발급을 신청할 수 있다.
③ 검사는 제2항에 따른 서류를 열람할 수 있다.
[전문개정 2013. 5. 28.]

제96조(비용의 부담) ① 법원이 「상법」 제176조제2항에 따라 직권으로 재판을 하였거나 신청에 상응한 재판을 한 경우에는 재판 전의 절차와 재판의 고지 비용은 회사가 부담한다. 법원이 명한 처분에 필요한 비용도 또한 같다.
② 법원이 항고인의 신청에 상응한 재판을 한 경우에는 항고절차의 비용과 항고인이 부담하게 된 전심의 비용은 회사가 부담한다.

[전문개정 2013. 5. 28.]

제97조(해산명령 청구자의 담보제공) 「상법」 제176조제3항에 따라 제공할 담보에 관하여는 「민사소송법」 제120조제1항 및 제121조부터 제126조까지의 규정을 준용한다.
[전문개정 2013. 5. 28.]

제98조(설립 무효판결의 확정과 등기촉탁) 회사 설립을 무효로 하는 판결이 확정되면 제1심 수소법원은 회사의 본점과 지점 소재지의 등기소에 그 등기를 촉탁하여야 한다.
[전문개정 2013. 5. 28.]

제99조(합병 등의 무효판결의 확정과 등기촉탁) 회사의 합병, 주식회사의 분할 또는 분할합병을 무효로 하는 판결이 확정된 경우에는 제98조를 준용한다.
[전문개정 2013. 5. 28.]

제100조(합병회사의 채무부담부분 결정의 재판) 「상법」 제239조제3항(「상법」 제269조 및 제530조제2항에서 준용하는 경우를 포함한다)에 따른 재판에 관하여는 제75조제1항, 제78조 및 제85조제3항을 준용한다.
[전문개정 2013. 5. 28.]

제101조(유한회사와 외국회사 영업소 폐쇄에의 준용)
① 유한회사에 관하여는 제76조부터 제81조까지, 제83조, 제84조, 제84조의2, 제85조, 제88조, 제89조 및 제100조를 준용한다.
② 외국회사 영업소의 폐쇄를 명하는 경우에는 제90조부터 제94조까지, 제94조의2 및 제95조부터 제97조까지의 규정을 준용한다.
[전문개정 2013. 5. 28.]

제102조(지분압류채권자의 보전청구) ① 「상법」 제224조제1항 단서(「상법」 제269조에서 준용하는 경우를 포함한다)에 따른 예고를 한 채권자는 회사의 본점 소재지의 지방법원 합의부에 지분환급청구권의 보전(保全)에 필요한 처분을 할 것을 청구할 수 있다.

② 제1항에 따른 청구에 대한 재판에 관하여는 제75조제1항 및 제78조를 준용한다.
[전문개정 2013. 5. 28.]

제103조 삭제 〈2013. 5. 28.〉

제104조(유한회사와 주식회사의 합병 인가신청) 「상법」 제600조제1항에 따른 합병의 인가신청은 합병을 할 회사의 이사와 감사가 공동으로 신청하여야 한다.
[전문개정 2013. 5. 28.]

제105조(유한회사의 조직 변경 인가신청) 「상법」 제607조제3항에 따른 인가신청을 하는 경우에는 제104조를 준용한다.
[전문개정 2013. 5. 28.]

제106조(유한회사의 합병 인가신청 등에 관한 재판) 제104조 및 제105조에 따른 신청이 있는 경우에는 제81조를 준용한다.
[전문개정 2013. 5. 28.]

제107조(그 밖의 등기촉탁을 할 경우) 다음 각 호의 어느 하나에 해당하는 경우에는 제1심 수소법원은 회사의 본점과 지점 소재지의 등기소에 그 등기를 촉탁하여야 한다.
1. 회사 청산인의 해임 재판이 있는 경우
2. 합명회사, 합자회사 또는 유한회사의 설립을 취소하는 판결이 확정된 경우
3. 합명회사 또는 합자회사의 사원 제명(除名) 또는 그 업무집행권한이나 대표권 상실의 판결이 확정된 경우
4. 주식회사의 이사·감사·대표이사 또는 청산인이나 유한회사의 이사·감사 또는 청산인의 직무를 일시적으로 맡아 할 사람을 선임한 경우
5. 주식회사의 이사 또는 감사나 유한회사 이사의 해임 판결이 확정된 경우
6. 주식회사의 창립총회 또는 주주총회나 유한회사의 사원총회가 결의한 사항이 등기된 경우에 결의취소·결의무효확인·결의부존재확인(決議不存在確認) 또는 부당결의의 취소나 변경의 판결이 확정된 경우
7. 주식회사의 신주 발행 또는 자본 감소의 무효 판결이 확정된 경우
8. 주식회사의 주식 교환 또는 이전(移轉)의 무효 판결이 확정된 경우
9. 유한회사의 자본 증가 또는 자본 감소의 무효 판결이 확정된 경우
[전문개정 2013. 5. 28.]

제108조(등기촉탁서의 첨부서면) 이 법에 따라 법원이 회사의 본점과 지점 소재지의 등기소에 등기를 촉탁할 때에는 촉탁서에 재판의 등본을 첨부하여야 한다.
[전문개정 2013. 5. 28.]

제2장 사채에 관한 사건
〈개정 2013. 5. 28.〉

제109조(관할법원) 「상법」 제439조제3항(그 준용규정을 포함한다), 제481조, 제482조, 제483조제2항, 제491조제3항, 제496조 및 제507조제1항에 따른 사건은 사채를 발행한 회사의 본점 소재지의 지방법원 합의부가 관할한다.
[전문개정 2013. 5. 28.]

제110조(사채모집의 수탁회사에 관한 재판) ① 「상법」 제481조에 따른 허가신청, 같은 법 제482조에 따른 해임청구 또는 같은 법 제483조제2항에 따른 선임청구에 대한 재판은 이해관계인의 의견을 들은 후 이유를 붙인 결정으로써 하여야 한다.
② 신청 및 청구를 인용한 재판에 대하여는 불복신청을 할 수 없다.
③ 신청 및 청구를 인용하지 아니한 재판에 대하여는 즉시항고를 할 수 있다.
[전문개정 2013. 5. 28.]

제111조 삭제 〈2013. 5. 28.〉

제112조(사채권자집회의 소집 허가신청) 「상법」 제491조제3항에 따른 허가신청에 관하여는 제80조 및

제81조를 준용한다.
[전문개정 2013. 5. 28.]

제113조(사채권자집회의 결의 인가청구) ① 「상법」 제496조에 따른 결의의 인가를 청구하는 경우에는 의사록(議事錄)을 제출하여야 한다.
② 제1항에 따른 청구가 있는 경우에는 제78조, 제85조제3항 및 제110조제1항을 준용한다.
[전문개정 2013. 5. 28.]

제114조(사채모집 위탁의 보수 등 부담 허가신청) ① 「상법」 제507조제1항에 따른 허가신청은 사채모집을 위탁받은 회사, 대표자 또는 집행자가 하여야 한다.
② 제1항에 따른 신청이 있는 경우에는 제113조제2항을 준용한다.
[전문개정 2013. 5. 28.]

제115조(사채권자 이의기간 연장의 신청) 「상법」 제439조제3항(「상법」 제530조제2항에서 준용하는 경우를 포함한다)에 따른 기간의 연장 허가신청이 있는 경우에는 제110조를 준용한다.
[전문개정 2013. 5. 28.]

제116조(검사의 불참여) 이 장의 절차에 관하여는 제15조를 적용하지 아니한다.
[전문개정 2013. 5. 28.]

제3장 회사의 청산에 관한 사건
〈개정 2013. 5. 28.〉

제117조(관할법원) ① 합명회사와 합자회사의 청산에 관한 사건은 회사의 본점 소재지의 지방법원이 관할한다.
② 주식회사와 유한회사의 청산에 관한 사건은 회사의 본점 소재지의 지방법원 합의부가 관할한다.
[전문개정 2013. 5. 28.]

제118조(법원의 감독) ① 회사의 청산은 법원의 감독을 받는다.
② 법원은 회사의 업무를 감독하는 관청에 의견의 진술을 요청하거나 조사를 촉탁할 수 있다.
③ 회사의 업무를 감독하는 관청은 법원에 그 회사의 청산에 관한 의견을 진술할 수 있다.
[전문개정 2013. 5. 28.]

제119조(청산인의 선임·해임 등의 재판) 청산인의 선임 또는 해임의 재판에 대하여는 불복신청을 할 수 없다.
[전문개정 2013. 5. 28.]

제120조(청산인의 업무대행자) 주식회사와 유한회사의 청산인에 관하여는 제84조 및 제85조를 준용한다.
[전문개정 2013. 5. 28.]

제121조(청산인의 결격사유) 다음 각 호의 어느 하나에 해당하는 자는 청산인으로 선임될 수 없다. 〈개정 2020. 6. 9.〉
1. 미성년자
2. 피성년후견인
3. 자격이 정지되거나 상실된 자
4. 법원에서 해임된 청산인
5. 파산선고를 받은 자
[전문개정 2013. 5. 28.]

제122조 삭제 〈2013. 5. 28.〉

제123조(청산인의 보수) 법원이 청산인을 선임한 경우에는 제77조 및 제78조를 준용한다.
[전문개정 2013. 5. 28.]

제124조(감정인의 선임 비용) 법원이 「상법」 제259조제4항 또는 그 준용규정에 따른 감정인을 선임한 경우 그 비용은 회사가 부담한다. 감정인의 소환 및 심문 비용의 경우에도 또한 같다.
[전문개정 2013. 5. 28.]

제125조(감정인 선임의 절차 및 재판) 제124조에 따른 감정인의 선임 절차와 재판에 관하여는 제58조 및 제59조를 준용한다.
[전문개정 2013. 5. 28.]

제126조(청산인의 변제 허가신청) 「상법」 제536조제

2항 또는 그 준용규정에 따른 허가의 신청에 관하여는 제81조제1항 및 제82조를 준용한다.

　[전문개정 2013. 5. 28.]

제127조(서류 보존인 선임의 재판) 「상법」 제541조제2항 또는 그 준용규정에 따른 서류 보존인 선임의 재판에 대하여는 불복신청을 할 수 없다.

　[전문개정 2013. 5. 28.]

제128조(외국회사의 영업소 폐쇄 시의 청산절차) 「상법」 제620조에 따른 청산에 관하여는 그 성질상 허용되지 아니하는 경우를 제외하고는 이 장의 규정을 준용한다.

　[전문개정 2013. 5. 28.]

제4장 삭제 〈2007. 7. 27.〉
제1절 삭제 〈2007. 7. 27.〉

제129조 삭제 〈2007. 7. 27.〉

제130조 삭제 〈2007. 7. 27.〉

제131조 삭제 〈2007. 7. 27.〉

제132조 삭제 〈2007. 7. 27.〉

제133조 삭제 〈1996. 12. 30.〉

제134조 삭제 〈1996. 12. 30.〉

제135조 삭제 〈1996. 12. 30.〉

제2절 삭제 〈2007. 7. 27.〉

제136조 삭제 〈2007. 7. 27.〉

제137조 삭제 〈2007. 7. 27.〉

제138조 삭제 〈2007. 7. 27.〉

제139조 삭제 〈2007. 7. 27.〉

제140조 삭제 〈2007. 7. 27.〉

제141조 삭제 〈2007. 7. 27.〉

제142조 삭제 〈2007. 7. 27.〉

제143조 삭제 〈2007. 7. 27.〉

제144조 삭제 〈2007. 7. 27.〉

제145조 삭제 〈2007. 7. 27.〉

제146조 삭제 〈2007. 7. 27.〉

제3절 삭제 〈2007. 7. 27.〉
제1관 삭제 〈2007. 7. 27.〉

제147조 삭제 〈2007. 7. 27.〉

제148조 삭제 〈2007. 7. 27.〉

제149조 삭제 〈2007. 7. 27.〉

제150조 삭제 〈2007. 7. 27.〉

제151조 삭제 〈2007. 7. 27.〉

제152조 삭제 〈2007. 7. 27.〉

제153조 삭제 〈2007. 7. 27.〉

제154조 삭제 〈2007. 7. 27.〉

제155조 삭제 〈2007. 7. 27.〉

제156조 삭제 〈2007. 7. 27.〉

제157조 삭제 〈2007. 7. 27.〉

제158조 삭제 〈2007. 7. 27.〉

제159조 삭제 〈2007. 7. 27.〉

제160조 삭제 〈2007. 7. 27.〉

제161조 삭제 〈2007. 7. 27.〉

제162조 삭제 〈2007. 7. 27.〉

제163조 삭제 〈2007. 7. 27.〉

제2관 삭제 〈2007. 7. 27.〉

제164조 삭제 〈2007. 7. 27.〉

제165조 삭제 〈2007. 7. 27.〉

제166조 삭제 〈2007. 7. 27.〉

제167조 삭제 〈2007. 7. 27.〉

제168조 삭제 〈2007. 7. 27.〉

제169조 삭제 〈2007. 7. 27.〉

제170조 삭제 〈2007. 7. 27.〉

제171조 삭제 〈2007. 7. 27.〉

제172조 삭제 〈2007. 7. 27.〉

제3관 삭제 〈2007. 7. 27.〉

제173조 삭제 〈2007. 7. 27.〉

제174조 삭제 〈2007. 7. 27.〉

제175조 삭제 〈2007. 7. 27.〉

제176조 삭제 〈2007. 7. 27.〉

제177조 삭제 〈2007. 7. 27.〉

제178조 삭제 〈2007. 7. 27.〉

제4관 삭제 〈2007. 7. 27.〉

제179조 삭제 〈2007. 7. 27.〉

제180조 삭제 〈2007. 7. 27.〉

제181조 삭제 〈2007. 7. 27.〉

제5관 삭제 〈2007. 7. 27.〉

제182조 삭제 〈2007. 7. 27.〉

제183조 삭제 〈2007. 7. 27.〉

제184조 삭제 〈2007. 7. 27.〉

제185조 삭제 〈2007. 7. 27.〉

제186조 삭제 〈2007. 7. 27.〉

제187조 삭제 〈2007. 7. 27.〉

제188조 삭제 〈2007. 7. 27.〉

제189조 삭제 〈2007. 7. 27.〉

제190조 삭제 〈2007. 7. 27.〉

제191조 삭제 〈2007. 7. 27.〉

제192조 삭제 〈2007. 7. 27.〉

제193조 삭제 〈2007. 7. 27.〉

제194조 삭제 〈2007. 7. 27.〉

제195조 삭제 〈2007. 7. 27.〉

제196조 삭제 〈2007. 7. 27.〉

제197조 삭제 〈2007. 7. 27.〉

제198조 삭제 〈2007. 7. 27.〉

제199조 삭제 〈2007. 7. 27.〉

제6관 삭제 〈2007. 7. 27.〉

제200조 삭제 〈2007. 7. 27.〉

제201조 삭제 〈2007. 7. 27.〉

제7관 삭제 〈2007. 7. 27.〉

제202조 삭제 〈2007. 7. 27.〉

제203조 삭제 〈2007. 7. 27.〉

제204조 삭제 〈2007. 7. 27.〉

제205조 삭제 〈2007. 7. 27.〉

제206조 삭제 〈2007. 7. 27.〉

제207조 삭제 〈2007. 7. 27.〉

제208조 삭제 〈2007. 7. 27.〉

제209조 삭제 〈2007. 7. 27.〉

제210조 삭제 〈2007. 7. 27.〉

제211조 삭제 〈2007. 7. 27.〉

제212조 삭제 〈2007. 7. 27.〉

제213조 삭제 〈2007. 7. 27.〉

제214조 삭제 〈2007. 7. 27.〉

제214조의2 삭제 〈2007. 7. 27.〉

제214조의3 삭제 〈2007. 7. 27.〉

제215조 삭제 〈2007. 7. 27.〉

제216조 삭제 〈2007. 7. 27.〉

제216조의2 삭제 〈2007. 7. 27.〉

제217조 삭제 〈2007. 7. 27.〉

제218조 삭제 〈2007. 7. 27.〉

제8관 삭제 〈2007. 7. 27.〉

제219조 삭제 〈2007. 7. 27.〉

제220조 삭제 〈2007. 7. 27.〉

제221조 삭제 〈2007. 7. 27.〉

제222조 삭제 〈2007. 7. 27.〉

제223조 삭제 〈2007. 7. 27.〉

제224조 삭제 〈2007. 7. 27.〉

제225조 삭제 〈2007. 7. 27.〉

제226조 삭제 〈2007. 7. 27.〉

제227조 삭제 〈2007. 7. 27.〉

제9관 삭제 〈2007. 7. 27.〉

제228조 삭제 〈2007. 7. 27.〉

제229조 삭제 〈2007. 7. 27.〉

제230조 삭제 〈2007. 7. 27.〉

제231조 삭제 〈2007. 7. 27.〉

제10관 삭제 〈2007. 7. 27.〉

제232조 삭제 〈2007. 7. 27.〉

제233조 삭제 〈2007. 7. 27.〉

제234조 삭제 〈2007. 7. 27.〉

제235조 삭제 〈2007. 7. 27.〉

제236조 삭제 〈2007. 7. 27.〉

제237조 삭제 〈2007. 7. 27.〉

제238조 삭제 〈2007. 7. 27.〉

제11관 삭제 〈2007. 7. 27.〉

제238조의2 삭제 〈2007. 7. 27.〉

제238조의3 삭제 〈2007. 7. 27.〉

제238조의4 삭제 〈2007. 7. 27.〉

제238조의5 삭제 〈2007. 7. 27.〉

제4절 삭제 〈2007. 7. 27.〉

제239조 삭제 〈2007. 7. 27.〉

제240조 삭제 〈2007. 7. 27.〉

제241조 삭제 〈2007. 7. 27.〉

제242조 삭제 〈2007. 7. 27.〉

제243조 삭제 〈2007. 7. 27.〉

제244조 삭제 〈2007. 7. 27.〉

제245조 삭제 〈2007. 7. 27.〉

제246조 삭제 〈2007. 7. 27.〉

제4편 보칙
〈개정 2013. 5. 28.〉

제247조(과태료사건의 관할) 과태료사건은 다른 법령에 특별한 규정이 있는 경우를 제외하고는 과태료를 부과받을 자의 주소지의 지방법원이 관할한다.
[전문개정 2013. 5. 28.]

제248조(과태료재판의 절차) ① 과태료재판은 이유를 붙인 결정으로써 하여야 한다.

② 법원은 재판을 하기 전에 당사자의 진술을 듣고 검사의 의견을 구하여야 한다.
③ 당사자와 검사는 과태료재판에 대하여 즉시항고를 할 수 있다. 이 경우 항고는 집행정지의 효력이 있다.
④ 과태료재판 절차의 비용은 과태료를 부과하는 선고가 있는 경우에는 그 선고를 받은 자가 부담하고, 그 밖의 경우에는 국고에서 부담한다.
⑤ 항고법원이 당사자의 신청을 인정하는 재판을 한 경우에는 항고절차의 비용 및 전심에서 당사자가 부담하게 된 비용은 국고에서 부담한다.
[전문개정 2013. 5. 28.]

제249조(과태료재판의 집행) ① 과태료재판은 검사의 명령으로써 집행한다. 이 경우 그 명령은 집행력 있는 집행권원과 같은 효력이 있다.
② 과태료재판의 집행절차는 「민사집행법」의 규정에 따른다. 다만, 집행을 하기 전에 재판의 송달은 하지 아니한다.
[전문개정 2013. 5. 28.]

제250조(약식재판) ① 법원은 타당하다고 인정할 때에는 당사자의 진술을 듣지 아니하고 과태료재판을 할 수 있다.
② 당사자와 검사는 제1항에 따른 재판의 고지를 받은 날부터 1주일 내에 이의신청을 할 수 있다.
③ 제1항에 따른 재판은 이의신청에 의하여 그 효력을 잃는다.
④ 이의신청이 있는 경우 법원은 당사자의 진술을 듣고 다시 재판하여야 한다.
[전문개정 2013. 5. 28.]

제251조(외국인에 관한 비송사건절차) 외국인에 관한 사건의 절차로서 조약(條約)에 의하여 특별히 정하여야 할 사항은 대법원규칙으로 정한다.
[전문개정 2013. 5. 28.]

부칙
〈제17366호, 2020. 6. 9.〉
(피한정후견인 결격조항 정비를 위한 법무사법 등 5개 법률의 일부개정에 관한 법률)

이 법은 공포한 날부터 시행한다.

|저|자|소|개|

소나리

약력
- 제9회 행정사 자격시험 합격
- 현 행정사 사무소 혜온 대표
- 현 부천시 행정사회 감사
- 현 대한행정사회 정회원
- 현 시대에듀 행정사 1차 민법 교수
- 현 시대에듀 행정사 2차 사무관리론 교수
- 현 시대에듀 행정사 2차 행정사 실무법 교수
- 이화여자대학교 교육공학HRD 석사 중
- 현 이패스행정사 사무관리론 교수
- 현 이패스행정사 행정사실무법 교수

주요저서
- 행정사 2차 사무관리론(이패스코리아)
- 행정사 2차 행정사실무법(이패스코리아)
- 행정사 2차 사무관리론 핵심정리 및 약술연습(이패스코리아)
- 행정사 2차 행정사실무법 사례정리 및 약술연습(이패스코리아)

---

epass 행정사실무법

개정2판 인쇄 | 2025년 10월 15일
개정2판 발행 | 2025년 10월 29일

지 은 이   소 나 리
발 행 인   이 재 남
발 행 처   (주)이패스코리아
　　　　　[본사] 서울시 영등포구 경인로 775 에이스하이테크시티 2동 1004호
　　　　　[학원] 서울시 종로구 청계천로 35 관정빌딩 6층
전　　화   02-722-1148 팩스 070-8956-1148
홈 페 이 지   www.epass-adm.com
이 메 일   book@epasskorea.com
등 록 번 호   제318-2003-000119호(2003년 10월 15일)

※ 잘못된 책은 교환해 드립니다.
※ 교재 오류 및 수정사항은 홈페이지 고객센터로 접수해주시기 바랍니다.
※ 이 책은 저작권법에 의해 보호를 받는 저작물이므로 무단전재와 복제를 금합니다.
※ 본교재의 저작권은 이패스코리아에 있습니다.